徐为列　主　编
陈利萍　副主编

面向独立学院的经济管理类教材

微观经济学

MICROECONOMICS

浙江工商大学出版社
ZHEJIANG GONGSHANG UNIVERSITY PRESS

总　序

我国的独立学院在近十几年中得到了迅速的发展，已经成为高等教育体系中的一个重要组成部分。独立学院人才培养的特性，使得为独立学院的学生撰写一套在教学上更具针对性的适用教材，已经成为一项不容耽搁的工作。我在多年从事大学的经济学教学实践中，并通过和独立学院的老师的经常交流，可以明显地感觉到，独立学院的学生在学习经济学和管理学等课程中，有着自身的特点和需求。独立学院的学生思想活跃、思维敏捷、关注现实、喜欢争论，但由于独立学院人才培养的定位及独立学院毕业生的职业生涯，相对于单纯基础理论知识的学习，独立学院学生更加偏好理论的应用，对应用理论解决实际问题有着更大的兴趣。课堂教学中安排过多的基础理论知识内容，可能会影响他们学习的兴趣。因此，编写一套适合的经济管理教材，可以说是许多在独立学院教学第一线的老师们的心愿。经过相当一段时间的筹备，浙江工商大学杭州商学院的老师们编写这套独立学院的经济管理教材，做出了新的尝试。

首先，在教材的内容设置上，本着独立学院的学生“基础理论够用、专业知识适用、实践能力管用”的要求来编排教学内容。在以往选用的大学教材中，内容通常较多，规定课时内根本无法从容地授完相应的内容，而且有不少理论知识过于抽象，学生在短时间内难以很好理解。因此，这套教材在教学内容安排上，尽量避免了一般教材中通而全的设置，从“基础理论够用”的要求出发，力求做到概念清晰，逻辑严谨，重点突出，体系完整，特别注重叙述方法的简明、易读、清晰，尽可能深入浅出地将理论讲透，如同一潭清水，清澈见底，方能窥得鱼儿的踪迹。以《微观经济学》这部教材为例，将原有庞博的微观经济学理论整合为七大章，分别简要阐述了市场供求理论、消费者行为理论、生产者行为理论、厂商市场竞争理论、生产要素理论和市场失灵及微观经济政策理论，较好地概括了微观经济学中的原理和最基础的知识。

其次，在教材的编写上，尽可能将分析方法和分析工具讲透彻，以使学生能掌握这些方法和工具，更好地在实践中运用，而不是仅仅停留在教材内容的理解。为了达到这个目的，这套教材在一定程度上简化了教材各章节中的理论阐述，扩展了解读性内容的体量，每个章节都辅之相应的知识拓展和相关的案例，同时列出思考题，供课堂教学时开展讨论。这样的教学内容安排，一方面让学生在阅读教材时，既能知其然，又能知其所以然；另一方面可以增强教与学的互动，也符合独立学院学生思想活跃、喜好争论的特点。与此同时，教材尽量避免了过于复杂的数理推导内容，将一些必要的数理推导，以附录的形式放入每一章，供那些掌握了相应数学知识和有兴趣深入学习的学生阅读。

第三，为了增强教材的通俗可读性，教材在体例设计方面也作了一些改进与创新。教材的每一章不是先提出理论概念，而都是以故事和案例开头，通过具体的案例提出问题，然后说明这些问题的解释和解决，依据的就是本章所阐述的基本原理和方法。每章结束后，配有相应的案例或者习题，并竭力使其中的问题具有趣味性和指导性，为学生深入理解和掌握经济管理基本原理和知识提供非常有用的帮助。案例是理解经济学和管理学原理最为重要的素材，所以，在案例的选用上，编写者尽可能做到引入的案例是身边发生的经济现象和管理实践，通过拉近理论和实际的距离，提升学生的学习兴趣和热情，让学生更好地领悟到经济学和管理学都是学以致用的学科。同时，在教材的每一章的最后都会结合相应的教学内容，介绍两位经济学或管理学名家的生平和学术成就，拓宽学生的视野。

到目前为止，教育部公布认可的国内独立学院已达300多所，学生数量也已超过百万，撰写一套适用于独立学院学生的经济管理教材是一件非常有意义的事情。浙江工商大学杭州商学院在这方面率先做了有益的尝试，希望通过他们的努力，能够进一步带动和促进独立学院的经济管理教学水平的提高。

浙江大学教授、博导　史晋川

2014年11月

目 录

第一章　经济学的研究对象

第二章　需求和供给理论

第三章　消费者行为理论

第四章　生产者行为理论

第五章　厂商均衡理论

第六章　完全竞争市场下的生产要素理论

第一章 经济学的研究对象

这是小苏大学生涯中的最后一个学期。同学们都各忙各的，有些考取了研究生，有些在赶毕业论文，但大部分同学还是在落实工作单位。各方面表现一直不错的小苏同学最近几天有些心神不宁，晚上久久难以入眠，白天常常唉声叹气。原来他凭自己的能力获得了三个单位的青睐，市级电视台、某建筑公司、某大学都向他抛出了橄榄枝。小苏再三权衡还是难以做出选择。电视台录用他是因为他在实习期间表现优秀；建筑公司则是他经过了 5 次考试，打败了众多的高学历对手而获得的；某大学中意小苏是因为他在读大学期间选修和辅修了较多的课程，所以和别的同学相比，他的综合素质显得比较突出。每个单位他都喜欢，但他只能选其中的一个，难啊……

事实上，我们每个人常常会碰到各种各样的选择难题，重要的会关乎一生的前途，至于日常生活中遇到的选择问题更是家常便饭了。何时起床？午饭吃啥？下午是去图书馆学习还是去看电影……为什么我们一定要面临选择的难题呢？为什么选择又如此让人纠结甚至痛苦呢？怎样的选择才是最明智的呢？如果你已经在思考这些问题的话，那么恭喜你，你已经不知不觉地来到了经济学的身边。

实际上，经济学一直影响着我们的日常生活，那么经济学的研究对象究竟是什么呢？有着怎样的分析方法和分析工具？这就是本章要阐述的内容。本章是我们学习经济学的开始，引领你进入经济学的大门。

本章的基本概念：经济学　稀缺　经济资源　微观经济学　宏观经济学　生产可能性曲线　实证分析　规范分析

本章的学习目标：掌握经济学的研究对象，经济学的分类和经济学的研究方法；能初步用经济学的基本理念研究发生在身边的经济现象。

第一节　经济学的研究对象

有人把经济学称为“沉闷的科学”，也有人奉经济学为“社会科学的皇后”，著名剧作家萧伯纳则认为经济学是一门使人生幸福的艺术。为什么人们对经济学有如此不同的评价？它的研究对象到底是什么？

一、“经济学”的由来

在中国古代汉语中，经济是“经世济民”“经帮济世”的简称，其意为治理国家、救助民众，具有比较广泛的意义。所以，中国古代的经济与政治、文化、法律等许多方面密切相关。

在现有的文献中，最早使用“经济”一词的是古希腊思想家色诺芬。在古希腊，“经济”指家庭管理。因为古希腊奴隶制的生产管理和财产占有是以家庭为单位的，所以“经济”概括了奴隶主阶级对生产的经营和财产的管理。色诺芬的《经济论》是古希腊流传下来的最早的一部经济著作。

1615 年，法国重商主义者蒙克莱田发表了《献给国王和王太后的政治经济学》，首次提出了“政治经济学”一词，以此来说明其著作的论述已超越了家庭管理，涉及整个国家的经济问题。自此，许多经济学家都沿用“政治经济学”一词作为自己著作的名称。

1776 年，英国古典政治经济学的杰出代表人物亚当·斯密发表了《国民财富的性质和原因的研究》(简称《国富论》)，建立了古典政治经济学的理论体系，为现代经济学的发展奠定了基础，《国富论》被视为经济学的圣经。1890 年，英国剑桥大学的著名经济学家马歇尔出版了《经济学原理》，把研究中心从传统的政治经济学转入微观领域，由此创立了微观经济学的理论体系。从此，经济学在西方学术界替代了政治经济学一词，它的含义也发生了变化。

二、经济学的研究对象

要探究经济学的研究对象，我们必须追溯到人类社会面临的永恒矛盾：人类无限的欲望和资源的稀缺性。

（一）人类欲望的无限性

每个人都有欲望，每个人都有着无穷的欲望，此可谓“欲壑难填”。按美国著名的行为科学家马斯洛的观点，人类的欲望或基本需要从低到高主要有生存、安全、情感、尊重、自我价值的实现这 5 个层次，前两者属物质的层面，为低层次的欲望，后三者是精神的层面，为高层次的欲望，当低层次的欲望得到基本满足后会自然延伸出更高层次的欲望。清朝钱德苍的《不知足诗》形象地描述了欲望的无限性。

终日奔波只为饥，方才一饱便思衣。衣食两般皆具足，又想娇容美貌妻。娶得美妻生下子，恨无田地少根基。买到田园多广阔，出入无船少马骑。槽头扣了骡和马，叹无官职被人欺。县丞主簿还嫌小，又要朝中挂紫衣。做了皇帝求仙术，更想登天跨鹤飞。若要世人心里足，除是南柯一梦西。

专栏 1-1　亿万富翁游太空

2001 年 4 月 28 日，美国加里福尼亚金融家、亿万富翁蒂托在他 60 岁时搭乘俄罗斯飞船前往国际空间站游览了 10 天，成为全球第一位太空游客。他用 2000 万美元实现了自己的太空梦。2002 年 4 月，南非 28 岁的亿万富翁沙特尔沃斯同样用 2000 万美元的代价进行了太空 10 日游。微软公司前软件开发师希莫尼则分别在 2007 年和 2009 年两次遨游太空，后一次耗资 3500 万美元。在普通老百姓眼中，大富豪似乎无所不能，他们能够凭借雄厚的经济实力实现自己的梦想。

小思考　大富豪的欲望都能得到满足吗？

（二）资源的稀缺性

人类的欲望是无限的，而满足欲望的手段是有限的。经济学把满足欲望的手段称为资源，和无限的欲望相比，资源是有限的，或者说资源是稀缺的。

所谓稀缺性是指人类所拥有的资源不能满足人类欲望的一种状态。我们生活在一个存在稀缺性的世界上，人类的任何活动都是在稀缺资源的约束下进行的。不同的人或在不同场合的人所面对的稀缺资源有所不同。对穷人而言，最重要的稀缺资源是金钱；对富豪来说，最重要的稀缺资源可能是时间或健康。消费者的消费水平受到既定收入的约束，也受到生理条件的约束；生产者的生产活动受到生产要素等资源的约束。甚至每只鹦鹉也面临资源的稀缺性问题：世界上没有足够多的饼干。

我们可以把资源区分为经济资源和非经济资源，它们又常常被称为经济品和免费品。稀缺的资源是经济资源，从生产过程来看，经济资源主要指的是生产要素，包括人力资源劳动力、人造资源资本、自然资源土地等。我们要得到经济资源必须付出一定的代价。相反，不用付出代价就可以得到的物品为非经济资源，如空气、阳光，其市场价格为零，人人都可以无偿享用。随着地球上人口数量的不断增加，人类对大自然的过度索取，一些非经济资源逐渐转化为经济资源。

在这个世界上，相对于人的欲望来说，资源永远是稀缺的。这对矛盾永远都不可能得到完美的解决，经济学的产生就是为了尽可能地调和这对矛盾。

资源的稀缺性是经济学研究的出发点，经济学的研究对象也正是由资源的稀缺性所决定的。

小思考 从经济学的意义来考虑，稀缺性是相对的还是绝对的？稀缺和短缺是否相同？

（三）经济学的研究对象

经济学是研究如何有效地利用稀缺的资源来尽可能满足人类无限欲望的一门学科。既然人类的欲望不可能得到全部的满足，那么我们只能考虑怎样在有限资源的约束条件下获得最大的收益。

与无限的欲望相比，消费者的收入永远是稀缺的，怎样使有限的收入获得最大的收益呢？消费者只能根据自己的轻重缓急进行选择购买不同的商品组合。对于小苏来说，职位是稀缺的，他必须根据自己的偏好做出最终的选择。所以，经济学也是关于选择的学科，研究在资源稀缺的情况下如何进行最优的选择达到收益的最大。甚至有些人干脆很直白地认为经济学是研究节约问题的，稀缺的资源迫使我们节省。

显然，经济学的研究是在“资源稀缺性”这一基本前提下进行的，如果我们假设资源是无限的而人类的欲望是有限的，那就没有必要存在经济学这门学科了，我们也可以很潇洒地“随心所欲”了。应该说资源稀缺性这个前提从人类起源开始就已存在，随着社会经济的发展和人类文明的进步，资源稀缺问题不但不可能消除，还有可能愈来愈严峻。因此，经济学的研究具有普遍的、永恒的意义。

小思考 经济学的关键词应该是什么？

下面我们介绍与选择相关的一些重要概念或理念。

1. 机会成本

小苏同学之所以举棋不定，选择之所以痛苦，关键在于选择意味着放弃，选择就必须做出牺牲，这就是我们平时说的有所得必有所失。每一种选择都是一个获益机会，确定一种选择便放弃了其他获益的机会。电视台工作会大大拓展小苏的视野，极富挑战性；建筑公司工作可以派驻海外；大学任职则时间相对自由，能促使自己的学业更上一层楼。经济学把选择做出的牺牲称为机会成本，有人也把它称为选择成本。

机会成本指的是把既定资源用于某种用途后所放弃的其他最好的选择。例如，资源 A 有多种用途，厂商可以用它生产甲产品，也可以生产乙产品和丙产品。假设甲、乙、丙三种产品的收益分别是 10 万元、9 万元和 8 万元。由于资源 A 的稀缺性，厂商只能选择生产其中的一种产品，根据他对收益的预期等情况，最终选择生产甲产品。把资源用于生产甲产品的机会成本是 9 万元。

我们每个人的一生都会碰到几次关乎一生前途的选择，多考虑机会成本有助于人生价值的最大化。

专栏 1-2　开会的机会成本

开会对每一个人来说是再熟悉不过的事情了，领导就更不用说了，开会很正常，不开会似乎变得不正常了。各种无聊的冗长的会议让人昏昏欲睡。根据一家私营机构对美国最大的 1000 家企业的 200 名老总所做的调查表明，老总们每天用于不必要的会议时间是 72 分钟。

开会不可避免，关键是怎样才能提高会议的效率。开会是有成本的，如何纠正大家对会议成本的认识呢？有人提出了一个简单的方法，就是在会议室的显眼处设置计时牌，预先输入每个与会者每小时的薪金数，从他们到达会议室的时刻开始计时，累计并显示全体与会者的薪金消耗数额，直到会议结束。例如，20 个时薪 50 元的行政人员参加会议，每小时的会议成本就是 1000 元，此外还应该加上会议室的使用成本和传达开会通知的费用等项目。有了这块争分夺秒的计时牌，“时间就是金钱”便真正成为一种压力。开会的确需要一场革命。

资料来源：萨缪尔森 . 萨缪尔森辞典 [M]. 陈迅，白远良，译释 . 北京：京华出版社，2001.

小思考　你上大学的机会成本是什么？

2. 天下没有免费的午餐

选择意味着放弃，也可以说，选择要付出代价，选择是有成本的，只不过有些成本是看得见的，有些成本是隐藏在表象的背后看不见摸不着的，如上述的机会成本。我们耳熟能详的一句俗语“天下没有免费的午餐”所表达的就是这个经济学的核心思想。

天下没有免费的午餐可以说是经济学中最重要的理念，它充分表达了由资源稀缺性导致的人类经济活动的选择及其代价，尤其是看不见的代价。如果人们仅仅根据财务会计上的投入成本和获得的收益去进行决策，其结果可能非常糟糕，原因就在于忽视了放弃机会所蕴涵的价值。

小思考　举例说明天下没有免费的午餐。

3. 理性选择

理性人指合乎理性的人，又称为“经济人”，是对经济社会中从事经济活动的人的基本特征的一个抽象。理性人的本性是“利己”的，在一切经济活动中的行为都是以利己为动机，力图以最低的成本获得最大的收益。理性的消费者考虑怎样把既定的收入花得心满意足从而获得最大的效用；理性的生产者考虑怎样以最小的成本获得最大的收益从而达到利润最大化。面对比较充分的信息，理性人总是能够进行成本和收益的核算而做出最优的选择，他们既能把最大化作为自己的行为目标，又懂得如何实现最大化。反之，如果明知成本大于收益还继续所为的则是非理性的人。

理性人假设起源于享受主义哲学和亚当·斯密的关于劳动交换的经济理论。斯密在《国富论》中有段话就是对理性人的阐述：我们的晚餐并非来自屠宰、酿酒师和面包师的恩惠，而是来自他们对自身利益的关切。

理性人假设是微观经济学建立的基本前提之一。

小思考 理性人假设是否符合现实？理性人是否等同于“自私”的人？

4. 生产可能性曲线

生产可能性曲线指一个国家在既定资源得到充分有效利用后所能够生产的两种最大产量组合的轨迹，又称生产可能性边界或生产转换线，如图 1.1 所示。

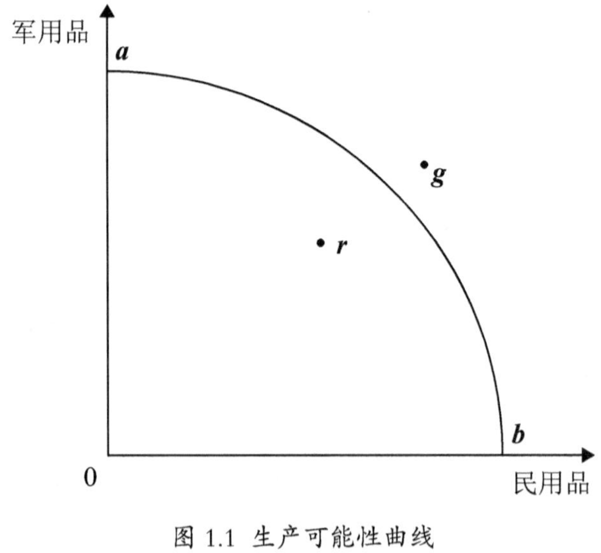

图 1.1 生产可能性曲线

假设一国既定的资源可生产民用品，也可生产军用品，a 点表示资源全部用来生产军用品，b 点刚好相反，它表示的是全部用于生产民用品的产量。随着点 a 沿着生产可能性曲线往下移动意味着越来越多的资源用于生产民用品。只要点在曲线上就说明一国的资源已得到充分有效的利用，线内的点 r 说明有些资源还闲置着，线外的点 g 则说明按现有的资源和劳动生产率水平目前无法达到。

生产可能性曲线反映了资源稀缺性与选择性的经济学特征。如果资源是无限的，就可以生产出无限的军用品和民用品，也就不可能存在产品的组合问题了。所以生产可能性曲线首先蕴涵了资源的稀缺性。其次，选择要付出代价，多生产军用品的代价是放弃民用品的产量，也就是说生产军用品的机会成本就是放弃的民用品产量。如图 1.2 所示，如果产品的组合从 c 点下移至 d 点，则生产民用品 ΔX 的机会成本为放弃的军用品数量 ΔY。随着民用品产量的增加，要放弃的军用品产量会越来越大，即生产民用品的机会成本是递增的。

机会成本递增之所以存在是由于资源的适用性问题。在所有可能利用的资源中，有些更适用于生产军用品，有些则更适合生产民用品。当越来越多的资源被用来生产民用品时，我们就必须把一些原本适合于生产军用品的资源用来生产民用品。如此，增加生产等量的民用品就会损失越来越多的军用品产量。

小思考 为什么生产可能性曲线凹向原点？

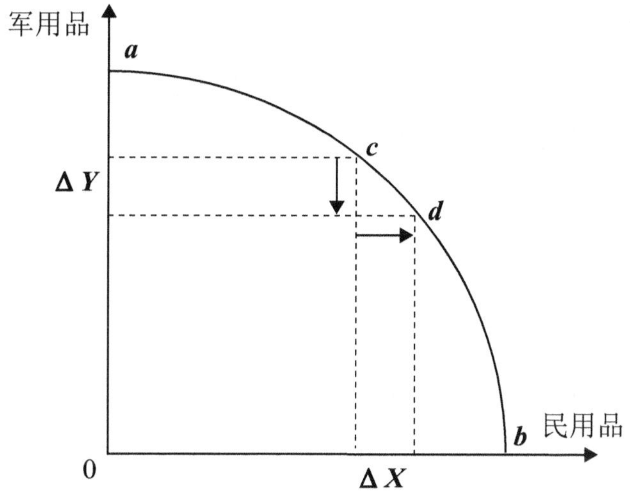

图 1.2 生产可能性曲线上的机会成本

第二节 经济学的分类

1986 年，福特公司推出了一种全新设计的、流线型的、前轮驱动的“金牛”车型。这款新型汽车在当时获得了巨大的成功。到 1987 年，已使其公司的利润翻了近一倍。这种汽车的设计和高效率的生产不仅涉及工程学方面的某些问题，也涉及经济学的许多方面。

首先，福特公司必须仔细考虑公众对这种新型设计做出什么反应，汽车的款式和性能能左右消费者吗？市场需求最初有多大，以多快的速度增长，它对福特公司的定价有多少依赖程度？了解消费者的偏好和权衡选择，预测需求及其对价格变动的反应，是“金牛”计划中至关重要的部分。

其次，福特公司必须考虑这种汽车的成本，它的生产成本有多高？随着生产数量的变化，成本又将怎样变化？原材料价格对其成本又有什么影响？公司应该计划每年生产多少辆汽车才能达到利润的最大？

福特公司也必须为汽车设计一种定价策略，并考虑竞争对手对这一策略会做出什么反应。

除此之外，福特公司还得考虑组织问题、企业与政府的关系等问题。

资料来源：平狄克．微观经济学 [M]. 张军，等，译．北京：中国人民大学出版社，1997.

福特公司要考虑的这些问题都属于经济学的研究内容，企业要考虑上述问题大家比较好理解，那么国家对于稀缺的资源要考虑哪些问题呢？别忘了经济学的研究对象，经济学是研究如何有效地利用稀缺的资源来尽可能满足人类无限欲望的一门学科。显然其内涵有两层，资源的选择和资源的利用，微观经济学研究资源的选择问题，宏观经济学研究资源的利用问题。当然经济学的内容相当广泛，但微观经济学和宏观经济学是经济学的理论基础。把微观和宏观的理论发展到应用的层面就构成应用性的经济学科，如产业经济学、区域经济学、环境经济学、劳动经济学等。

一、微观经济学

“微观”是希腊文词语的意译，原意是“小”。微观经济学研究单个经济单位，即消费者（家庭）和企业（厂商）的经济行为，研究他们如何把稀缺的资源得到最优配置而获得自身利益的最大化。具体地说，微观经济学研究消费者如何把有限的收入配置于各种物品的消费，最终实现满足程度的最大化；生产者如何把有限的资源用于各种物品的生产，最终实现利润的最大化。当然单个经济单位不仅包含消费者和企业，它包括了所有参与经济运行的个人或实体。

对于企业而言，资源的选择或配置主要涉及三个问题：面对稀缺的资源，企业必须做出生产什么产品、生产多少数量的选择；面对多种生产方式，企业必须进行生产方式的选择，是利用大量的机器还是利用大量的劳动力进行生产，生产的燃料是用煤炭还是石油；企业利用生产要素进行生产，生产要素必须得到相应的回报，被生产出来的产品必须在社会成员之间进行分配。以上三方面的问题就是生产什么（what）、怎样生产（how）、为谁生产（for whom）。在以市场经济为主体的环境下，上述问题可以通过市场价格机制得到解决，价格如同一只看不见的手，调节和支配着消费者和企业的行为。因此，价格理论是微观经济学的核心理论，微观经济学的核心就是要解释价格如何实现稀缺的资源配置最优的。

小思考 如果在高度集中的计划体制下，资源配置问题怎样得以解决呢？资源配置的结果会如何？

专栏 1-3 抽签

1997 年，中国国家主席江泽民访问美国。11 月 2 日，江主席在哈佛大学发表演讲。演讲会场设在哈佛校园内一座古建筑“桑德斯纪念堂”里，那是 17 世纪的老教堂，只有 1000 多个座位。为了保持良好的秩序，除特邀者外，一律凭票入场。虽然哈佛校园内的公共电化设施全部开放，并分为中英文两个版本在全校实况转播，但要求现场聆听演讲的人实在太多，以致 1 个月前就“一票难求”。这并非文艺或体育表演，高价售票显然不合适，价格竞争的市场机制不好用。排队领票对那些时间富余的闲人有利，哈佛师生们普遍不能接受，而平均每人分 1/7 张票又不现实，那么这些成为稀缺资源的入场券究竟如何分配呢？

哈佛大学根据总计数千的报名人数，每 7 人编为 1 组，以抽签的方式决定每组 1 张票的归属，最后进入会场的都是幸运者。

资料来源：张兵 . 与厂长经理谈微观经济学 [M]. 上海：立信会计出版社，2002.

小思考 如果不存在价格机制，稀缺资源的配置方式可以有哪些呢？

微观经济学建立在一定的假设前提之下，包括理性人假设、完全信息假设和市场出清假设。理性人假设前面已有介绍，在此不再赘述。完全信息假设的主要含义是市场上所有从事经济活动的个体，无论是生产者还是消费者拥有对有关市场经济环境的全部知识。市场出清指市场机制能自发调节供求最终达到供求相等的均衡状态。只有在上述的假设条件下才能实现资源的最优配置。

显然，这些假设条件在现实中并不完全具备，但理论只能在一定的假设条件下才能成立。首先，理论假设使复杂的问题简单化，能让人们抓住问题的本质；其次，只有理解了最简单的理论我们才能逐步放宽假设，由简到繁，对问题进行更完善的研究和解释。所以，理论假设是科学的。

二、宏观经济学

宏观经济学一词是由第一届诺贝尔经济学奖获得者、挪威经济学家弗瑞希在 1933 年提出来的，而凯恩斯则是宏观经济学的创始人，1936 年其名著《就业、利息与货币通论》（简称《通论》）的发表既是凯恩斯革命的标志，又是现代宏观经济学形成的标志。

与微观相对应，宏观原意是“大”，宏观经济学是以整体经济作为研究对象，研究稀缺资源的利用问题。对整个社会而言，经济资源是一个既定的总量，它是否能被充分利用、如何得以充分利用成为宏观经济学的研究内容。宏观经济学把国民收入作为最重要的总量来研究一国资源未能得到充分利用的原因，达到充分利用的途径等问题，其核心是国民收入决定理论。

宏观经济学包括宏观经济理论和宏观经济政策两个层面，宏观经济理论为国家干预经济的政策服务，宏观经济政策则是宏观经济理论的运用。宏观经济理论主要有国民收入决定理论，失业和通货膨胀理论，投资与货币理论，经济增长和经济周期理论，开放经济理论。宏观经济政策主要有政策目标、政策工具、政策运用及效果。

小思考 怎样如图 1.3、图 1.4 所示说明微观经济学或宏观经济学的研究范畴？图 1.3 表示点在生产可能性曲线上的移动；图 1.4 表示点从线内移到线上，整条生产可能性曲线发生移动。

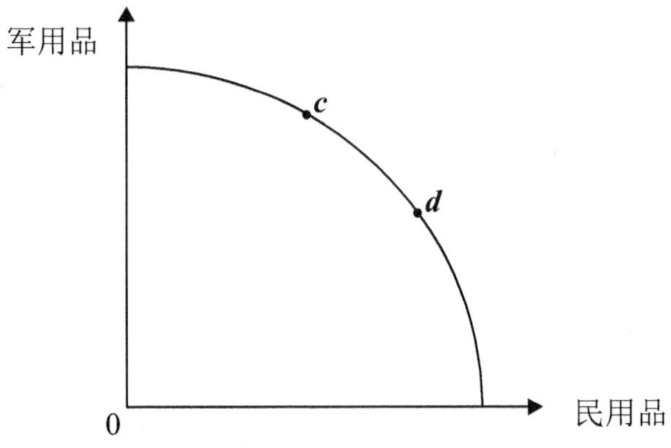

图 1.3 点在生产可能性曲线上移动

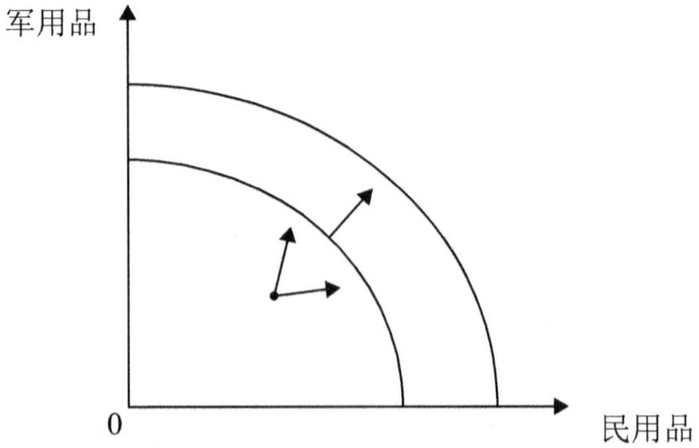

图 1.4 点从线内移到线上，整条曲线的移动

三、微观经济学和宏观经济学的关系

微观经济学又称为小经济学，宏观经济学则是大经济学，前者是个量分析，后者是总量分析。微观经济学与宏观经济学之间既有联系又有区别。

（一）微观经济学和宏观经济学之间的联系

微观经济学和宏观经济学是经济学理论体系中的两个部分，并不是两种不同的经济理论体系，所以，它们之间有着必然的联系。微观经济学和宏观经济学之间的联系主要表现在以下两个方面：

首先，微观经济学和宏观经济学两者相互补充，互为前提。微观经济学在假定资源已得到充分利用的前提下研究资源的最优配置问题，而宏观经济学是在假定资源已得到最优配置的前提下研究资源如何能够达到充分的利用。它们研究的最终目的都是要实现经济福利的最大化。

其次，宏观经济学是微观经济学的有机组合。微观经济学是宏观经济学的基础，但宏观经济学不是微观经济学的简单加总，而是微观经济学的有机组合。以收入为例来感悟微观和宏观的关系，站在微观的角度，可以有个人的收入、家庭的收入、企业的收入等个体收入，如果越过细节，从宏观的角度考虑则是国民收入，国民收入与个体收入有关系，但不等于个体收入的简单加总。

（二）微观经济学和宏观经济学之间的区别

微观经济学和宏观经济学在研究对象、核心理论、研究方法、假设前提等方面都有明显的区别，具体见表 1.1。

表 1.1 微观经济学和宏观经济学的区别

	研究对象	核心理论	研究方法	假设前提
微观经济学	个体经济 资源配置	价格理论	个量分析	理性人、完全信息、 市场出清
宏观经济学	整体经济 资源利用	国民收入决定理论	总量分析	市场机制不完善、 政府有能力调整经济

专栏 1-4 蜜蜂的寓言

在一个蜜蜂国度里，每只蜜蜂都在疯狂地追求自己的利益。虚荣、伪善、享乐、欺诈等恶德在每只蜜蜂身上表露无遗。令人惊讶的是整个蜜蜂国度呈现出一派繁荣、兴旺的景象。突然有一天追求奢华、挥霍无度的蜜蜂觉醒了，他们放弃了豪华的生活，崇尚节俭。于是，昔日繁忙的酒店渺无人迹，蜜蜂王国日益凋敝，国力大大下降，最终被侵入的敌人打败，蜜蜂王国的蜜蜂只能流落他乡。

这是1720年荷兰人曼德维尔的著作《蜜蜂的寓言》中所讲的故事梗概。

小思考 蜜蜂的寓言说明了什么？

第三节 经济学的研究方法

一个烈日炎炎的中午，几位在沙漠上旅行的学者经过长途跋涉，饥渴交困。当他们坐下来围着随身携带的一堆罐头时，却因为没有开罐头工具而一筹莫展。于是，一场研究如何用最简单的方法开启罐头的学术探讨会开始了。物理学家首先发言："给我一个聚光镜，我可以用阳光把罐头打开。"化学家接着说："我可以利用几种化学药剂的综合反应来开启罐头。"而经济学家则说："我的办法最简单。假如我有一把开罐刀……"这个故事有时候被人们用来嘲讽经济学家，似乎与真才实学的物理学家和化学家相比，经济学家显得空洞、无用。其实，物理学家、化学家和经济学家一样，他们也是在假设条件下阐述了自己开启罐头的方法，只不过物理学家和化学家在表达自己的想法时没有使用"假如"两字罢了。此故事恰恰说明了经济学的研究方法和自然科学的研究方法有某种相同之处，分析和结论都是在一定的假设下才能成立。

经济学是一门社会科学，经济学家要运用一定的方法来研究资源配置和资源利用问题。涉及的分析方法有实证和规范分析，均衡和非均衡分析，静态和动态分析，而在上述分析方法中又包含供求分析、边际分析、定性分析、定量分析等。我们主要介绍几种最常见的分析方法。

一、实证经济分析

实证分析指排斥一切价值判断，只对经济现象、经济行为或经济活动及其发展趋势进行客观解释和分析，得出一些规律性的结论。实证分析要回答的问题是"是什么"。由于用实证分析方法进行研究的内容具有客观性，所以，得出的结论和观点正确与否最终可以通过事实来加以检验。

实证分析的一般路径为：观察→假设→建立模型→预测→检验。

首先经济学家通过对现实经济生活的观察、试验等手段来搜集大量的数据资料，对此进行科学分析。其次提出一定的假设条件，并在假设条件下研究经济事物本身和相互之间联系的客观规律（建立模型），以此分析和预测经济行为的结果。上述结论是否正确通过事实来检验，如果检验的结果和结论不符合，则需要重新观察、修正假设条件和模型。微观经济学中的许多理论都是用实证分析方法形成的。以需求定律为例，西方学者对于影响需求量的诸因素进行了大量的观察和研究，发现影响需求量的诸因素并不处于同等地位，它们的影响程度是不一样的，其中商品的价格是影响需求量最为重要的因素。需求定理是在假设其他因素不变的前提下，需求量和价格之间呈反向变动的关系。显然，离开这个假设条件，上述结论并不一定成立。所以，假设作为理论所适用的条件非常重要。

根据实证分析法进行研究的经济学又被称为实证经济学，它力图把经济学当成如自然科学那样一种客观的、可用事实加以证实的科学。

二、规范经济分析

在现实生活中，我们并不满足于解释和预测，还希望寻求最优的目标，这就涉及了规范分析。

规范分析以一定的价值判断为出发点，提出行为准则，并研究如何才能符合这些标准。规范分析研究如何建立规范，进而如何运用规范去判断经济行为的正确与否。规范分析要回答的问题是“应该是什么”，显然，“应该”这一问题涉及一定的立场、伦理、价值观等，不同的人因此会给出不同的答案。例如，“政府应对富人征收高额的累进税吗？”“对穷人应该救济吗？救济的幅度应该有多大？”这类就属于规范的命题，社会不同阶层对此的答案不仅不同，而且可能是大相径庭。

根据规范分析法进行研究的经济学又被称为规范经济学，它研究社会经济运行的质而不是量的问题，是对于经济政策与经济行为的经济福利结果的考察和分析。

小思考 实证经济分析和规范经济分析相互排斥吗？

实证分析和规范分析尽管有诸多的差异，但两者并非相互排斥，实证是规范的基础，规范是实证的前提。我们只有首先用实证分析研究经济活动的规律，了解经济事物的本质后才有可能对此进行规范分析。同时，任何人总是生活在一定的社会环境之中，在实证研究中也离不开一定的主观偏好。在一般情况下，经济目标层次越低，实证分析的成分越多；目标层次越高，越需要对经济运行进行总体评价，研究的规范性越强。因此，这两种分析方法在经济分析中是相互联系相互补充，不可分割的整体。

三、均衡分析

均衡在物理学上是指某物体同时受到两个方向相反、大小相等的外力作用而处于静止的状态。在经济学上，均衡指各种有关经济变量在相互作用后，处于一种相对平衡而不再发生变化的状态。最先把均衡引进经济学的是英国经济学家马歇尔。

均衡分析是指在假定各经济变量及其关系已知的情况下，考察达到均衡状态的条件和状况的分析方法。均衡分析又有局部均衡和一般均衡分析。局部均衡分析考察在其他条件不变的前提下单个市场达到均衡的状况；一般均衡分析考察各个市场之间均衡的建立与变动。微观经济学以局部均衡分析为主进行研究。

在均衡分析中很重要的分析工具是供求分析。所谓供求分析是指在分析经济问题和经济现象时从供给和需求两个方面来考虑问题的一种方法。供求分析是贯穿经济学分析始终的一个重要工具。

四、静态分析、比较静态分析、动态分析

静态分析是指抽象掉时间因素和经济均衡状态的变动过程，来分析某市场均衡状态形成的条件；比较静态分析考察某些经济变量变化后的两种静态均衡结果的比较，这种方法注重均衡状态发生的变化，不考虑均衡变动的过程；动态分析是在分析中引进时间因素，说明均衡变化的过程，分析各种经济变量怎样随着时间的不同而改变以及在此过程中经济变量之间的相互关系。

五、边际分析

边际是增量的意思，用边际量的概念来分析各种经济问题就是边际分析法。具体而言，边际分析是指在两个经济变量中，自变量某一微小变动对应变量产生的影响或变动率。马歇尔认为在精神和物质世界中，我们对自然的观察，与总数量的关系没有与增加量的关系那样大。边际分析方法是把高等数学与经济学结合在了一起。下面“乘车的故事”能让我们感悟到边际分析方法对决策的重要意义。

专栏 1-5　乘车的故事

从北京开往太原的长途汽车即将出发。无论哪个公司的车，票价均为 120 元。一个匆匆赶来的乘客见一家国有汽车公司的车上尚有空位，要求以 100 元上车，被断然拒绝。他又找到一家也有空位的私人公司的车，售票员二话没说，收了 100 元，就让他上车了。哪家公司的行为更理性呢？

售票员可能根本没听说过边际的概念，也根本没有经济学的基础知识，但她实际上用的正是边际分析法。

资料来源：梁小民 . 写给企业家的经济学 [M]. 北京：中信出版社，2006.

小思考　试图分析售票员的行为。

上述这些分析工具贯穿于微观经济学和宏观经济学的研究中。

最后，对于经济学的学习方法给出一点建议：要领悟基本概念和原理，切忌死记硬背；公式、图表只是工具，要能从数学公式、图表中抓住经济学的本质；把握逻辑脉络对于理解经济学至关重要。

经济学就在我们身边，正如美国著名经济学家萨缪尔森所认为的：要学习经济学的一条最重要的理由是，在你的一生中从摇篮到坟墓，你都会碰到无情的经济学真理。经济学讨论的是我们身边真实的生活。

学完本章能理解为什么有人把经济学称为“沉闷的科学”，也有人奉经济学为“社会科学的皇后”。剧作家萧伯纳则认为经济学是一门使人生幸福的艺术。

人物介绍

新古典综合派的代表人物

——保罗·萨缪尔森

保罗·萨缪尔森

保罗·萨缪尔森（1915—2009），当代著名经济学家，新古典综合学派的代表人物，1970 年诺贝尔经济学奖得主。萨缪尔森的研究水平和研究成果在经济学界首屈一指，被一些西方学者称为“经济学界的爱因斯坦”，他自己也认为其研究已遍及经济学的每个领域，是“西方经济学界的最后一个通才”。

萨缪尔森是犹太人后裔，童年就善于思考，学习成绩优异，从小学、初中到高中接连跳级。1932 年，不满 17 岁的萨缪尔森被美国芝加哥大学录取，开始了经济学的学习与研究。芝加哥大学是当时古典经济学的主要研究阵地，在名家的指点下，萨缪尔森博览群书。1935 年，他以优异的成绩获得学士学位，并通过考试获得了到哈佛大学进一步深造的奖学金。哈佛多元化的学术氛围让萨缪尔森的眼界更加开阔，在顺利获得文学硕士学位后继续攻读博士学位。1941 年获得哈佛大学的哲学博士学位。

萨缪尔森从 1940 年以后一直就职于麻省理工学院。1948 年他发表了巨著《经济学》，该书一经问世，很快脱销，至今已被译成 40 多种语言，成为全球最畅销的经济学教科书。也是这本书将西方经济学理论第一次系统地带进中国，影响了整整一代人。

萨缪尔森一生重要的经济学贡献有：1939 年，发表《乘数分析与加速原理的相互作用》，该文被广为引用，在学术界获得极高评价；1941 年，完成论文《经济分析的基础》，该文因具有里程碑意义而被授予威尔斯奖；1947 年，在原有的论文基础上发表著作《经济分析的基础》，这本书把最大化原理和均衡原理结合在一起，使新古典经济学的主体内容有了经典的数学表述形式。该书大大提高了西方经济理论的规范化水平，是一部重要的经典著作，同年他被授予克拉克奖，成为该奖的首位得主；1948 年，《经济学》出版，在该书中可以看见萨缪尔森从宏观经济学到微观经济学，从生产到消费，从经济思想史到经济制度都比前人有新的创见，同时这部著作在内容、形式的安排上也可谓独具匠心；1958 年，与其他学者合著《线性规划与经济分析》，是一部重要的数理经济著作；1970 年，萨缪尔森因在《经济分析的基础》中所做的开创性贡献而获得诺贝尔经济学奖，他是第一位获得该奖项的美国人。

美国经济学泰斗保罗·萨缪尔森 2009 年在美国家中逝世，享年 94 岁。

边际革命三杰

19 世纪 70 年代在经济学发展史上爆发过一次著名的“边际革命”，这既是一次经济理论的重大改造，也是一次分析方法的变革。奥地利的门格尔、英国的杰文斯和法国的瓦尔拉斯在 19 世纪 70 年代初期几乎同时独立地发现了边际效用递减规律，从而成为第一代现代边际效用理论学派，被后人称为边际革命的奠基者，著名的“边际三杰”“三位一体”。

门格尔

门格尔（1840—1921）既是边际革命的奠基者之一，又是奥地利学派的创始人，其代表作是 1871 年发表的《国民经济学原理》，该书从个人主观心理现象出发，分析了边际效用价值论的一系列基本原理，为奥地利学派的创立奠定了基础。此外，在 19 世纪 80 年代，他和德国历史学派就经济学方法论进行了一场激烈的论战，论战的主题是经济学究竟应该以抽象演绎法为主还是以历史归纳法为主。论战持续多年，提高了门格尔和奥地利学派的声望。

杰文斯

杰文斯（1835—1882）是边际革命在英国的创始人，也是数理经济学派的代表人物，其代表作是 1871 年问世的《政治经济学理论》。他提出了一个以主观主义心理学为出发点，以效用为基础，以数学分析为工具的经济分析理论体系。杰文斯强调经济学必须是一门数学的科学。

瓦尔拉斯

瓦尔拉斯（1834—1910）是洛桑学派的创始人和数理经济学的主要代表人物，他的理论有着系统而严密的数学表述和论证，其代表作为1874年发表的《纯粹经济学要义》。

按照英国著名的经济思想史学者罗尔的说法，正是在杰文斯、门格尔和瓦尔拉斯的倡导下，效用理论终于在经济学中开始被普遍接受。边际学派从而也成为经济学中影响较大的一个流派，在其发展中，逐渐形成了两大支派：一是以门格尔为首的奥地利学派，以心理分析为基础；另一支以数学分析为工具的数理经济学派，主要以杰文斯和瓦尔拉斯为代表。

本章小结

本章是经济学的导引，从总体上介绍了经济学的研究对象、经济学的分类和经济学的研究方法。资源的稀缺性是本章的起点和贯穿始终的红线。

人类无限的欲望和资源的稀缺性是人类社会面临的永恒矛盾。资源的稀缺性是经济学研究的出发点，经济学的研究对象也正是由资源的稀缺性所决定的。

经济学是研究如何有效地利用稀缺的资源来尽可能满足人类无限欲望的一门学科。具体而言，经济学要研究资源的配置问题和资源的利用问题，前者是微观经济学的研究范畴，后者是宏观经济学的研究范畴，微观经济学和宏观经济学之间既有联系又有区别。

资源的稀缺性决定了我们必须面临选择，选择的代价是放弃、牺牲，经济学把选择的成本称为机会成本，“天下没有免费的午餐”所表达的就是这个经济学的核心思想。与选择相关的问题还有理性人假设和生产可能性曲线。

经济学家要运用一定的方法来研究资源配置和资源利用问题，涉及的主要分析方法有实证和规范分析，均衡和非均衡分析，静态和动态分析。

通过本章的学习，希望同学们初步了解经济学的逻辑思维方法，能从核心词“稀缺性”着手逐步推导出本章的学习内容。

本章重点：稀缺性的内涵；经济学的研究对象；与选择相关的问题；微观经济学和宏观经济学的区别和联系；实证分析和规范分析的区别和联系。

本章难点：如何理解“天下没有免费的午餐”；微观经济学和宏观经济学之间的关系。

参考文献

[1] 亚当·斯密．国民财富的性质和原因的研究 [M]. 郭大力，王亚南，译．北京：商务印书馆，1981.

[2] 曼德维尔．蜜蜂的寓言 [M]. 肖聿，译．北京：中国社会科学出版社，2002.

[3] 宋承先．现代西方经济学（微观经济学）[M]. 上海：复旦大学出版社，1994.

[4] 杨德明．当代西方经济学基础理论的演变 [M]. 北京：商务印书馆，1988.

[5] 蒋自强．简明西方经济学史 [M]. 沈阳：辽宁人民出版社，1989.

[6] 迈克尔·帕金．经济学：第 5 版 [M]. 梁小民，译．北京：人民邮电出版社，2003.

[7] 梁小民．西方经济学教程 [M]. 北京：中国统计出版社，1993.

[8] 萨缪尔森．萨缪尔森辞典 [M]. 陈迅，白远良，译释．北京：京华出版社，2001.

[9] 张兵．与厂长经理谈微观经济学 [M]. 上海：立信会计出版社，2002.

[10] 熊诗平，徐边．经济学家之路：第六辑 [M]. 上海：上海财经大学出版社，2007.

[11] 梁小民．写给企业家的经济学 [M]. 北京：中信出版社，2006.

练　习

一、名词解释

稀缺　经济学　微观经济学　宏观经济学　实证分析　规范分析　机会成本　生产可能性曲线　均衡分析　静态分析

二、选择题

1．经济学是研究（　）的学科

A. 企业赚取利润的活动

B. 人们如何依靠收入生活的问题

C. 稀缺资源如何有效配置的问题

D. 政府对市场制度的干预

2．资源的稀缺性是指　（　）

A. 相对于人的欲望而言，资源总是不足的

B. 资源是不可再生的

C. 世界上的资源总量很少

D. 资源最终将被消耗殆尽

3．经济学研究的基本问题是　（　）

A. 生产什么，生产多少

B. 为谁生产

C. 怎样生产

D. 以上都是

4．以下项目不属于生产要素的是　（　）

A. 土地

B. 资本

C. 劳动

D. 货币

5．下列选项中哪一项是经济学关于人性的假设　（　）

A. 社会人

B. 复杂人

C. 经济人

D. 自我实现的人

6．由市场配置资源意味着 （ ）

A. 社会的每个成员都能得到他想要的任何东西

B. 稀缺的物品卖给出价最高的人

C. 政府必须决定每个人应得物品的数量

D. 要得到必需的物品必须排队

7．为得到一种物品或劳务我们必须放弃的东西用成本表示被称为 （ ）

A. 实际成本

B. 机会成本

C. 潜在成本

D. 稀缺成本

8．学生甲暑假有两个选择，可以去上海公司实习或者去成都旅游。下列哪一项不是去旅游的机会成本？ （ ）

A. 实习工资

B. 用于食物的开支

C. 去成都的机票钱

D. 旅游景点的门票

9．人们在经济资源的配置和利用中要进行选择的根本原因在于 （ ）

A. 产品效用的不同

B. 人们的主观偏好不同

C. 经济资源的稀缺性

D. 经济资源用途的不同

10．理性选择需要明白以下经济学概念 （ ）

A. 选择和放弃

B. 机会成本

C. 资源的稀缺性

D. 以上都有

11．研究某种产品、单个厂商和单个消费者行为的经济学是 （ ）

A. 规范经济学

B. 实证经济学

C. 宏观经济学

D. 微观经济学

12．下列哪一项不属于微观经济学的研究范围 （ ）

A. 汽车产业的价格决定

B. 通货膨胀的决定

C. 一家电视机厂商产量的决定

D. 房地产市场上供需的相互作用

13．下列哪一项不属于宏观经济学的研究范围 （ ）

A. 政府给予某行业补贴，对该市场的影响

B. 财政赤字对储蓄的影响

C. 国际收支对经济增长的影响

D. 失业与通货膨胀

14．下列各项属于实证经济学命题的是 （ ）

A. 为了实现经济的持续发展，政府应该把发展教育放在首位

B. 中东危机引起石油价格上升，并导致家用轿车需求下降

C. 为了缩小贫富差距，有必要征收遗产税

D. 政府应该更多关注收入分配问题

15．下列各项属于规范经济学命题的是 （ ）

A. 改革开放以来，中国经济增长迅速，现已成为世界第二大经济实体

B. 政府预算赤字增加会引起利率水平提高

C. 汽油价格的提高使得人们更多地选择自行车出行

D. 政府应该把解决失业问题而不是通货膨胀问题放在首位

16. 下列中的哪一个例子属于边际分析？（ ）

A. 如果利润是正的，厂商将建立一个新工厂

B. 如果在没有新工厂时，厂商正承受货币损失，那么它将建立一个新工厂

C. 如果新工厂增加的收益超过增加的成本，厂商将建立一个新工厂

D. 如果厂商能便宜地建立新工厂，它就会这样做

17. 在生产可能性曲线（ ）的组合点表示的是可以达到的点，但缺乏效率；在生产可能性曲线（ ）的组合点表示的是可以达到且效率最高的点；在生产可能性曲线（ ）的组合点表示的是在目前给定的资源投入和技术水平上无法达到的点。

A. 之内；之上；之外

B. 之内；之外；之上

C. 之上；之内；之外

D. 之外；之上；之内

18. 下列哪一项会导致一国生产可能性曲线向外移动（ ）

A. 有用性资源增加或技术进步

B. 失业

C. 该国人口减少

D. 通货膨胀

19. 生产可能性曲线说明的基本原理是（ ）

A. 一国资源总能被充分利用

B. 假定所有经济资源能得到充分利用，则只有减少Y物品生产才能增加X物品的生产

C. 改进技术引起生产可能性曲线向内移动

D. 经济增长唯一决定于劳动力数量

20. 抽象掉时间因素和经济均衡状态的变动过程，来分析某市场均衡状态形成的条件的经济学研究方法是（ ）

A. 均衡分析

B. 动态分析

C. 比较静态分析

D. 静态分析

三、判断题

1．资源的稀缺问题只发生于贫穷落后的国家和地区，生活富裕的国家和地区不会面临稀缺问题。（ ）

2．稀缺问题是经济学研究的出发点。（ ）

3．所谓理性人是指决策一直正确的人。（ ）

4．理性人在做决策时总是要比较平均收益和平均成本。（ ）

5．“天下没有免费的午餐”的说法的前提是任何事物都有机会成本。（ ）

6．有选择就有成本，这种成本就是会计成本。（ ）

7．市场经济是一个分散决策体系。（ ）

8. 边际分析就是增量分析。 ( )
9. 微观经济学是研究厂商行为的学科，而宏观经济学则是研究政府行为的学科。 ( )
10. 微观经济学的中心是价格理论，宏观经济学的中心是国民收入决定理论。 ( )
11. 微观经济学和宏观经济学是相互补充的。 ( )
12. 微观经济学的基本假设是市场失灵。 ( )
13. 经济学是研究生产关系的学科。( )
14. 经济学家使用假设是为了使模型可以简单化处理。 ( )
15. 经济学模型是对现实的抽象和简化。 ( )
16. 生产可能性曲线上的各种产量组合中，只有一种数量组合最充分有效地利用了资源。 ( )
17. 生产可能性曲线之外的点是可以达到的，但无效率。 ( )
18. 生产可能性曲线揭示了机会成本递增规律。 ( )
19. 在均衡分析中，微观经济学以局部均衡分析为主。 ( )
20. 在不同的经济体制下，资源配置和利用问题的解决方法也是相同的。( )

四、思考题

1. 为什么稀缺是经济学研究的出发点？它与短缺有什么不同？
2. 什么是微观经济学？微观经济学与宏观经济学的区别与联系是什么？
3. 什么是生产可能性曲线？用生产可能性曲线解释机会成本、资源配置和经济增长概念。
4. 怎样理解经济学中的机会成本？
5. 举一个你在生活中面临重要权衡取舍的例子，并分析最终做出决策的原因。
6. 请思考：当你本科毕业时面临两个选择，在家备考公务员或者直接去工作，两个选项的机会成本各是什么？

五、作图题

用生产可能性曲线说明微观经济学和宏观经济学。

六、案例讨论

某篇文章对政府颁布的一些经济政策进行了分析和评论，主要有以下几方面的内容：

1. 政策实施后可能产生的效应以及效应的大小。
2. 政策的利弊分析。

请讨论上述问题采取的是实证分析还是规范分析。

第二章 需求和供给理论

在R.M.史密斯公司的一次拍卖会上，同时拍出了两封信：一封是亚伯拉罕·林肯写的，而另一封是刺杀他的人约翰·维尔基斯·布斯写的。显然，林肯作为美国历史上最伟大的总统，许多人会千方百计地收集他写的任何东西，我们也会想当然地预期他撰写的书信价格自然要比布斯撰写的书信价格高。然而，史密斯公司在同一天拍卖的两封信的价格却是布斯的信售价31050美元，而林肯的信售价只有21850美元。为什么布斯的信市场价格反而会比林肯的信市场价格要高呢？其原因是什么？市场价格水平由谁决定？本章探讨的内容就是为了给这些问题找到合理的答案。

经济学家利用供求模型来解释市场价格的决定。供求模型由三个方面构成：需求，描述市场上的消费者行为；供给，描述市场上的厂商行为；市场均衡，描述消费者和厂商在市场上的相互影响。本章我们首先涉及竞争条件下的无干扰市场供求理论，既而进一步研究政府干预下的供求理论即供求理论在现实中的运用。

本章的基本概念：需求和供给　均衡价格和均衡数量　需求价格弹性　供给价格弹性　最高限价　最低限价　税收归宿

本章的学习目标：掌握供求理论的基本概念和基本原理，运用所学知识分析其移动的原因及结果；理解供求价格弹性、需求收入弹性、需求交叉弹性对于厂商、政府和消费者的重要性；具有计算均衡价格和产量、计算弧弹性和点弹性的能力；分析并掌握政府干预市场供给的原因、形式及市场结果。

第一节 商品的需求和供给

在中国，每年的农历春节前后，都会出现“全球罕见的人口流动现象”，随即产生的是交通运输的巨大压力和拥堵，“春运”是逢时必谈的全社会话题。2012 年，全国的春运客流总量突破了 30 亿人次，2013 年，出行人数增至 34 亿人次，与如此大规模迁移相伴而行的是“一票难求”。每逢春节将至，交通运输部门都会早早开始筹划和调度，显然，目前我国的运输能力还远远不能满足人们春节出行的需求，特别是铁路的运力，较于航空和公路压力更大。

在人们主要的出行方式中，为什么是乘坐火车一票最难求呢？因为选择乘坐火车回家过年的社会群体人数最庞大，其中农民工是最别无选择的客源。2.6 亿人次的农民工（2013 年统计数）之所以选择乘火车为主要的回家方式，是因为火车票相对最便宜，是他们一年收入中能够承担的经济支出。同时，政府为了减轻社会低收入群体回家过年的经济压力，在 2007 年做出了不再提高火车票价格的决定，这在客观上满足了让更多的老百姓回得了家的需求，但也进一步加剧了铁路运输的压力。

在“一票难求”的背后，我们看到了旺盛的需求和供给的不足，不同的需求水平和供给水平形成了市场的不同价格。那么，在“一票难求”的解围中，我们该遵循怎样的规律，采取什么调节手段，才能实现既让人们方便出行，回家过年，又能通过市场竞争平衡价格，使各种运力都发挥最大效率。要做到这些，我们就要了解什么是需求？什么是供给？决定供给与需求状况的主要因素是什么？它们又是如何相互作用影响着市场价格水平的？这就是本节要探讨的问题。

一、需求

一种商品的需求是指消费者在一定时期内，在各种可能的价格水平下，愿意并且能够购买的该商品的数量。根据定义，需求反映的是消费者的意愿和能力，包含“愿意买”并且“买得起”这两个前提，如果消费者对某种商品既有购买的欲望，同时又有购买的能力，那么，这就是需求。

一种商品的需求数量是由许多因素共同决定的，其中主要的因素有该商品的价格，相关商品的价格，消费者的收入、消费者偏好和对该商品的价格预期等。理解并掌握商品的需求数量与各影响因素之间的关系是理解需求理论的基础。下面首先来讨论商品需求数量与商品自身价格之间的关系。

（一）需求法则：需求量与价格的关系

经济学家常用需求法则来揭示商品需求量与商品自身价格之间的相互关系，即一种商品的价格与它的需求量之间存在着反向关系。具体表述为：在其他条件不变的情况下，当一种商品的价格上升时，需求的数量会下降；当一种商品的价格下降时，需求的数量将上升。我们可以用商品的替代效应和收入效应来解释需求法则。

替代效应是指当某种商品的价格上升而其他商品的价格不变时，消费者会用价格不变的其他商品替代价格上升的商品，于是对该商品的需求数量出现减少；或当某种商品的价格下降而其他商品的价格不变时，消费者会用价格下降的商品替代价格不变的其他商品，于是对该商品的需求数量就会增加，这就是商品自身价格变动所带来的替代效应。

收入效应是指当消费者的名义收入不变时，购买价格上升（下降）的某种商品就相当于减少（增加）消费者的实际收入，降低（提高）其支付能力，消费者通常就会减少（增加）对这种商品的购买量，从而导致对该商品的需求数量相应减少（增加），这就是商品自身价格变动所带来的收入效应。

如“可口可乐”饮料的价格上升了，消费者就会购买“百事可乐”饮料或咖啡，以替代“可口可乐”饮料，替代效应导致“可口可乐”饮料的需求量减少。同时，“可口可乐”饮料的价格上升，也意味着消费者的实际购买能力下降了，这通常会导致他们减少对“可口可乐”饮料的购买，从而降低了对“可口可乐”饮料的需求量。

小思考 百货商品打折，你会乘这个机会大肆血拼吗？现实生活中存在着不服从“需求法则”的商品吗？

（二）需求表和需求曲线

在其他条件不变的情况下，商品需求量与价格之间的反向关系，还可以通过商品的需求表和需求曲线来加以说明。

1. 需求表

商品的需求表是一张表示某种商品的各种价格水平和与之相对应的该商品的需求量之间的关系，通过列表形式罗列出来所得到的表格，其目的在于通过文字表格形式揭示商品价格与需求量之间的反向关系。表 2.1 是一张 X 商品的需求表。

表 2.1 X 商品的需求表（每月）

价格（元 / 千克）	需求量（千克）
10	0
8	1
6	3
4	5
2	8

从表 2.1 可以清楚地看到当 X 商品的价格不断下降时，相对应的需求量却在不断提高。

2. 需求曲线

需求表可以用图形表现为需求曲线。需求曲线是表示一种商品价格与需求量之间关系的几何图形。图 2.1 显示的是与表 2.1 相对应的 X 商品的需求曲线。纵轴度量价格，横轴度量数量。将表 2.1 中的 5 个价格——数量组合点画在图中，并把这些点连接起来，便得到了曲线 D，这一曲线称为需求曲线。需求曲线可以是直线型的，也可以是曲线型的。需求曲线向右下方倾斜的形状反映了需求法则：当商品的价格下降时，该商品的需求量增加；当商品的价格上升时，该商品的需求量下降。

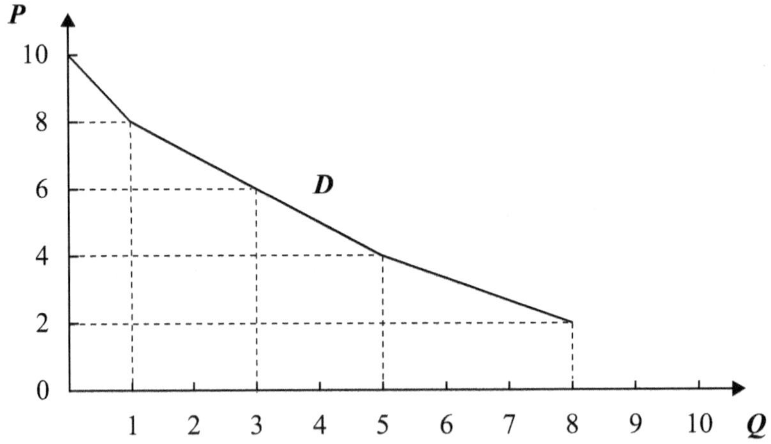

图 2.1 X 商品的需求曲线

3. 需求函数

在反映价格变化与需求量变化的关系中，需求函数是相对更为规范的描述方法。最简单意义上的需求函数，是将价格（P）作为自变量，而把需求量（Q）作为因变量，其函数关系如式（2.1）所示：

$$Q_d = a - bP \tag{2.1}$$

通过价格前面的负号，式（2.1）将需求量与价格呈现反方向变化的规律直观地表示了出来。

小思考 吸烟有害于健康。各国政府都致力于对吸烟的人数和吸烟数量的控制，政府可以努力达到这一目标的方法有哪些?

（三）需求与其他因素

价格不是决定消费者购买某种商品多少的唯一因素，相关商品的价格、消费者收入水平、消费者的偏好等众多因素也会影响消费者对商品的需求数量。

1. 相关商品的价格

相关商品是指与所讨论的商品具有替代或互补关系的商品。在其他条件不变的情况下，当相关商品的价格发生变动时，该商品的需求量也会有所变化。替代商品是指可以用来取代另一种商品的商品，如苹果与桃子或梨。互补商品是指两者必须相互搭配才能满足同一种需求的物品，如录像机与磁带。如果消费者更多地购买 X 商品，就会减少对 Y 商品的购买，那么，X 与 Y 商品一定存在着替代关系；如果消费者更多地购买 X 商品时，也会更多地购买 Y 商品，那么，X 与 Y 商品一定存在着互补关系。如果 X 和 Y 两种商品具有替代关系，那么当 X 商品的价格上升（下降）时，则相关商品 Y 的需求量就会增加（减少）；如果 X 和 Y 商品具有互补关系，那么当 X 商品的价格上升（下降）时，与 X 商品相关的 Y 商品的需求量就会减少（增加）。

2. 收入

消费者收入的变化会影响其对商品的购买能力。对大多数商品而言，当人们的收入提高时，商品的需求量会随之增加，反之则减少。随着收入增加而增加的商品叫作“正常商品”，而随着收入的增加而下降的商品，称之为“低档商品”。正常商品与低档商品的区分是相对的，可以相互转化。

3. 偏好

偏好是指人们对某种商品的喜好程度。当人们喜欢某一商品时，自然就会多消费这种商品。偏好受很多因素的影响，如广告、时尚及从众心理等。

4. 预期

预期是指消费者对某一商品未来价格趋势的一种心理预测。如果人们预期某一商品的价格未来将上升，人们的反应自然是在当前尽可能多地购买这种商品。这样，现期商品的需求就会增加，而反之，现期商品的需求就会下降。

小思考 消费者的预期对我国当前商品房的需求和价格变化会产生什么影响？

以上列举的这些，可以统称为影响需求量的非价格因素，当然还有其他因素。因素越多，分析起来就越复杂。为了便于研究，经济学经常采取“假定其他因素不变，只有一个因素发生变化”这样的分析方法，如影响汽车需求量的因素有许多，有汽车的价格、人们的收入、油价的变动、人们的偏好等，现实生活中这些因素都是同时在变化，交互在影响，但经济学家在分析时，为了更好分析某种因素如油价对汽车需求量的影响时，必须假定“其他因素（如收入、偏好等）不变”的条件，把油价这一因素的影响孤立出来，去说明油价提高通常会降低人们对汽车的需求量，而油价的下降则会增加人们对汽车的需求量。

专栏 2-1　婴儿买机票与否的经济学分析

父母在乘坐飞机旅行时，是应该允许他们把婴儿放在膝盖上，还是要求他们为婴儿买单独机票，并用皮带把婴儿束缚在安全座位上？一项要求为婴儿购买单独机票和将婴儿放置在单独座位上的法律将会同时产生好消息和坏消息。好消息是：由于婴儿在他们自己的座位上会更安全，因而死于飞机碰撞的婴儿将会减少。而坏消息是：更多的人将死于车祸。要求父母为婴儿单独购买机票的法律会增加乘坐飞机旅行的成本，这会促使许多父母转向乘车旅行，从而增加旅行的风险。

在多项研究之后，得出的结论是对更多的人来说这是坏消息。美国联邦航空委员会于是在 1992 年做出规定，父母可以将其婴儿放置在他们的膝盖上。

一个简单的教训是，消费者会对价格的变动做出反应。一种物品价格的上升（乘飞机旅行）会引起一些消费者转向它的替代品（高速公路旅行），从而导致了一个意想不到的结果。

资料来源：袁志刚．西方经济学 [M]. 北京：高等教育出版社，2010.

小思考　要求父母为婴儿单独购买机票的法律对乘飞机旅行的需求会产生什么影响？

（四）需求量的变动与需求的变动

从影响商品需求的因素分析中，我们得知消费者对某一商品需求数量的多少，既取决于商品本身的价格，又取决于商品价格之外的因素。如何在同一个需求曲线的示意图中把这两者的影响表现出来呢？这就涉及对“需求量的变动”和“需求的变动”的理解。

需求量的变动是在假定其他因素不变的情况下，只讨论该商品本身的价格变化对需求量的影响。此时起作用的是需求法则，是消费者对价格变动的反应。在表 2.1 中，当价格发生变化时，需求数量随对应价格的变动而发生变化。因此，需求量的变动在几何图形上表现为沿着同一条需求曲线发生的上下移动，如图 2.2（a）所示。

需求的变动是在假定商品价格不变的情况下，决定需求的其他一些因素，如相关商品的价格、消费者的收入、偏好和预期等，它们的变化引起消费者需求数量的变动，这种需求的变动在几何图形上表现为整条需求曲线的移动，如图 2.2（b）所示。

在图 2.2（a）中，当 X 商品的价格为 2 元时，消费者的需求数量是 8 千克，价格上升为 4 元时，消费者的需求数量就减少到了 5 千克。在其他条件不变的情况下，消费者的需求数量的变动只是在同一条需求曲线上的 *AB* 之间移动，这种变动就是需求量的变动。

而在图 2.2（b）中，X 商品的价格既定不变，而其他条件发生了变化，如消费者的收入得到了提高，这样，在每一种价格水平下，消费者的购买能力就得到了提高。当 X 商品的价格仍然为 2 元时，消费者的需求数量会从原来的 8 千克增加到 10 千克。当 X 商品的价格仍为 4 元时，消费者的需求数量从原来的 5 千克增加到了 8 千克。我们把 X 商品在既定价格水平下，由于收入提高而增加的需求数量点连接起来，就变成了新的一条需求曲线 D_1。X 商品的需求曲线由于收入变化，从原来的 D 变动到了 D_1，这种变动就是需求的变动。当需求变动的时候，各个价格下的需求量也将发生变化。因此，需求的变化将引起需求量的变动。但是，需求量的变化不一定引起需求的变化。例如在图 2.2（a）中，需求量随着价格的下降而增加时，需求可以不变。

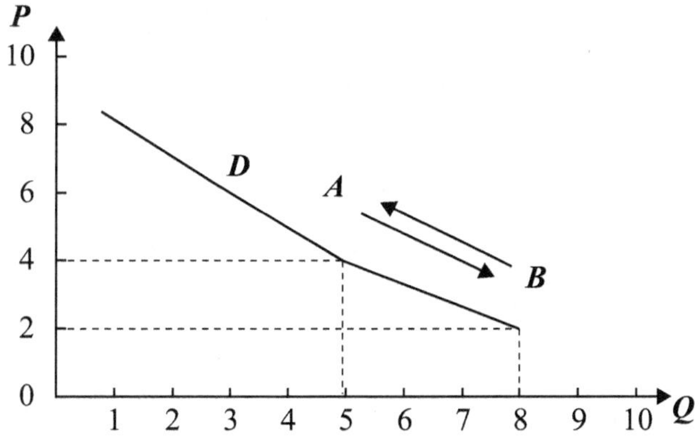

图 2.2（a）需求量的变动曲线

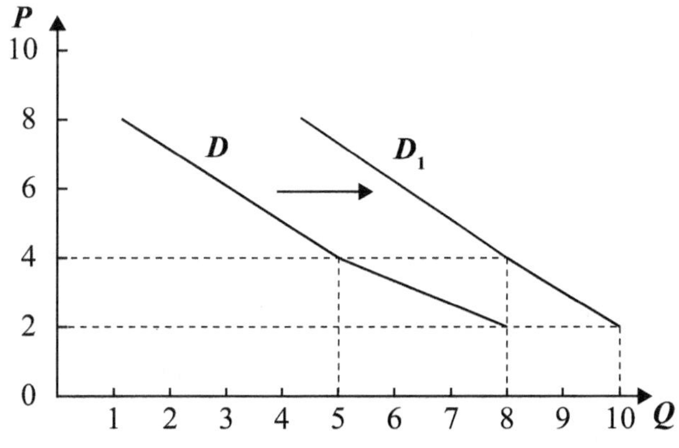

图 2.2（b）需求的变动曲线

从需求量的变动与需求的变动的区别中，我们看到了若想增加或减少人们对某种商品的需求数量，可以采取两种方法：一是通过变动价格，让它沿着同一条需求曲线进行点的移动；二是通过价格之外的因素，让该商品的需求曲线进行位置的移动。

小思考 由于经济衰退，迪斯尼主题公园的游玩人数减少了。为此，迪斯尼主题公园的管理者做出了下调公园票价的决定，以吸引更多的游客。据此，你认为这是需求量的变动还是需求的变动？请作图说明。

二、供给

一种商品的供给指的是厂商在一定时期内，在各种可能的价格水平下，愿意并且有能力提供出售的该商品的数量。它反映的是厂商的意愿和能力，是厂商选择的结果。如果厂商对某种商品既有提供出售的意愿，又有提供出售的能力，就是供给。

一种商品的供给数量取决于多种因素的影响，除了商品本身的价格之外，还有生产要素的价格、技术进步水平、相关商品的价格及盈利预期等。同样，理解并掌握供给与各影响因素之间的关系也是理解供求理论的基础。下面首先来讨论商品供给量与商品自身价格之间的关系。

（一）供给法则：供给量与商品价格的关系

经济学家常用供给法则来揭示商品供给量与商品自身价格之间存在着的某种关系：一种商品的价格与它的供给量之间存在着正向关系。具体表述为：在其他条件不变的情况下，当一种商品价格上升时，供给的数量将上升；当一种商品价格下降时，供给的数量将下降。其原因解释为：

其一，边际成本递增。当厂商的生产规模超过某一特定的产量水平后，每增加一单位产品的投入，成本就会快速提高。这意味着更多的产出，将伴随更大的成本，所以，只有产品的价格也随之提高，厂商才愿意增加产量。与此相关的概念和原理将在生产者行为理论中阐述。

其二，价格带来的利益推动。在其他条件不变的情况下，商品价格的提高会产生以下的效果：一是原来因亏损不愿意生产这种产品的厂商发现有利可图，变得愿意生产；二是原有的生产厂商发现利润更大，因而进一步扩大生产；三是厂商会把原来用于生产其他产品的资源转移来生产这种产品；四是新的企业被吸引加入到供应者的行列中来。因此，如果商品的价格上升，厂商也就愿意提供更多的产品。

小思考 现实生活中存在着不服从“供给法则”的商品吗？

（二）供给表和供给曲线

1. 供给表

揭示供给量与价格的关系还可以通过供给表和供给曲线加以描述。商品的供给表是一张表示某种商品的各种价格水平和与之相对应的该商品的供给量之间的关系，通过列表形式所得到的表格。其目的在于通过文字表格形式揭示商品价格与供给量之间的正向关系。如表 2.2 所示的就是一张 X 商品的供给表，表中清晰地说明了 X 商品的价格与其供给量之间的正向关系。

表 2.2 X 商品的供给表（每月）

价格（元）	供给量（千克）
2	0
3	20
4	40
5	60
6	80
…	…

2. 供给曲线

供给曲线表示一种商品价格与供给量之间关系的几何图形。借助表 2.2 的数据，可以画出 X 商品的供给曲线。如图 2.3 所示，该供给曲线向右上方倾斜，是因为在其他条件不变的情况下，价格越高意味着供给量越多。与需求曲线一样，供给曲线可以是直线型的，也可以是曲线型的。

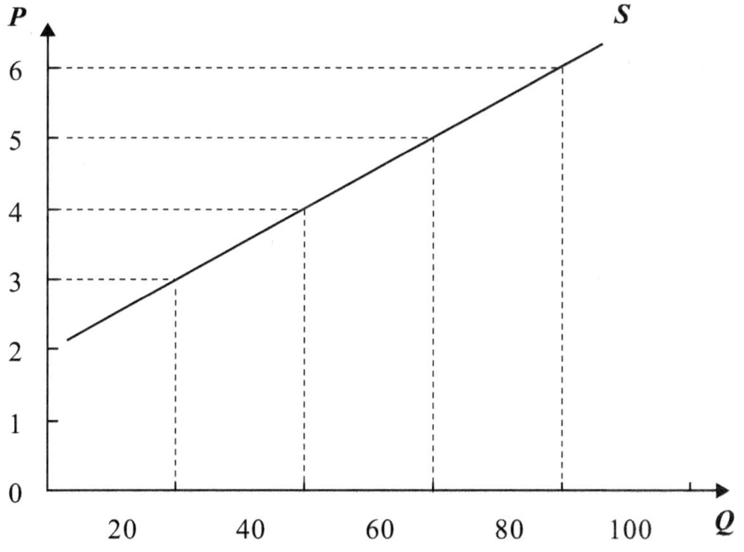

图 2.3 X 商品的供给曲线

3. 供给函数

在反映价格变化与供给量变化关系中，供给函数也是相对更为规范的描述方法。最简单意义上的供给函数，是将价格（P）作为自变量，而把供给量（Q）作为因变量，其函数关系如下：

$$Q_S = -c + dP \tag{2.2}$$

（三）供给和其他因素

价格不是决定厂商供给某种商品数量多少的唯一因素，生产成本、相关产品的价格和盈利水平、厂商预期等众多因素也会决定厂商对商品的供给数量。它们各自对商品的供给数量的影响如下：

1. 生产成本

生产成本的高低将直接影响到供给的数量。生产成本越高，在每一既定的价格水平下生产者所能获得的利润就越少，随着成本的上升，厂商自然会减少生产，很可能转向那些成本相对较低的其他产品。生产技术水平或投入品价格（生产要素的价格）的变化是造成产品生产成本变动，从而直接影响产品供给的主要因素。如果某产品的生产技术进步或生产要素价格下降从而降低其生产成本，生产者就愿意增加供给数量，反之，则会减少。此外，企业的组织变化和政府政策的变化也是导致生产成本变化的因素，如政府对某种产品的生产企业增加税收，会引起企业成本上升，从而减少该产品的供给量。反之，若政府给予生产者以补贴，就会增加供给量。从长期看，生产技术水平是影响供给数量的重要因素。相比过去，我们现在能够用低得多的价格买到质量高得多的电脑，完全得益于技术发展带来的成本降低。

2. 相关产品的价格和盈利水平

从供给量角度分析，相关产品是指使用相同资源生产出来的产品，包括替代供给品和共生供给品。例如土地可以用来种棉花，也可种小麦，棉花和小麦因此是替代供给品；原油在加工过程中，不仅会蒸馏出汽油，还会有煤油、柴油等共生品。相关产品的价格和盈利水平的变化也是影响供给数量变化的主要因素。如棉花价格和盈利水平的提高会使小麦的供给量减少，因为生产者会调整种植面积。同样，如果汽油的价格和盈利水平提高，则煤油、柴油的供给自然也会提高。

3. 预期

生产者愿意提供多少的供给，也受生产者对产品价格未来变化所作预期的影响，但这一因素的影响效果较为复杂。如果预期价格上涨，企业会扩大生产能力、增加产量，但却有可能会减少当前的供给量，期待未来以更高的价格出售，表现为囤积库存，待价而沽。反之，若预期价格下跌，则会减少产量，并尽快将库存产品销售出去，以减少损失，短期看，供给量反而会增加。

专栏 2-2 航油价格上升影响民航国际航线票价上涨

2004 年，由于国际油价上涨，中航油的航油每吨加价 400 元，从原来的每吨 3700 元提高到了 4100 元，上涨 10.8%。受此影响，一些民航公司研究决定，提高部分国际航线的机票价格，以缓解燃油加价带来的成本上升。据国际航空运输协会估计，每加仑航空燃料的价格每上涨 1 美分，航空公司每年的成本就会增加约 6 亿美元。而中国民航的航油成本价格远高于外航，在我国航空公司的运输总成本中名列第二。为减轻国内航空公司的压力，国家有关部门已批准国内航空公司在国际航线上收取燃油附加费，飞行四小时以上的长航线，向每位旅客收取 12 美元；四小时以内的短航线，向每位旅客收取 8 美元。

8 月，法国航空公司宣布，再次提高机票的燃油费，而欧洲的其他航空公司也纷纷开始提高燃油附加费，以缓解持续高涨的原油价格带来的成本压力。荷兰皇家航空也宣布，从 9 月 1 日起将机票价格上调 3 欧元左右。德国汉莎宣布，航班机票价格也将上调。而英航和维珍航空在 8 月初就已上调了机票价格。

目前，油价上涨已波及货运市场，包括香港国泰、港龙在内的多家经营香港本地航线的航空公司，已将货运燃油附加费提高 33%，德国汉莎和新加坡航空公司货运燃油附加费同样调整到每千克 2 元。国航也已调整国际货运价格，每千克货物收取的燃油附加费从原来的 1.5 元上涨到 2 元。东航、南航国际货运的燃油附加费也都做出了同样的调整。

资料来源：郑蔚 . 民航国际航线加收燃油加价机票涨价 [EB/OL]. http://finance.sina.com.cn.

小思考 除了航油价格上涨之外，还有什么因素会引起民航国际航线票价的上涨？

（四）供给量的变动和供给的变动

由于供给数量不仅受产品自身价格的影响，而且还受到生产成本、相关商品价格和预期等因素的影响，我们可以把这两类影响用供给量的变动和供给的变动区分开来。所谓供给量的变动就是在其他条件不变的情况下，当商品的价格发生变化时，厂商供给量所发生的变动，它可以通过一条正斜率的供给曲线来表示。所谓供给的变动就是当商品的价格不变时，或因为生产成本变动，或因相关产品的价格和盈利水平发生变化，或因厂商对产品的预期发生改变，影响到了卖者的供给意愿和供给能力，从而导致在同一价格水平上，供给数量发生了变动，这一类变动在几何图上表现为整条供给曲线的移动。我们可以从图 2.4 中比较这两个概念的不同。

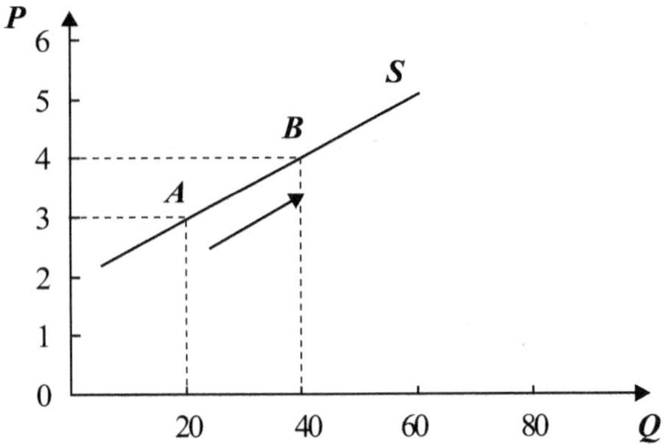

图 2.4（a）供给量的变动曲线

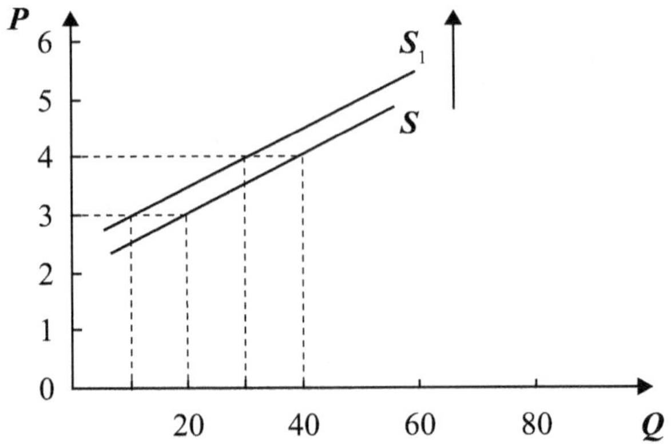

图 2.4（b）供给的变动曲线

在图 2.4（a）中，A 公司提供的商品数量的变动只是在同一条供给曲线上的 *AB* 之间移动。这种只受价格影响而发生的供给数量的变动，称为供给量的变动。而在图 2.4（b）中，X 商品的价格既定不变，而其他条件发生了变化，如生产成本提高，这样，在每一种价格水平下，A 公司的生产意愿和能力就下降了。这种在既定价格水平下，由于生产成本提高而导致供给曲线从原来的 S 变动到了 S_1 的这种曲线的位移，称之为供给的变动。

小思考 供给的变动会引起供给量的变动吗？专栏 2-2 中航油价格上涨引起的是国际航运供给量的变动还是供给的变动？

三、市场均衡：市场需求和市场供给的相互作用

市场就是为商品的需求者和供给者联系在一起进行交易的场所，目的是为供求双方提供一个平台，使他们的交易能够实现。当供求双方相遇时，是谁决定市场中商品的价格呢？英国经济学家阿尔弗雷德·马歇尔把供给与需求比作是一把剪刀的两个刀片，一边是需求，一边是供给，任何单独一边都是不完整的，而且

基本上没有任何用处，但是当两边刀片被连接起来构成一把剪刀时，它们就变成了一个非常简便实用的工具。竞争性的市场中我们很难判断供给和需求是哪一方决定了商品的价格，事实上，市场需求和市场供给的相互作用共同决定了市场中商品的价格。

（一）均衡价格的形成

德国哲学家叔本华在他的著作中曾描述过这样一个故事：有一群豪猪，身上长满尖利的刺，大家挤在一起取暖过冬。但它们不知道彼此应该保持一种什么样的距离才最好，离得稍微远些，互相借不着热气；一旦凑近了，尖利的刺就会扎到彼此的身体……经过多次磨合以后，豪猪们终于找到了一个最恰如其分的距离，那就是在彼此不伤害的前提下，保持着群体的温暖。这个最恰如其分的距离是什么？从物理学的角度讲就是均衡。

在微观经济学中，均衡是一个被广泛运用的重要概念。均衡最一般的意义是指经济事物中有关的变量在一定条件下的相互作用所达到的一种相对静止的状态。经济事物之所以能够处于这样一种相对静止状态，是由于在这样的状态中有关该经济事物的各参与者的力量能够相互制约和相互抵消，也由于在这样的状态中有关该经济事物的各方面的愿望都得到满足。正因为如此，西方经济学家认为，经济学的研究往往在于寻找在一定条件下经济事物的变化最终趋于静止之点的均衡状态。

在现实经济生活中消费者总想以更低的价格购买某商品，而厂商总想以更高的价格出售该商品，那么最终令双方都满意的价格水平是如何形成的？

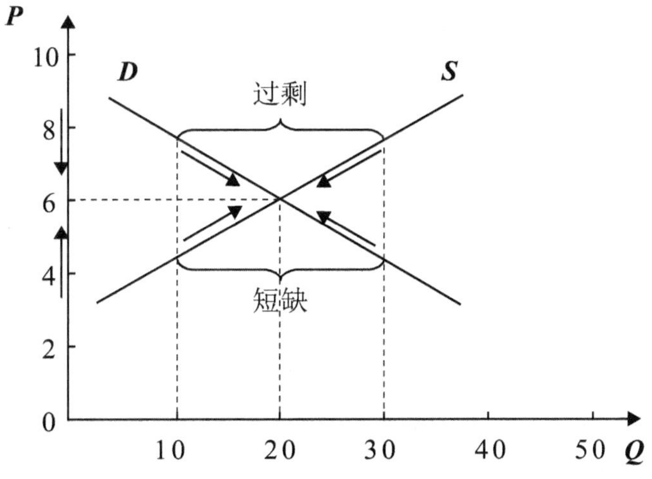

图 2.5 X 商品的市场均衡

图 2.5 给出的是 X 商品市场的供求状况，*D* 和 *S* 分别是该商品的市场需求和供给曲线。当价格在每单位 8 元时，市场供给量为 30，市场需求量为 10，这

时，供给大于需求，即市场上存在着商品过剩。这意味着部分厂商提供的供给得不到出售或所有厂商的供给部分不能全部出售。而当价格为 4 元时，市场供给量为 10，市场需求量为 30，这时，供给小于需求，即市场上存在着商品的短缺。这意味着一定有部分消费者的需求不能获得全部满足或大家的需求都只能部分获得满足。

在一个竞争性的市场环境下，这种短缺和过剩的现象不会持久存在下去，市场的内在力量会通过变动价格，来消除这种短缺和过剩。具体过程为：当市场存在商品过剩时，市场上必有厂商愿意通过降价来销售他们所生产的产品，市场的供给压力会迫使价格下降。此时，需求法则就会体现出来，价格下跌，购买数量增加，直到过剩消除。而当市场存在商品短缺时，许多买者争相购买供不应求的商品，为了得到该商品，必有消费者愿意出更高的价格来购买，市场的需求压力会迫使价格上涨。而此时，供给法则发生作用，随着价格的上升，供给数量增加，直到短缺消除。

结合图 2.5，只有当价格下降或上升到 6 元时，供给数量和需求数量正好相等，消费者愿意购买的数量和厂商能够供给的数量完全吻合。如果没有其他情况的干扰，市场的价格将稳定在这一水平上，这时市场处于均衡或者市场出清的状态。市场均衡是市场供给和市场需求两股力量平衡的结果。市场出清是指市场上既没有短缺也没有过剩，需求者和供给者都得到了满足，它出现在图 2.6 中供给曲线和需求曲线的交点上，称为均衡点。在均衡点上，商品的需求量等于商品的供给量，此时，价格既没有上升也没有下降的趋势，此价格称为均衡价格，与均衡价格相对应的数量被称之为均衡数量。

小思考 运用供求图形解释布斯的信为什么比林肯的信的市场价要高。

专栏 2-3 收银台前排队与市场均衡

这是一个超市繁忙的下午，收银台前排起了长长的队伍，这时一个新的收银台开始使用，会发生什么呢？

第一件发生的事情当然是赶快挤到新的收银台前。几分钟后，队伍平静下来。顾客做了重新调整，新的收银台前的队伍与原来收银台前的队伍一样长。

我们怎样知道这一点？经济原则使然，人们将利用机会改善自己的境遇。这可以解释人们为什么会涌向新开设的收银台，目的是为了节省时间。

当购物者不能通过调整队伍改善目前的状况时，情况就稳定下来了，当还有机会改善状况时，人们依然会寻找下去。

超市收银台前的排队问题似乎与经济中广泛的相互作用没有联系，但实际上它表明了一个重要的原则：当人们不能通过做其他事情使自己的状况变得更好时，就实现了经济学家们所谓的均衡，如所有收银机前的队伍一样长。当人们做其他事情不能变得更好时的经济状况就是均衡状态。

资料来源：克鲁格曼，韦尔斯．宏观经济学[M]. 赵英军，等，译．北京：中国人民大学出版社，2009.

小思考 市场中的供求均衡是一种常态吗？

（二）均衡价格的变动

在前面的均衡分析中，我们是在其他条件不变的假设下对均衡价格的形成进行分析。如果其他条件发生变化，无论是影响需求方面的因素还是影响供给方面的因素，只要它们发生变化，就会引起需求曲线和供给曲线的移动，市场上原有的均衡就会改变，新的均衡就会被重新建立。下面就均衡可能发生的变动分别做出解释。

1. 需求变动，供给不变

来自消费者数量、偏好、收入、对未来价格的预期和相关商品的价格等因素，都是引起市场需求变动的决定因素，在几何图形中表现为整条需求曲线的位移。图 2.6 分析的是当需求发生变动、供给不变时，通过新均衡与原均衡的比较分析，得出均衡价格与均衡数量的变动方向。

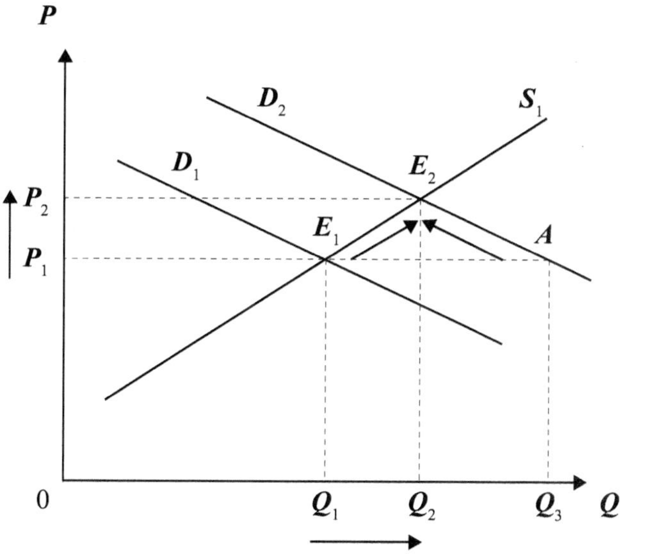

图 2.6 需求曲线的移动和均衡点的变动

在图 2.6 中，需求曲线 D_1 和供给曲线 S_1 交于 E_1 点，形成了均衡价格 P_1 和均衡数量 Q_1。当需求增加后（引起需求增加的原因有许多，如消费者收入提高，预期价格上升，替代商品的价格上升等），需求曲线向右位移，形成新的一条需求曲线 D_2，与原供给曲线相交形成新的均衡点 E_2。可以发现，与原均衡点的均衡价格和均衡数量相比：均衡价格提高了，由 P_1 变化为 P_2，均衡数量也增加了，从 Q_1 变化为 Q_2。如果，由于一些因素发生，导致市场需求减少，均衡价格与均衡数量将会发生怎样的变化呢？结果是：均衡价格下降，均衡数量也相应减少。因此，需求变动的方向与均衡价格和均衡数量的变动方向是一致的。

2. 供给变动，需求不变

来自厂商的数量、自然条件、生产成本、卖者对未来价格变动的预期或其他商品的价格等因素，是引起市场供给变动的决定因素，在几何图形中表现为整条供给曲线的位移。图 2.7 分析的是当供给发生变动、需求不变时，通过新均衡与原均衡的比较分析，得出的均衡价格与均衡数量的变动方向。

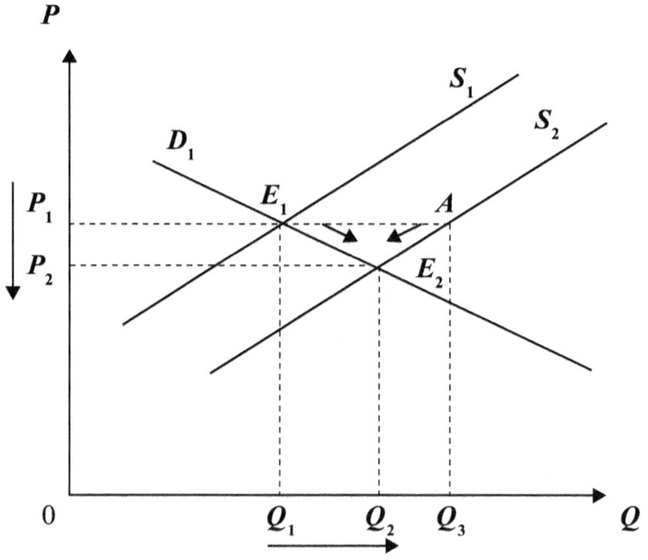

图 2.7 供给曲线的移动和均衡点的变动

图 2.7 所反映的是供给增加时的情形。原均衡点为 E_1 点，当供给增加后，供给曲线由 S_1 向 S_2 右移，与需求曲线 D_1 相交，形成新的均衡点 E_2。可以发现与原均衡点所决定的均衡价格和均衡数量相比，均衡价格下降了，由 P_1 变化为 P_2，但均衡数量却增加了，从 Q_1 变为了 Q_2。如果当供给减少，均衡价格与均衡数量又将会发生怎样的变化呢？结果是：均衡价格上升，但均衡数量却相应减少。从中可以看到，供给变动的方向与均衡价格变动的方向相反，但与均衡数量的变动方向是一致的。

小思考 当供给与需求同时变化时，均衡价格和均衡数量会如何变化？

对于竞争性市场中的每一种商品而言，市场上需求和供给这两种相反力量的对比共同决定了商品的均衡，均衡价格的变动是供求规律运行的结果。但均衡价格一旦形成，就马上形成“价高者得”的市场局面，引导消费者和厂商权衡成本收益，选择购买多少某种商品，以及生产多少这种商品。由此可见，价格是指引经济决策，引导配置稀缺资源的信号。正因为如此，价格决定什么远比价格是由什么来决定这个问题重要得多。

专栏 2-4 飞机票的市场化定价机制

2012年，在春运长途火车票开售的当天，在上海市各大火车站及火车票代售点门口人们早早排起了长龙，2012年新开通的铁道部火车票网上订票系统也近乎瘫痪，旅客彻夜排队无法购票，而很多黄牛党乘机抬高票价，赚取差价，造成了火车票“一票难求”的现象。一张小小的火车票的背后隐藏着非常复杂、有趣的经济学现象。以淡季票价为300至400元的北京至上海的航线为例，春运期间，各大航空公司的票价都上浮至1000元以上，而上海至北京的K特快列车票价最低仅为197元，动车及高铁的二等座票价为410元和555元。上海至北京的汽车票价为354元，但是一天仅有一班。如此比较，春节期间乘坐火车具有最高的性价比。选择乘坐火车回家的乘客会远远大于乘坐飞机及汽车，因此，在春运期间对火车票的需求剧增。

而与火车票相比，飞机票却未出现“一票难求”及黄牛党泛滥的现象。这是为什么？我国大陆现有30多家航空公司（不包括香港、澳门地区的航空公司），行业内竞争激烈；行业外也受到铁路、公路等的竞争。航空公司一般的做法是确定机票的最高价（在网站上显示的是原价），在淡季打折吸引消费者。在这样一个竞争充分的市场，随着春运的开始，短期需求激增，飞机票价必然开始上扬，大多数航空公司基本上提供全价票的8折至9折，热门的航线基本上只有全价票。一部分消费者会因此转向火车、汽车等其他交通工具，另一部分消费者会进行折衷的选择，比如可以选择在除夕当天甚至晚上乘飞机回家过年。以南宁飞往北京的航线为例，除夕前三天南宁至北京的机票是8折至9折，票价1800元至1900元不等，而除夕当天，上午从南宁飞北京机票4折，票价为820元，晚上2.5折，价格为512元。机票的市场化定价机制较为完善，为消费者提供了广泛的选择面，名义票价体现实际价格，反应市场实际需求，因此，黄牛党自然无法从中渔利。另外，行业内充分的竞争也使资源配置较为合理，价格发挥了更有利的调节作用。

资料来源：周怡．春运火车应如何定价[J]. 中国证券期货，2013（6）.

小思考 春运期间火车票应该涨价吗？

第二节 弹性理论及其应用

现代作家叶圣陶先生在20世纪30年代发表了一篇《多收了三五斗》的小说，讲述的是江南农民在丰年粜（卖出）米的故事。“今年天照应，雨水调匀，小虫子也不来作梗，一亩田多收这么三五斗，谁都以为该得透一透气了。哪里知道临到最后的占卜，却得到比往年更坏的课兆！”丰年了，农民原以为还能像平日里卖十三或十五块钱，但万盛米行的先生却有气无力地告诉他们：“糙米五块，谷三块。”按理说，丰收了，农民的收入也会增加，但实际的情况还是应证了那句老话：“谷贱伤农。”

粮食是必需品，需求量不会出现大的起伏，不会因为价格低了，需求量就有大的增加。价格高了，需求量就会明显减少，所以，在丰年，农民只能贱卖粮食，减少收入。正是因为看到了许多基本的生活必需品在需求量对价格的变化不会做出明显反应，所以，各国政府都会采取一定的措施来保护农产品价格和农民利益。到2013年底，我国的农业已连续10年全面丰收，同时，农民的收入也连续10年得到了快速增长，年均增长接近9%，这其中，稳定农产品价格是最主要的方式。

上面的案例说明，商品的需求、供给和价格变动之间存在着复杂的对应关系。供求理论的分析仅从定性的层面上说明了供求如何决定价格，价格、收入、成本等因素如何影响供求的问题，但经济学分析的任务是进一步从理论上对各种经济变量之间的关系做出解释。显然，消费者和商家都会对价格的变动做出反应，也会对收入、相关商品的价格等因素的变动做出应对，据此调整他们的供给量和需求量。但调整多少呢？为了精确衡量供求对其决定因素变动的反应程度，需要引入弹性理论。本节将具体讨论供求价格弹性理论、需求收入弹性理论和需求交叉弹性理论。

一、需求弹性

根据影响市场需求量的各种不同因素，我们可以将需求弹性相应划分为需求的价格弹性、需求的收入弹性和需求的交叉弹性。下面分别就这几种弹性及其在经济学中的应用展开讨论。

（一）需求价格弹性

1. 需求价格弹性的分类

所谓需求价格弹性是指当某种商品的价格改变一定比例后，在其他条件不变的情况下，市场上消费者对这种商品的需求量就此做出的反应程度。简言之，就是指需求量对价格变化的敏感度，表示在弹性系数公式中就是：

$$e_d = \frac{Q_2 - Q_1}{Q_1} \div \frac{P_2 - P_1}{P_1} \tag{2.3}$$

式（2.3）中，分子是需求量变动的比例，分母是价格变动的比例，两者之比即为需求价格弹性系数。由于公式中涉及两个变量之间具有反向关系，所以，需求价格弹性系数值必为负值。但这个负号与研究的目的并没有什么关系，可以将其忽略。我们要关注的是对价格变动做出反应的需求数量。

小思考 能用需求曲线的斜率来度量需求的价格弹性吗？

从需求价格弹性系数值的范围分析，需求价格弹性可以分为以下五种类型：

（1）如果需求价格弹性系数大于1，即需求量变动的百分比要大于价格变动的百分比，那么该商品的需求是富有弹性的。富有弹性的需求意味着消费者对价格变动的反应相对较为灵敏。例如，奥利奥饼干的价格下降10%后，需求量增加了20%，那么就有：

需求的价格弹性 $= 20\% \div (-10\%) = -2$

我们可以下结论说奥利奥饼干的需求是富有弹性的。

（2）如果需求价格弹性系数小于1，即需求量变动的百分比要小于价格变动的百分比，那么该商品的需求是缺乏弹性的。缺乏弹性的需求意味着消费者对价格变动的反应不太敏感。例如，如果汽油的价格下降了10%，而需求量只增加了5%，则我们同样有：

需求的价格弹性 $= 5\% \div (-10\%) = -0.5$

我们可以下结论说汽油的需求是缺乏弹性的。

（3）如果需求价格弹性系数等于1，即需求量变动的百分比正好等于价格变动的百分比，那么该商品的需求是单位弹性。单位弹性意味着需求价格弹性既不富有也不缺乏。

此外还有两种特殊情形：

当需求价格弹性系数值为零时，即无论商品价格怎样变动，需求变动的百分比始终为零，此时该商品的需求是完全缺乏弹性的。完全无弹性的需求意味着买者对价格变动毫无反应。

当需求价格弹性系数值为无穷大时，即在价格既定条件下，需求量为无限。

小思考 在你的生活中，哪些商品的需求富有价格弹性？哪些商品的需求缺乏价格弹性？

2. 需求价格弹性的计量

经过对一般意义上的需求价格弹性的讨论，现在来更精确地讨论它的计量。需求价格弹性系数的计算分为两种：一是弧弹性，二是点弹性。

弧弹性是指需求曲线上两点间的需求价格弹性。如图 2.8 所示，可以发现，当用式（2.3）给出的一般弹性公式去计算需求曲线上 *A* 到 *B* 点的弹性值和计算 *B* 到 *A* 点的弹性值是不同的。

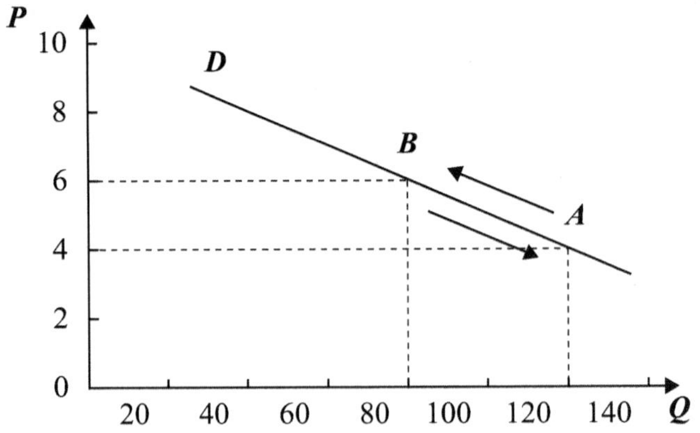

图 2.8 弧弹性的计算

避免这一问题的一种方法就是采用中点公式计算弧弹性。公式如下：

$$e_d = \frac{\Delta Q}{(Q_1 + Q_2) \div 2} \div \frac{\Delta P}{(P_1 + P_2) \div 2} \qquad (2.4)$$

点弹性是指需求曲线上某一点的需求价格弹性。它计算的是当价格变化非常微小时，人们的需求对价格变化所作的反应程度。点弹性的公式如下：

$$e_d = \frac{dQ}{dP} \times \frac{P}{Q} \qquad (2.5)$$

式（2.5）中，dQ / dP 其实就是过需求曲线 *D* 上某一点作一条切线的斜率的倒数，如图 2.9 所示。需求曲线上任取一点 *A*，求其点弹性的值。过 *A* 点做切线，得到其斜率的值 $dP / dQ = 5 / 10 = 1 / 2$，*A* 点的弹性为 $2 \times 3 \div 4 = 1.5$。

点弹性公式表明，当 *P* 与 *Q* 值不变时，斜率越大，则弹性越小，斜率越小，则弹性越大。当斜率一定时，需求曲线表现为一直线，此时，需求曲线上的点弹性值也是会变化的。需求曲线的斜率和需求的价格弹性是两个紧密联系却又不相同的概念，必须严格加以区分。

图 2.10 表示的是直线型需求曲线 *D*，其弹性值的区间范围在（0，∞）。具体来说，沿着直线型需求曲线与纵轴交点（图 2.10 中 *B* 点）向右下方移动时，弹性值也从∞向 0 变化。其中该线段中心点（图 2.10 中 *M* 点）之上的部分为富有弹性区，即 $e_d >1$；中心点为单位弹性，即 $e_d = 1$；中心点以下的部分为缺乏

弹性区，即 $e_d<1$。

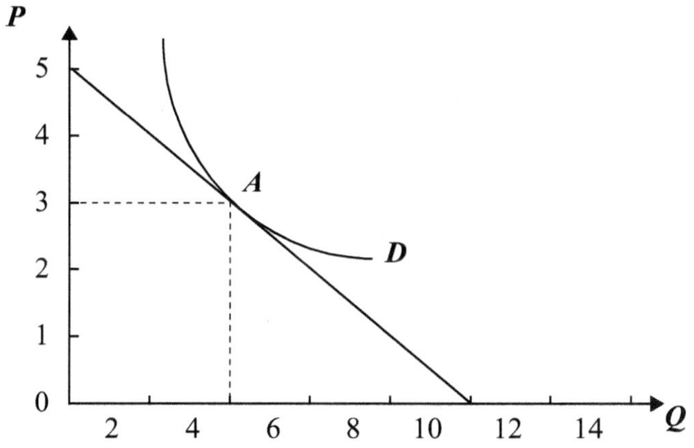

图 2.9 点弹性的计算

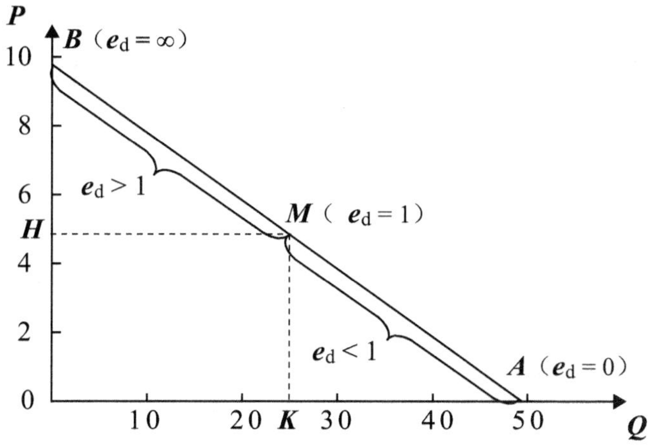

图 2.10 直线需求曲线的点弹性变化

图 2.10 中显示的直线型需求曲线上点弹性的变化，可以用几何方法得到证明。依据图 2.10 和弹性的定义，有：

$$\begin{aligned} e_d &= \frac{dQ}{dP} \times \frac{P}{Q} \\ &= \left[1 \div \frac{dP}{dQ}\right] \times \frac{P}{Q} \\ &= \left[1 \div \frac{BH}{MH}\right] \times \frac{MK}{OK} \\ &= \frac{MH}{BH} \times \frac{OH}{MH} \\ &= \frac{OH}{BH} \\ &= \frac{AM}{MB} \end{aligned} \tag{2.6}$$

如果 $AM>MB$，则 $e_d>1$；$AM<MB$，则 $e_d<1$；$AM=MB$，则 $e_d=1$，这说明了需求曲线上每一点的弹性都是有变化的。只有两种特殊情况下，需求曲线上每一点的弹性都是相同的：其一，从纵轴引发的平行于横轴的水平需求曲线上的

每点的弹性都为∞；其二，从横轴引发的与纵轴平行的垂直需求曲线上的所有点的弹性都为零。

小思考 一般而言，企业只会在需求价格弹性较小的AM段选择提价，而绝对不会在弹性较高的MB段提价，为什么？

专栏 2-5 价格上涨的幅度预测

经济学家曾使用弹性的数值来预测1990年伊拉克入侵科威特而导致石油价格上涨的幅度。以下是他们采取的步骤：

首先，他们确定——在研究石油价格和数量的历史数据后——石油的需求价格弹性为0.1。换而言之，即 e_d=0.1。

第二步，他们估算——在调查了石油生产者后——对科威特的入侵会导致世界石油的供给下降7%，他们假设这个7%同样是石油需求量下降的百分比，因为石油的其他来源地在短期内不会增加产量。换而言之,即 $\Delta Q_d/Q_d$=0.07或7%。

第三步，他们将这些数值代入弹性定义公式计算出石油价格上升70%。

估算的70%的价格上涨幅度看起来似乎很大，而实际上当年的石油价格的上涨幅度甚至超过了70%，石油价格从1990年7月的每桶17美元上升到了1990年10月的每桶36美元，上升幅度高达112%（超过预期的70%的上升幅度有可能缘于人们担心伊拉克会继续入侵沙特阿拉伯而进一步减少石油供给）。

这个估算——表明石油价格大幅度的上升有可能是石油供给下降7%而引起的——影响了美国及其同盟国的决策，他们出兵中东并且最终迫使伊拉克从科威特撤军。

资料来源：约翰·B. 泰勒. 经济学[M]. 李绍荣，李涉玲，等，译. 北京：中国市场出版社，2007.

小思考 如果石油生产者增加供给，油价会下降多少？假设供给增加4%。

3. 需求价格弹性的决定因素

什么因素会影响一种商品的需求是富有弹性或缺乏弹性的呢？研究表明主要受下列3大因素的影响：

第一，替代商品的数量和替代的程度，这是最为重要的决定因素。一般来说，一种商品的可替代品的数量越多（少），弹性越大（小）；替代性程度越高（低），弹性越大（小）。生活必需品的替代品较少，替代程度也较弱，因此需求价格弹性也较小。例如，食盐的需求价格弹性就比茶叶的需求价格弹性要小，因为食盐是人们生活中不可缺少的东西，其功能是其他食品难以替代的。相比之下，茶叶的替代性较大，当茶叶价格上升时，人们可以用咖啡或其他饮料来替代茶叶。

小思考 为什么某一品牌商品的需求价格弹性比整个这类商品的需求价格弹性大？如咖啡的需求价格弹性为 0.3，而某种特定品牌的咖啡的需求价格弹性为 5.6。

第二，商品在总支出中所占比重的大小。一般而言，如果某商品的支出在总支出中所占的比重越大，需求价格弹性则越大；比重越小，需求价格弹性则较小。例如，消费者每月在牙膏、香皂、盐等商品上的支出占总支出的比重非常低，他就不太关注这类商品价格的变化，这类商品的需求量对价格的变化也就不敏感。如果是抵押借款利率上扬（该利率是买房贷款的“价格”），购房者的反应就较为强烈，人们可能会大幅度地削减住房需求。

第三，时间也是需求价格弹性的决定因素之一。人们对价格调整的时间越长，弹性越大，时间越短，弹性越小。原因在于，人们面对已上涨了的价格，随着时间的延长，有足够的时间寻找和使用替代品，这样需求量就会大量减少，弹性就会变大。例如，十多年前数码照相机价格的下调，在短期内可能并不会立即引起购买量的明显变动，因为有很多家庭拥有普通照相机，而 PC 还没有普及，不会立即购买数码照相机。但若干年后，随着 PC 在家庭中的普及，普通照相机开始退出市场，这时，数码照相机的需求量变大，需求价格弹性就会由小逐步变大。

专栏 2-6 发展中国家对医疗保健定价的考虑

很多发展中国家都提供医疗保健补贴，并向消费者收取一部分费用用以弥补部分医疗服务的成本。如果一个国家提高医疗保健定价，这对穷困家庭和富有家庭有何影响？在非洲的象牙海岸，穷困家庭对医疗服务的需求价格弹性为 0.47，而富有家庭为 0.29。

这意味着如果医疗服务的定价上升 10%，将使穷困家庭的医疗保健减少 4.7%，而富有家庭则减少 2.9%。在秘鲁，穷困家庭和富有家庭之间需求弹性的差距更大，分别为 0.67 和 0.03。因此，由于穷人对价格更为敏感，当价格上升时，他们医疗保健的需求量将有更大的减少。

资料来源：袁志刚 . 西方经济学 [M]. 北京：高等教育出版社，2010.

小思考 对于同样一种商品，为什么高收入者和低收入者的需求价格弹性有区别？

4. 需求价格弹性与消费者总支出的关系

需求价格弹性理论在分析经济活动中应用广泛，不论是企业的营销策略，还是个人的消费策略，甚至政府一些政策的制定，都可以应用弹性理论来加以分析。下面主要考察需求价格弹性与消费者总支出的关系，以说明在不同的需求弹性下，商品价格的变动是如何影响消费者总支出的变化，从而影响厂商的销售收入。

消费者总支出是指消费者按照一定价格购买某种商品数量的总支出，它也等于厂商销售该种商品的总收入。

如果用 TE 表示消费者在某种商品上的总支出，TR 表示厂商销售该种商品的总收入，P 表示销售价格，Q 表示销售（购买）数量。那么一定有：

$TE = P \times Q$，$TR = P \times Q$，$TE = TR$。

现在要分析的是：当商品的价格发生变动后，消费者的总支出（厂商的总收入）将会发生怎样的变化？这与商品的需求价格弹性有关。

如果商品的需求是富有弹性的，当价格上涨时，就意味着需求量变动的比率（下降）大于价格变动的比率（上涨），那么涨价前的总支出（总收入）要大于涨价后的总支出（总收入）。当价格下跌时，就意味着需求量变动的比率（上升）大于价格变动的比率（下降），那么跌价前的总支出（总收入）要小于跌价后的总支出（总收入）。结论是商品价格变动的方向与消费者总支出变动的方向相反。如图 2.11（a）所示。

小思考 每逢节假日各大商场都会打折促销，商场会因价格下跌而导致利润减少吗？为什么？

如果商品的需求是缺乏弹性的，当价格上涨时，就意味着需求量变动的比率（下降）小于价格变动的比率（上涨），那么涨价前的总支出（总收入）要小于涨价后的总支出（总收入）。当价格下跌时，就意味着需求量变动的比率（上升）小于价格变动的比率（下降），那么跌价前的总支出（总收入）要大于跌价后的总支出（总收入）。结论是商品价格变动的方向与消费者总支出变动的方向相同。如图 2.11（b）所示。

小思考 为什么“谷贱伤农”？

如果商品的需求是单位弹性，无论价格上升还是下降，由于价格变动的比率与需求量变动的比率是相等的，所以价格变动前的总支出与价格变动后的总支出没有变化，如图 2.11（c）所示。

此外，当两种特殊情形发生时，即完全缺乏弹性和完全富有弹性时，总支出

（总收入）将会发生怎样的变化呢？

如果商品完全缺乏弹性，总支出（总收入）将随着价格水平的提高而提高，随着价格水平的下降而下降，如图 2.11（d）所示。

如果商品完全富有弹性，总支出（总收入）将不随价格水平的变化而变化，而是随着需求数量水平的变化而变化，且同向变化，如图 2.11（e）所示。

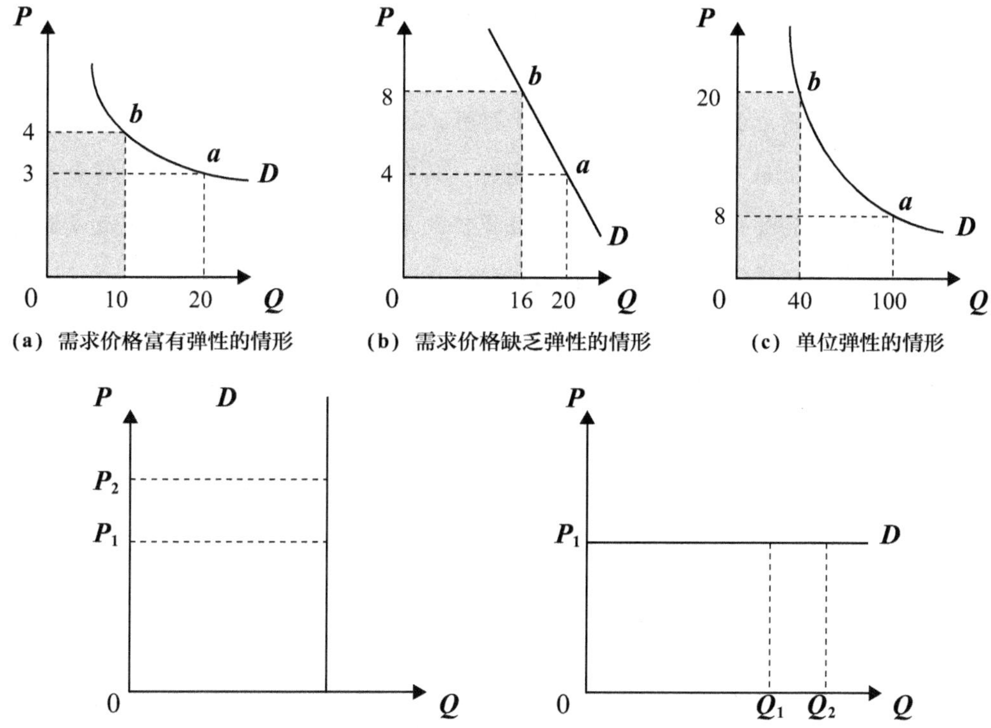

（a）需求价格富有弹性的情形　（b）需求价格缺乏弹性的情形　（c）单位弹性的情形

（d）需求缺乏弹性的情形　（e）需求富有弹性的情形

图 2.11 需求富有弹性与缺乏弹性时价格总收益的变化

专栏 2-7 弹性理论错了吗？

王经理经营 A 品牌的化妆品，当他在 MBA 课堂学完需求价格弹性理论后，他开始考虑自己经营的化妆品是应该涨价还是降价的问题。按经济学弹性理论的说法，化妆品属于非必需的奢侈品，奢侈品降价能增加销售收入，涨价会减少销售收入。但是王经理不信，偏偏反其道而行之，涨价！他说这样给人一种档次较高的感觉。涨价的同时王经理投入大量资金做广告，尤其是电视广告，使自己的品牌广为人知。结果怎样？销售量大幅增长。这样价涨量增的结果自然是销售收入猛增，王经理觉得自己推翻了经济学的理论。这一事例是否说明商品弹性对价格策略的指导失灵了呢？

经济学原理的成立都有其前提条件。各种弹性的相关原理都隐含这样一个前提条件：除了弹性公式中分母位置那个因素发生变化之外，假定其他所有因素保持不变。如分析价格弹性，必须假定除价格以外的其他所有因素保持不变，才能进而得出应该涨价还是降价的结论。在化妆品的事例中，有一个其他因素发生了变化，那就是广告投入，以至于干扰了王经理的判断，使他看不清楚单纯价格因素将如何影响需求。

化妆品是深受广告影响的商品之一，广告一方面提高了人们购买这种产品的欲望，使需求曲线向右位移，增加对该产品的购买量；另一方面，广告可使人们更加忠于这个品牌，让人们相信（无论是正确的还是错误的）竞争对手的品牌是劣质的，从而导致商品的需求曲线变得陡峭，缺乏弹性。这样，该企业就可以把价格提高到其对手的价格之上而不出现销量锐减。这时，只有微小的替代效应，因为消费者已经相信没有密切的替代品。王经理化妆品提价的事例中，广告带来的正值足以抵销价格弹性的负值还绰绰有余，自然会出现销售量大幅度增长的结果。

如果规定不做广告（或者广告费用保持不变），只能改变化妆品的价格，那么王经理应该选择涨价还是降价呢？价格弹性理论告诉他还是降价能增加销售收入。化妆品价格“明降”的时候不多，生怕给人一种品质可疑档次不高的感觉，但是价格的“暗降”颇为常见。例如原来只够买一瓶香水的价钱，现在还可以再获赠一支口红，所谓“买一送一”，就是一种变相的降价促销。

小思考 如果人们的收入或其他品牌的化妆品价格发生变化，会如何影响王经理经营的化妆品市场？

（二）需求收入弹性和需求交叉弹性

1. 需求收入弹性

需求收入弹性是指当收入改变一定比例后，在其他因素不变的情况下，市场需求对收入变动做出反应的程度。可以用弹性系数公式表示：

$$e_m = \frac{Q_2 - Q_1}{Q_1} \div \frac{M_2 - M_1}{M_1} \tag{2.7}$$

式（2.7）中，e_m 是收入弹性系数，Q_1、M_1 是收入变化前的数量和收入水平；Q_2、M_2 是收入改变后的数量和收入水平。

对于收入弹性系数的值而言，不同的符号代表了不同的意义。当符号为正时，意味着收入水平提高引起需求量随之提高，经济学上称这类商品为正常商品；如果符号为负时，意义正好相反，经济学上称为低档商品或劣质品。在正常物品中，弹性系数值大于 1 的商品一般称为奢侈品，而小于 1 称为必需品。

需求收入弹性概念有助于对恩格尔系数的理解。恩格尔系数是指在一定时期内，一个国家国民的食物支出占其总收入的比例。恩格尔定律是指这个系数呈递减的变化趋势。根据收入弹性系数理论，恩格尔系数下降是因为食物的收入弹性系数低，所以随着人们收入水平的提高，收入中用于食物支出的比例将相对下降。

需求的收入弹性也是企业考虑其产品市场未来规模的一个重要概念。由于大多数产品都属于正常商品，因此，如果这种产品具有很高的需求收入弹性，那么，在经济扩张时期，随着消费者收入的增加，企业销售量很可能会迅速扩大；而当经济走向衰退，销售量也会明显下降。但低档商品则不同，在经济萧条时期，消费者收入的减少将使低档商品的企业需求增加。例如，当消费者减少飞机旅行时，汽车旅行的需求就会增加；而在经济扩张时期，低档商品的企业需求却反而减少。如 1998 年之前的近 5 年中，我国居民收入水平有了大幅度的增长，国内电信业务以每年 43% 的速度增长，但同时，电报业务却以年 30% 的幅度急剧递减。可见，电信服务需求本身虽然在随着居民收入水平的提高而增长，但其中电报服务一项却成为一种“低档商品”，逐渐被更为快捷方便的长途电话、无线寻呼、移动手机、图文传真、电子邮件等业务取代。

小思考 哪些因素影响着需求收入弹性的计算结果？

2. 需求交叉弹性

需求交叉弹性是指当其他相关商品的价格改变一定比例后，在其他因素不变的情况下，所讨论商品对此做出反应的程度。可以用以下公式来表示：

$$e_{ab} = \frac{\Delta Q_a}{Q_a} \div \frac{\Delta P_b}{P_b} \tag{2.8}$$

对于交叉弹性系数来说，不同的符号也代表不同的意义。当符号为正时，意味着商品 A 和商品 B 之间是相互替代关系，如不同品牌的手机；当符号为负时，意味着商品 A 和商品 B 之间是互补关系，如网球拍与网球；当系数为零时，A、B 两种商品之间没有关系，如手机与网球拍。

影响需求交叉弹性的主要决定因素是两种商品间替代的密切性或互补的密切性。密切程度越高，替代品或互补品的价格变化对第一种商品的影响越大，因此，交叉弹性（不管是正数还是负数）就越大。

企业在考虑竞争性产品或互补性产品的价格变化对他们的产品需求的影响时，希望知道他们产品的需求交叉弹性，这在企业制订生产计划和展开市场竞争时，是至关重要的信息。1956 年，美国政府指控杜邦公司垄断玻璃纸生产，因为玻璃纸为杜邦公司独家生产和销售，政府认定该公司在玻璃纸产品市场上占有百分之百的市场份额。然而，美国最高法院在这个案件中将玻璃纸看作包装材料中的一种材料，在包装材料产品市场上，存在着与杜邦公司的玻璃纸高度替代的产品，这就意味着如果杜邦公司的玻璃纸稍有涨价，就会有大量的消费者选择其他包装材料。由于杜邦公司的玻璃纸仅占包装材料市场18%的份额，最终，政府在该案中败诉。

专栏 2-8　酒类市场的需求价格弹性、交叉价格弹性和收入弹性

很多消费方面的政策法规都是与酒类消费相关的，这些法规包括未成年人饮酒、酒后驾车及红酒对心血管方面可能的好处等。在美国运通公司工作的经济学家 X.M.Gao 和其他两名同事利用统计数据估计了下表所示的弹性数值（“含酒精饮料”指的是啤酒和葡萄酒之外的其他含酒精饮料）

啤酒需求的价格弹性	−0.23
啤酒和酒类之间的交叉价格弹性	0.31
啤酒和含酒精饮料之间的交叉价格弹性	0.15
啤酒需求的收入弹性	−0.09
酒类需求的收入弹性	5.03
含酒精饮料需求的收入弹性	1.21

统计对比表明，对啤酒的需求是缺乏价格弹性的，价格上涨10%只会使需求量下降2.3%，因为葡萄酒和其他酒类是啤酒的替代品。葡萄酒价格上涨10%可以使啤酒的需求增加3.1%，收入增加10%，啤酒的需求量会有略小于1%的下降。因此，啤酒是一种低档商品，葡萄酒和其他酒类都被归为奢侈品，因为他们的收入弹性都大于1。

资料来源：X. M. Gao，Eric J. Wailes，L. Gramer, A Microeconometric Model Analysis of U.S. Consumer Demand for Alcoholic Beverages[J]. Applied Economics，January 1995.

小思考　啤酒企业应该如何运用弹性理论制定销售策略？

二、供给价格弹性

1. 供给价格弹性的分类和计量

供给价格弹性与需求价格弹性非常相似。供给价格弹性是指当某种商品的价格改变一定比例后，在其他条件不变的情况下，市场上厂商对这种商品的供给量就此做出的反应程度。简言之，就是指供给量对价格变动的敏感度。表示在弹性系数公式中，就是：

$$e_s = \frac{Q_2 - Q_1}{Q_1} \div \frac{P_2 - P_1}{P_1} \tag{2.9}$$

式（2.9）中，分子是供给量变动的比例，分母是价格变动的比例。两者之

比即为供给价格弹性系数。由于公式中涉及的两个变量之间具有正向关系，所以，供给价格弹性系数值必为正值。

从供给价格弹性系数值的范围分析，供给价格弹性也分为以下 5 种类型：当 $e_s>1$，供给富有弹性；当 $e_s<1$ 时，供给缺乏弹性；当 $e_s=1$，供给单位弹性；当 $e_s=0$ 时，供给完全无弹性；当 $e_s=\infty$ 时，供给完全有弹性。

小思考 达·芬奇的作品《蒙娜丽莎》的供给弹性和需求弹性相同吗？试画出不同弹性的供给曲线的示意图。

供给价格弹性的计算如同需求价格弹性的计算，也分为弧弹性计算和点弹性计算。

弧弹性：

$$
\begin{aligned}
e_s &= \frac{Q_2-Q_1}{(Q_1+Q_2)\div 2}\div\frac{P_2-P_1}{(P_1+P_2)\div 2}\\
&= \frac{\Delta Q}{Q_1+Q_2}\div\frac{\Delta P}{P_1+P_2}\\
&= \frac{\Delta Q}{\Delta P}\times\frac{P_1+P_2}{Q_1+Q_2}
\end{aligned}
\tag{2.10}
$$

点弹性：

$$
\begin{aligned}
e_s &= \frac{\mathrm{d}Q}{Q}\div\frac{\mathrm{d}P}{P}\\
&= \frac{\mathrm{d}Q}{\mathrm{d}P}\times\frac{P}{Q}
\end{aligned}
\tag{2.11}
$$

小思考 直线型的供给曲线上每一点的弹性值相同吗？

2. 供给价格弹性的决定因素

供给价格弹性的大小取决于厂商改变他们生产的商品产量的伸缩性。因此决定供给价格弹性的因素主要有以下几个方面：

第一，产量变化引起的成本变化的程度。当某种产品的价格提高后，其生产成本的上升幅度对产品的供给影响很大，如果成本上涨比价格上涨得快，其供给价格弹性就小，反之，其供给价格弹性就大。

第二，商品的特性。这是指商品能否被提供的问题。如一些特定的物品（古董）、一些特定区域的土地（供给是无法增加的），这些商品的供给弹性就小。而像许多工业制成品，如电器、汽车等，其弹性就大得多。

第三，时间的长短。时间越长，回旋的余地越大，商品被提供出来（或减少）的可能性就越大，供给就越富有弹性。如果时间紧迫，商品在短期被提供出来的难度很大，甚至不可能提供出来，弹性就越小。

一般来说，生产设备与技术工艺比较先进、生产规模一旦确定就难以改变的机电、化工、电子、汽车等行业的产品往往缺少供给弹性。价格上升的时候要想扩大生产，就必须培训新的技术人员，购买新机器，这需要较长时间，克服很大困难，在增加许多成本的情况下才能实现。反之，价格下降的时候要想迅速减少产量，也会有一系列麻烦问题要解决。正因为如此，这些行业要确定一个最优规模。规模太小会失去赚钱的机会，规模太大又会出现生产能力的过剩。而服装、食品等劳动密集型行业，产品主要依靠人力生产，原材料成本稳定采购容易，生产周期也短，所以供给量对价格变动可以迅速做出反应，供给弹性就大一些。

供给价格弹性对于了解价格对需求变化的反应很重要。在专栏 2–9 中，我们可知，当贺卡和玫瑰花需求在情人节那天都增加的情况下，均衡价格对此做出的反应是上升，在假定需求增加相同时，价格上升的幅度却是不同的，由于贺卡供给的弹性大于玫瑰花的供给弹性，因此，贺卡价格上升的幅度就明显低于玫瑰花的价格。供给价格弹性对于确定需求变化时的价格变动非常重要。

小思考 政府禁毒措施的实施，是增加还是减少了与毒品相关的犯罪？

专栏 2-9 西方情人节时对玫瑰花与贺卡的供给与需求

在一年中任何时候，人们都会购买贺卡和玫瑰花。但当情人节临近的时候，毫无疑问，贺卡和玫瑰花将变得很紧俏，这两种商品的需求将会大幅攀升。从需求与供给模型分析可知：我们预期这两种商品的价格将会上升。但是，玫瑰花价格的上升幅度总是会比贺卡价格的上升幅度大，为什么呢？

原因在于这两种商品的供给价格弹性有别。情人节当日，贺卡供应量比玫瑰花的供应量更加富有弹性。贺卡是一种可以储存的物品，所以生产者可以轻易地逐步增加产量并且在情人节前准备大量的存货。贺卡的供应充足有弹性。因此，需求增加推动价格的上涨幅度有限。

相反，玫瑰花属于娇嫩的、容易凋谢的商品，只有在情人节那天定制的玫瑰花才适合销售，要临时增加供应量相对来说是比较困难的。这就意味着，玫瑰花的供应量是相对缺乏弹性的，而紧接着发生的事情就不足为奇了，需求的增加将导致价格大幅的攀升。

资料来源：B. Peter Pashigian. Demand and Supply on Valentines Day in Price Theory and Applications[M]. New York: McGraw–Hill，1995.

小思考 运用供求图形解释情人节时贺卡和玫瑰花供求现象。

第三节 供求模型的运用

2014年1月21日，中国证券报报道了这样一则消息：北京市住建委近日公布今年首批发放预售许可证的商品房项目。其中，从去年末开始设置的4万元限价门槛被解除。据悉，此次共有四个项目获批预售证，包括位于房山区长阳镇的“徜徉嘉园”，位于密云的“中加荣园”，位于丰台区的“阅园”，以及位于朝阳区孙河的“泰禾坊巷家园”。“徜徉嘉园”是商业项目，后三者为住宅区项目。其中，朝阳区孙河的“泰禾坊巷家园”项目曾是2013年名噪一时的“孙河地王”，其住宅拟售价在66833元/平方米至77913元/平方米。此外，丰台区的“阅园”也属于高端商品房，住宅拟售价为66999元/平方米至67000元/平方米。分析人士认为，由于供求尚未真正改善，房价上涨压力较大，今年北京可能继续实行限价政策。

政府为什么要对商品房实行限价政策？这种限价属于什么价格管制政策？它会给商品房市场的供求产生什么影响？如果政府对商品房实行征税，以替代这种价格管制，是否对商品房价格上扬的抑制作用效果会更好？为了更好地回答这些问题，我们需要运用供求理论，就政府的价格管制和征税行为展开分析。

一、价格管制：最高限价与最低限价

（一）最高限价

最高限价是指政府对某种产品制定的低于均衡价格的最高市场价格。实行最高限价的目的在于：限制某些行业尤其是垄断性较强的行业的产品价格，保障消费者的利益以维护社会的公平。在一般情况下，比较普遍的最高限价往往出现在一国的非常时期，如战争时期或通货膨胀比较严重的时期。例如，在20世纪70年代早期，美国政府就曾经对石油的价格进行控制，规定厂商的销售价不得超过政府规定的最高价格——每桶原油5.25美元，那段时间，均衡价格要远远高于每桶10美元。

图2.12 表示政府对某种产品实行最高限价的情形。Pe 为市场均衡价格，P_1 为最高限价或者价格的上限。当价格为 P_1 时，供求失衡，供给量为 Q_1，需求量为 Q_2。Q_1Q_2 为供不应求的数量，称之为短缺。与均衡价格相比，生产厂商受供给规律的制约，在 P_1（低于均衡价格）价格水平上显然不愿意提供更多的产量，

自然就实现了政府限制某些行业生产的目的。同时，在 P_1 的价格水平上，扩大了购买该商品的消费群体，有更多的低收入的群体具备了购买该种商品的能力，显然，这一政策有利于产品更公平地分配。

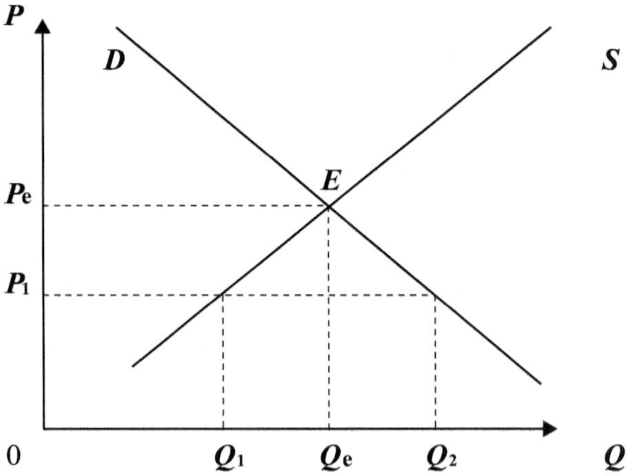

图 2.12 最高限价

但是，从图 2.12 中，我们发现在最高限价上，商品是短缺的。为了相对公平地分配产品，配给与排队就成为最常见的现象。在我国高度集中的计划经济时代，城镇居民通过各种票证，购买一定量的商品，维持低层次的消费，就是政府实施价格管制政策的结果。

黑市是最高限价引发商品短缺后延伸出来的一个非法市场。在黑市中，人们用超过法律规定的价格上限进行交易活动，图 2.13 给出的是价格管制对黑市价格的影响。显然，黑市中，人们为购买到 Q_1 的产品，支付了远远高于均衡价格的价格 P_2，黑市销售者获得了高额的收入，如阴影部分所示。

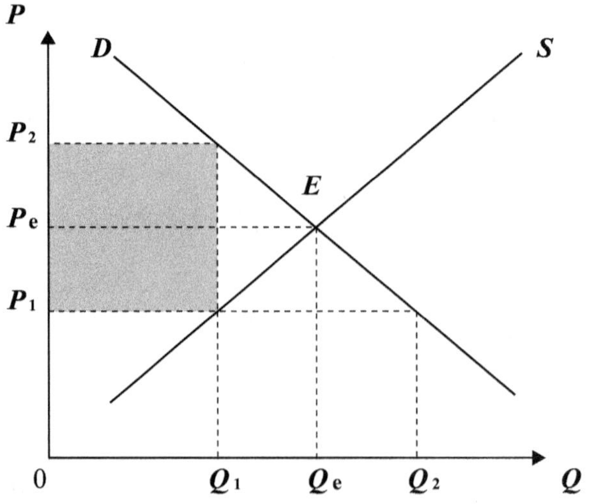

图 2.13 最高限价对黑市价格的影响

最高限价的另外一个影响就是导致商品质量的下降。通过减少某种商品的数量，厂商可以降低其生产成本。如专栏 2–10 中，房租管制常常会导致劣质房屋的出现，如减少粉刷墙壁或者维修电梯的频率，房主让其房产处于年久失修状态，从而失去了吸引力。

消除最高限价带来的商品短缺的方法主要表现为：一是增加供给，如压缩库存，提供补贴或免税；二是减少需求，增加替代品以减少该商品的需求，或控制人们的收入。

小思考 想一想某种商品或服务的价格处于均衡水平之下的一些例子。在每一种情况下，思考这种政策的优缺点。

专栏 2-10 租金管制：向所有人提供廉价住房?

租金管制的目的是使低收入家庭免受由于住房短缺所造成的租金飞涨的困扰，使穷人住得起房子。不过，在实践中，很多经济学家认为，这种租金管制只是使大部分人的境况变差了。这是为什么?

看下图，假定某一所住处的租金最初处于均衡水平 R_e，此时 $D=S$。现在假定通过一项法律，规定最高租金限额为 R_1。从需求方来看，在租金低于均衡的时候，确实有更多的家庭愿意租房住，出租房的需求量在较低的价格下增加了。同时，短期内供给相对无弹性，原因是房东不能马上将其出租房转作他用，尽管租金下降了，但出租的房产供给只是稍有减少（从 Q_e 减少到 Q_1）。这种短缺相对比较小（即 Q_2-Q_1），因此，只有相对少数人不能找到住处，其他人将因这种较低的租金而获益。

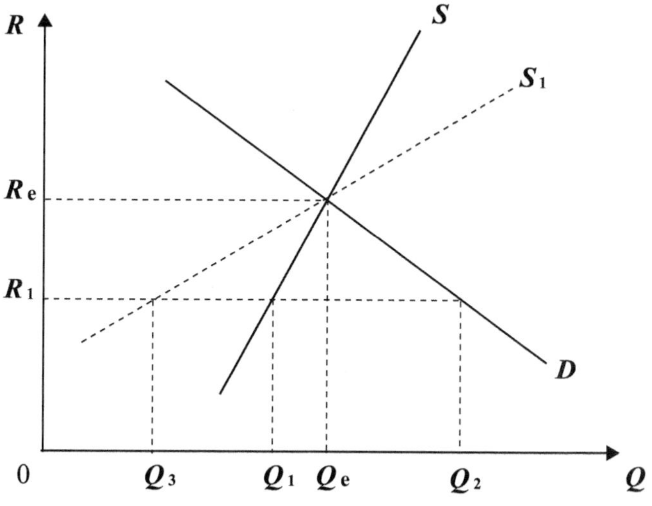

图 2.14 出租房的数量

然而，在长期，很多房东会对这种较低的租金做出反应，他们会把房屋另做他用，也可能会减少维修支出。而且，保险公司、养老基金和其他潜在的住房新投资者会发现投资于租金不受控制的办公楼、购物中心等更有利可图，供给曲线将变得更有弹性，出租房产的供给将下降。这样，新的供给曲线就是 S_1，如果最高租金限额为 R_1，出租的住处供给量下降到 Q_3。随着出租房屋减少，短缺更加严重，无家可归的人甚至比在无管制市场下更多。

因此，反对租金管制的人认为，租金管制扭曲了市场信号，从而导致资源配置不当，即配置到外租住房的资源太少，而配置到其他用途上的资源太多。尽管租金管制通常是为了减轻住房短缺的影响，然而实际上管制却是造成这些短缺的一个主要原因。

而那些支持租金管制的人反对这些论点，认为出租房屋的需求曲线和供给曲线是非常无弹性的。

就拿需求曲线来说，人们已经住在某处，如果租金管制被废除，人们将不得不支付较高的房租，或者变成无家可归者。而且，只要人们没有其他办法才亏本出租他们的住房，那么，需求就会保持无弹性，房租可能会提高到很高的水平。

资料来源：斯罗曼 . 经济学 [M]. 郭庆旺，译 . 北京：经济科学出版社，2001.

小思考 消除租金管制带来住房短缺的最好办法，你认为是什么？

（二）最低限价

最低限价是指政府对某种产品制定的高于均衡价格的最低市场价格。政府采取最低限价的主要目的在于：保护供给方的利益，如最低工资法和各种扶持农业的政策等。例如，在劳动力市场，由于对非熟练劳动力的较低需求可能会导致非熟练工人的低工资，从而使他们的收入水平下降，因此，绝大多数国家都实行了最低工资法，要求厂商付给工人的工资至少要达到某个特定的水平。

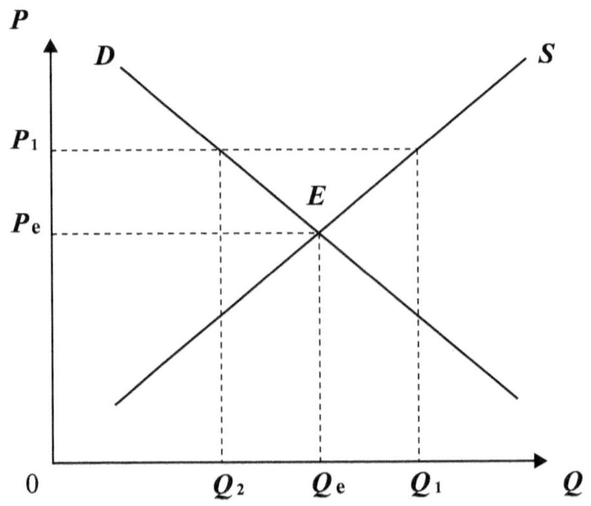

图 2.15 最低限价

图 2.15 中，P_1 即为政府制定的最低限价。显然，在这个规定最低限价上，对于生产者而言，具有增加供给的积极性。

最低限价的实施，带来的是商品的过剩。如图 2.15 所示，P_e、Q_e 分别为均衡价格和均衡产量，P_1 是政府规定的最低市场价。对应于 P_1 的供给量为 Q_1，需求量为 Q_2，Q_1Q_2 即为供过于求的数量，称为过剩。

产品剩余也许有时是政府所期望的，特别是那些受自然条件影响供给波动厉害的农产品。政府通过实施最低限价，造成一种产品过剩，加以贮存，以备将来可能出现的短缺。但是，政府贮存过剩产品实际上是政府购买了这部分剩余产品，如果剩余量太大，政府将大大增加支出成本，从而成为政府的沉重负担。为了避免积累剩余，政府也会制定一些补贴出口的政策，以减轻其政府的负担。同时，高价格也会掩盖无效率，如果企业的利润因高价格而受到保护，那么，它们就觉得没有必要通过技术创新寻求更有效的生产方式。这样，为了销售剩余产品，生产者在逐利性的驱动下，会产生低价销售的现象。

总之，政府实行最低限价会带来与最高限价相反的市场结果——产品过剩。如何消除这种过剩，一是增加需求，如政府购买、增加出口。二是控制供给，如限额生产。

小思考 目前很多城市都设置了最低工资标准（如杭州市 2013 年的最低工资标准为每月 1470 元）这一政策会给劳动力市场的供求产生什么影响？

从以上的分析中，我们看到，政府的价格干预政策会带来一系列的问题。在竞争性市场中，价格的变动不过是供求规律运行的结果，而非人为所致。没有价格变动，就会出现长期的市场短缺和过剩，这说明了政府采取干预市场供求的行为，有可能会带来不利的副作用。因此，政府在实行经济管制政策时，应该谨慎从事。

二、供求弹性与税赋转嫁

（一）征税对市场供求的影响

政府干预市场运行的另一种政策工具通常是对商品征收间接税，包括销售税、增值税和产品税等。间接税可以按每单位销售量征收一个固定的数额，即从量税，也可以按价格或增值额在每一生产阶段上课征，即从价税。无论对商品实施的是从量税还是从价税，从生产者的角度考虑，都会提高其生产成本，从而引起供给曲线向左上方移动。图 2.16 给出的是政府征收从量税和从价税后的供给曲线的位移状况。在从量税的情况下，供给曲线将向左平行移动；在从价税的情况下，供给曲线将向左旋转上升。

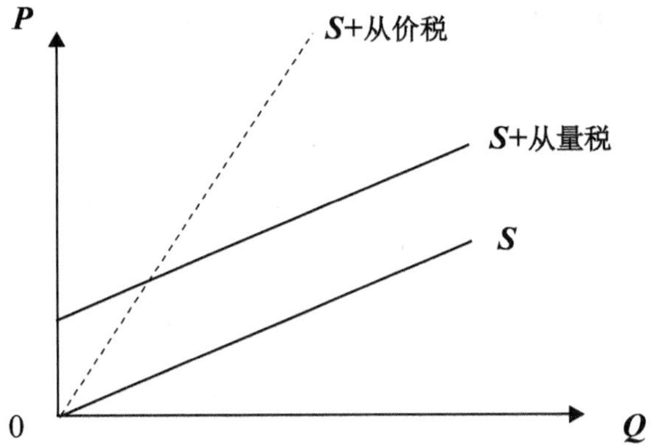

图 2.16 税收对供给曲线的影响

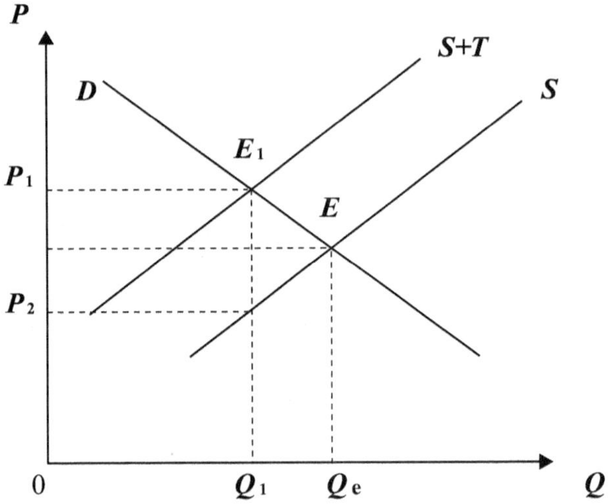

图 2.17 从量税对价格与数量的影响

征税给供求双方带来的影响如何呢？现以从量税为例加以说明。在图 2.17 中，E 是征税前的均衡点，P_e、Q_e 分别表示征税前的均衡价格和均衡产量。现征收从量税 T，厂商的供给曲线向左上方平行移动数量 T 税额，与需求曲线相交于新均衡点 E_1。与此相对应，形成了新的均衡价格 P_1 和新的均衡数量 Q_1。与 E 相比，P_1 高于 P_e，Q_1 小于 Q_e。图中表明，政府征税所得到的总税收收入应为（P_1-P_2）$\times Q_1$（其中，P_1-P_2 的差额等于每单位产量所征的从量税 T），构成了纳税人的税收负担。厂商作为法定的纳税人，理应依法缴纳。但在厂商所纳的税收中，有一部分税负已被生产者转嫁到了消费者的头上，与原均衡点相比，购买同样数量的商品 Q_1，征税后消费者的总支出要比征税前多支付了（P_1-P_e）$\times Q_1$，这部分支出并没有成为厂商的销售收入，而是成为了政府税收收入的一部分。也就是说，政府征收的税收中消费者承担的税负相当于（P_1-P_e）$\times Q_1$，其余部分 $[T-(P_1-P_e)]\times Q_1$ 由生产者负担。可见，政府征税后厂商实际得到的销售收入为 $P_2\times Q_1$，P_2 是厂商实际接受的除税后的价格，P_1 是消费者实际支付的含税的价格，消费者和厂商共同分担了政府征税所带来的税收负担。

小思考 如果征税导致需求曲线左移，而供给曲线不变，消费者和厂商如何分担政府征税所带来的税收负担？

（二）弹性与税收归宿

税收归宿是指税收负担在生产者和消费者之间的分配。征税会对供求双方产生影响，但税赋的大小却取决于征税商品的需求价格弹性和供给价格弹性的程度。现仍以从量税为例，利用图 2.18 来说明供求弹性不同对生产者和消费者双方税负的影响。

在每一幅图中，每单位商品征收的税额相同：供给曲线向上移的幅度相同。在每一种情况下，价格上升至 P_1，数量减少至 Q_1。但在每一种情况下，价格上升的程度和数量减少的程度是不一样的，这要依赖于需求的价格弹性和供给弹性。

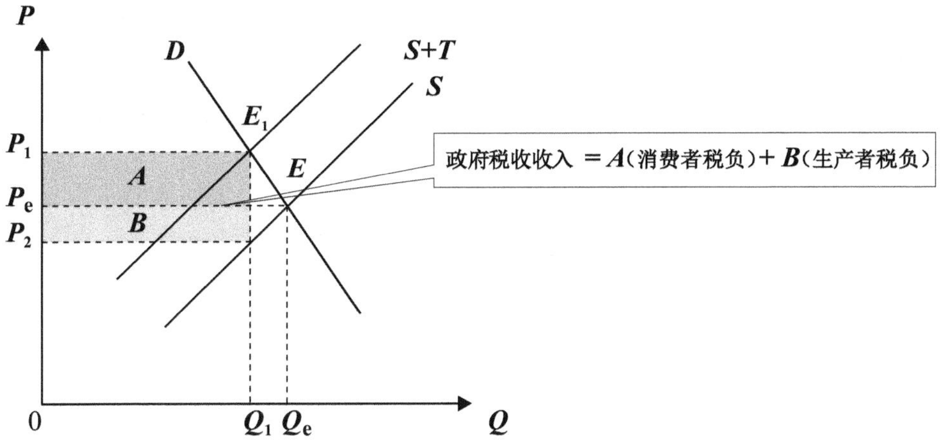

图 2.18（a）缺乏弹性的需求

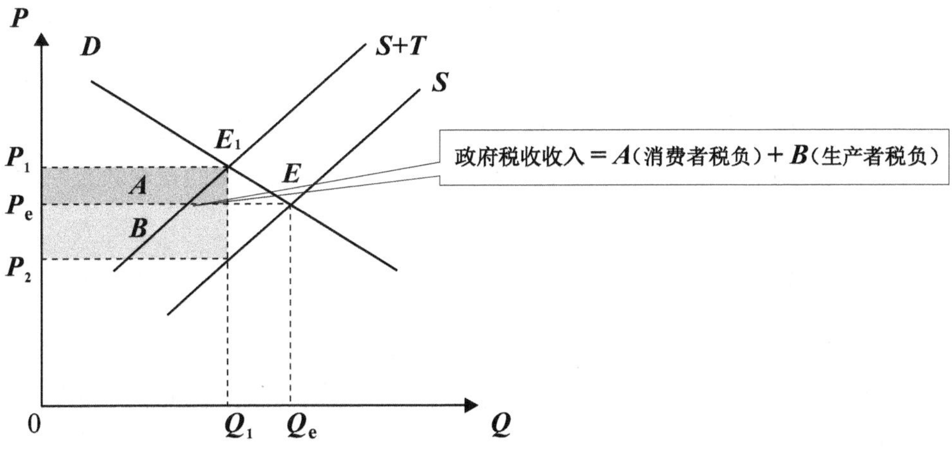

图 2.18（b）富有弹性的需求

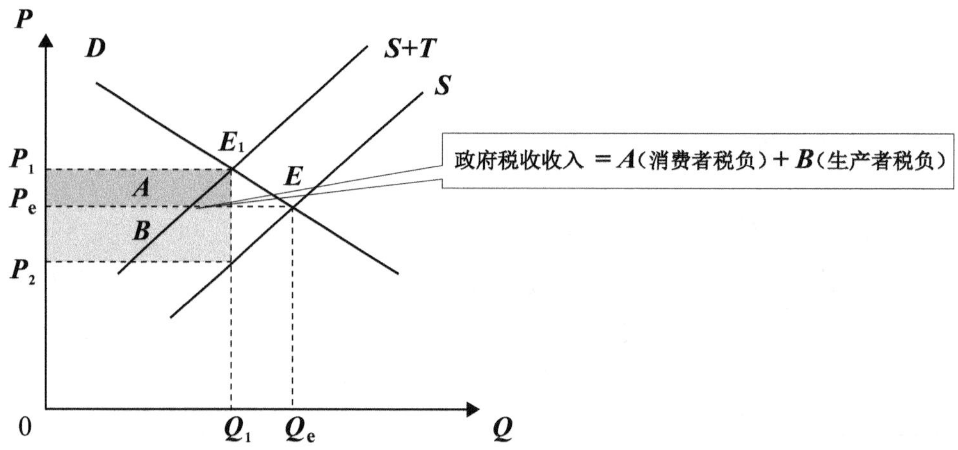

图 2.18（c）缺乏弹性的供给

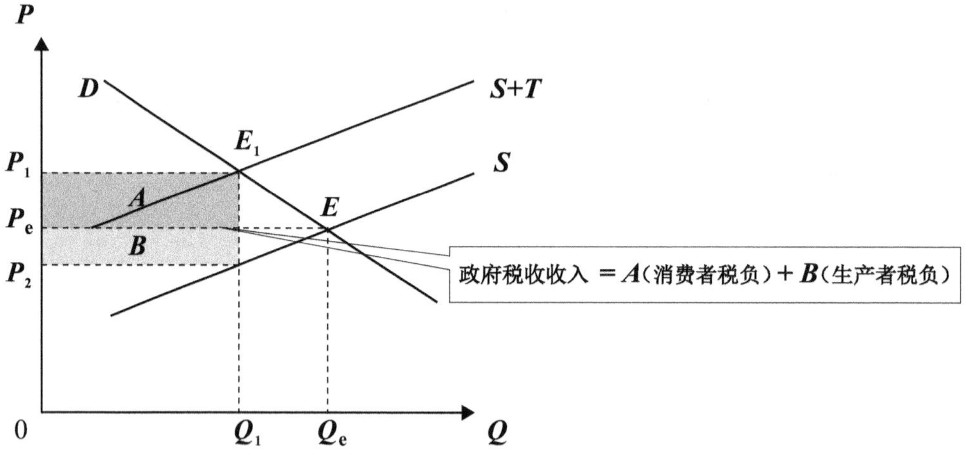

图 2.18（d）富有弹性的供给

分析的结论如下：

（1）需求和供给越是缺乏弹性，数量下降越少，政府的税收收入越大 [图 2.18（a）和图 2.18（c）]。如香烟、汽油和含酒精饮料一直是各国间接税的主要课税对象，它们需求都十分缺乏弹性。因此，税收不会明显抑制需求，所以，它们是政府税收收入的良好税源。

（2）需求弹性越小，供给弹性越大，价格上升越多，消费者承担的税收份额越大 [图 2.18（a）和图 2.18（d）]。如食盐等必需品，需求弹性相对缺乏，征税的结果必定增大消费者的税负。

（3）需求弹性越大，供给弹性越小，价格上升越少，生产者承担的税收份额越大 [图 2.18（b）和图 2.18（c）]，如高档消费品。

小思考 在现实经济生活中，政府也通常采用与征税相反的补贴政策。补贴政策的实施会对消费者和厂商双方产生何种影响呢？

专栏 2-11 谁支付了奢侈品税

没有一个政府愿意加税，因为选民是不会喜欢的。在 1990 年，由于要求减少不断攀升的联邦赤字的压力越来越大，而削减开支的潜力已经挖尽，那么就要找到一种使人最不感到痛苦的方式来增加税收。10% 的奢侈品税就是对游船、私人飞机、高价汽车、珠宝和毛皮征收的。这些奢侈品税通常受到人们的欢迎，因为只有富人选择购买这些商品，只对购买奢侈品的富人征收的税项是筹集资金并使社会免受痛苦的途径之一。

这些课税是否成功取决于需求弹性。如果需求弹性是富有的，价格的轻微上升会使需求大量减少，因而税收收入的增加就会很少。

事实上，奢侈品的需求确实存在很大的弹性。在 1991 年初，佛罗里达的游船销售量下降了将近 90%，因为潜在的购买者为逃税而转到巴哈马购买游船，包括奔驰和凌志这类高档车的销量也大幅度下降。由于 1991 年的经济衰退，这些奢侈品的销售境况变得更坏，因为许多潜在的购买者的收入减少了。

这种始料未及的高需求弹性为经济带来了两条坏消息：一是这些税务负担并没有像所希望的那样落在富人头上，新的奢侈品税实际上落到了生产和销售这些奢侈品的工人和零售商头上。二是奢侈品税所获得的税收远没有预期的多。国会预算办公室曾预测这项税收将在 5 年内征收 15 亿美元的收入。而在 1991 年，只征收了 3000 万美元。如果将征税成本统计在内，则政府在第一年可能是赔钱的。因此，毫不奇怪，这一税种在 1993 年就被取消了。

资料来源：斯蒂格利茨．经济学 [M]. 梁小民，等，译．北京：中国人民大学出版社，2000.

小思考 想一想对哪些商品的征税，会成为政府税收收入的良好税源？

第四节 蛛网理论

在美国，1972 年由于暴风雨和恶劣的气候，土豆产量大幅度下降，从而土豆价格上涨。随着土豆价格的上涨，农场主便扩大土豆的种植面积，使土豆的产量在 1974 年达到历史最高水平。结果，导致土豆价格又急剧下降。以缅因州土豆为例，0.4536 千克土豆的价格由 1974 年 5 月的 13 美分降为 1975 年 3 月的 2 美分，该价格比平均生产成本还低。

许多农产品中都存在着类似于土豆这种产品的价格与产量的波动现象：本期产量决定本期价格，本期价格决定下期产量。本期价格低，下期产量少；产量少，价格就会上升；价格一上升，再下一期产量就又多起来，供给量大，需求量小，卖不完，价格再下跌；跌到最低点，供给量小，需求量又增大，价格再回升。如此循环往复，价格和数量之间的运动轨迹就像一个蜘蛛网一样，如图 2.19 所示。当然，有的农产品的价格与产量的波动会随着时间的变化越来越弱，最后会自发地趋于均衡水平，如图 2.19（a）所示。有的农产品却正好相反，如图 2.19（b）所示。如何解释农产品的这种价格和产量的波动状况，本节的蛛网理论，将引进时间变化的因素，通过对属于不同时期的需求量、供给量和价格之间相互作用的考察，结合供求弹性理论，加以动态的分析和解释。

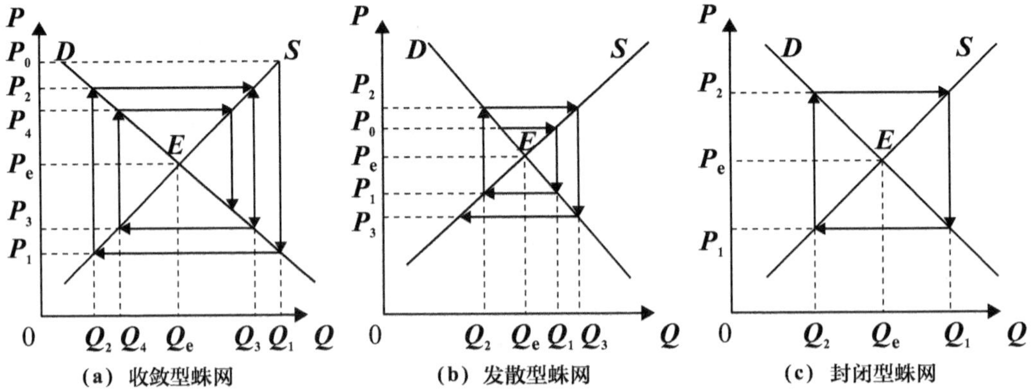

图 2.19 蛛网模型

蛛网理论在分析时需作以下基本假设：

（1）生产需要的时间较长，做出生产决策和产品实际提供到市场之间存在着时间差。

（2）生产者的生产计划决策时依据的是前期的价格，需求的变化没有时滞。

（3）当期价格决定当期需求量，市场必须在当期出清。

即：$Q_d = a - bP_t$（需求方程）

$Q_s = -c+dP_{t-1}$（供给方程）

$Q_d = Q_s$

在以上假设的条件下，考虑到时间因素的蛛网理论，结合需求弹性和供给弹性的不同关系，商品的价格和产量呈现的波动会有 3 种情况：收敛型蛛网、发散型蛛网和封闭型蛛网。

一、供给弹性小于需求弹性：收敛型蛛网

收敛型蛛网是指在这样一种情形下发生的：如果某种商品的供给价格弹性小于其需求价格弹性，这就意味着该商品的价格变动对其供给量的影响小于对其需求量的影响。当市场由于受到干扰偏离原均衡状态以后，商品的实际价格和产量会围绕均衡水平上下波动，但随着时间的推移，价格与产量的波动越来越弱，最后自发趋于原均衡点。这种情况会形成一个向内收敛的蛛网，称为收敛型蛛网。

在图 2.19（a）中，横轴代表产量，纵轴代表价格，S 为供给曲线，D 为需求曲线。需求曲线 D 与供给曲线 S 相交于 E 点，E 为均衡点，P_e 为均衡价格，Q_e 为均衡数量。假定由于某种外在因素对需求的影响，使价格高于均衡价格，设为 P_0，为此，生产者愿意提供 Q_1 的产量，但由于此种供给具有时间滞后，直到下一期市场的供给量才有 Q_1，假设此时不存在额外的市场需求，如要售完 Q_1 的产量，价格势必下跌至 P_1。但在 P_1 价格下，生产者愿意提供 Q_2 的产量。同理，因为时间滞后，到第二期的供应量才减为 Q_2，此时，市场价格又会上升到 P_2。如此循环下去，我们发现，价格在偶数期会上升，在奇数期会下跌，而且其波动幅度越来越小。长期之下，市场的价格会趋向均衡价格 P_e，产量趋向于均衡数量 Q_e。在图中，产量和价格变化的路径形成了向内收敛于一点的蛛网似的图形，所以，称之为收敛型蛛网模型。

二、供给弹性大于需求弹性：发散型蛛网

发散型蛛网是在这样一种情形下产生的：如果某种商品的供给价格弹性大于其需求价格弹性，这就意味价格变动对供给量的影响要大于对需求量的影响。当市场由于受到干扰偏离原均衡状态以后，商品的实际价格和实际产量会围绕均衡水平上下波动，但随着时间的推移，价格与产量的波动越来越强，最后偏离均衡价格和均衡产量越来越远。这种蛛网波动称为发散型蛛网，可用图 2.19（b）来说明。

在图 2–19（b）中，供给曲线 S 与需求曲线 D 相交于 E，决定了均衡价格为 P_e，均衡数量为 Q_e。如果市场价格高于或低于均衡价格，就会引起产量波动，产量波动又引起下一期价格波动，如此下去就是价格与产量的交替波动。在第一期产量为 Q_1，Q_1 大于均衡产量 Q_e，产量 Q_1 决定了价格 P_1，需求量也为 Q_1，$P_1< P_e$；第二期，P_1 决定了产量为 Q_2，供给量 Q_2 又决定了价格为 P_2，需求量为 Q_2，$P_2 > P_1$；第三期，P_2 决定产量为 Q_3，供给量 Q_3 决定了价格为 P_3，需求量为 Q_3，$P_3 < P_2$；如此反复，价格和产量的波动越来越大，离均衡点越来越远。因此，供给弹性大于需求弹性被称为蛛网不稳定条件。

三、供给弹性等于需求弹性：封闭型蛛网

封闭型蛛网是在这样的一种情形下产生的：如果某种商品的供给价格弹性等于需求价格弹性，意味着价格变动对供给量的影响和对需求量的影响是一样的。当市场由于受到干扰偏离原均衡状态以后，商品的实际价格和实际产量会围绕均衡水平上下波动，但价格和产量的波动幅度相同，既不趋向均衡点，又不远离均

衡点，价格与产量始终保持相同的波动程度。这种蛛网波动称为封闭蛛网型，如图 2.19（c）。

在图 2.19（c）中，第一期产量为 Q_1，Q_1 大于均衡产量 Q_e，决定价格降至 P_1。第二期，价格 P_1 决定第二期产量 Q_2，Q_2 小于均衡产量 Q_e，决定价格升至 P_2。第三期，价格 P_2 决定第三期为 Q_1。这一产量仍然同第一期产量相同，从而开始了同上次完全相同的波动，既不收敛也不发散，所以也被称之为循环型蛛网。

蛛网模型在解释农产品波动、劳动力市场工资水平的波动等现象时具有一定的价值。但是随着理性预期理论逐渐被接受，近年来研究者们对这一理论的兴趣在逐渐减弱。

专栏 2-12　警惕农户陷入“蛛网困境”

根据蛛网模型，造成某些生产周期较长的商品产量和价格波动的主要原因是：生产者总是根据上一期的价格来决定下一期的产量，即上一期价格同时也是生产者对下一期的预期价格，预期价格与实际价格的不吻合造成了产量和价格的波动。生猪产品价格变化往往具有周期性，生猪价格波动一般每 4 年一个周期，其间可分市场高潮期，回落期，低潮期和回升期。“物价系统全国成本调查网”从调查统计数据分析认为，自 2004 年猪价上涨回落之后，2007 年是一个价格回升期，而随之的 2008 年则出现了猪价走低的态势。根据农业部统计，截至 2008 年 11 月份，猪肉平均价格已经连续 9 个月下降，比二月份的最高价下降 25.4%，与蔬菜、粮食等其他农产品相比，猪肉价格下降时间最长，幅度最大。由于 2009 年上半年猪肉价格的持续下跌，很多养殖户退出了养猪行业，致使来年的猪肉供应紧缺，从而出现猪肉价格在 2010 年上涨较快的趋势，成为整个物价攀升的主要因素。

尽管我国的猪肉供应已告别了短缺时代，但猪肉市场价格的变化只反映当前的供求关系，而不反映未来一定时期内可能发生的变化，农户只是以当期的市场价格来安排来年的养殖量。每每农产品价格大涨之后，都可能出现新一轮的价格大跌，最易陷入“蛛网困境”，赶不上市场变动的节奏。

资料来源：宾朋，吴铁雄.蛛网理论分析我国的猪肉价格变动现象[J].农村经济与科技，2010（1）.

小思考　猪肉的需求价格弹性大还是供给价格弹性大？如何避免“蛛网困境”？

本章讨论的供求理论是在完全竞争的市场假设下展开的，有关完全竞争市场理论的具体内容请参阅本书的相关章节。

人物介绍

现代经济学之父

——亚当·斯密

亚当·斯密

亚当·斯密（1723—1790），1723年出生于苏格兰的法夫郡的寇克卡迪，是个遗腹子。14岁考入格拉斯哥大学，学习数学和哲学。17岁时赴牛津学院求学。1750年后，亚当·斯密返回格拉斯哥大学担任逻辑学和道德哲学教授，一直到1764年离开为止。斯密在格拉斯哥大学的任教期间，因为该市是苏格兰的工业中心，所以他长期实地考察了这个工业中心的经济生活。1764年，他辞去了大学教授的职务，担任布克莱公爵的私人教师，并陪同公爵到欧洲大陆旅行。在法国巴黎，他认识了启蒙思想家伏尔泰、重农学派代表魁奈和杜尔阁等名流，这对他的经济学说的形成产生了很大的影响。

1767年，他辞去私人教师的职务，返回家乡开始着手著述《国民财富的性质和原因的研究》(简称《国富论》)。1773年,《国富论》已基本完成，但亚当·斯密又用了3年时间润色此书，在历经10年后写就了传世巨著《国富论》。在该书中，斯密提出了分工促进经济增长的原理；批判了重农主义和重商主义，重农主义认为农业是唯一创造财富的产业，重商主义则认为商业流通才是财富的唯一源泉，斯密认为，只要是包含人类劳动的产品都具有价值；提出了政府的职能，即建立国防、建立严正的司法机构、建立并维持必要的公共工程，这被后人称为小政府的标准；他还提出了赋税的四项原则，即公平、确定、便利、节省，直到今天这仍然是指导各国税收的圭臬。虽然该书涉猎广泛，但最核心的思想是市场机制如何增进社会利益，看不见的手引导了社会的生产和消费，即使是自利的行为也有益于社会。因为强调了市场机制的作用，所以他反对政府干预经济，政府发挥的作用只是充当守夜人的角色。《国富论》的出版，引起大众广泛的讨论，影响所及除了英国本地，连欧洲大陆和美洲也为之疯狂，因此世人尊称亚当·斯密为“现代经济学之父”和“自由企业的守护神”。斯密的经济学思想，也影响了后来的李嘉图、马尔萨斯和凯恩斯等人。

亚当·斯密的另一部著作是1759年出版的《道德情操论》。在此书中，斯密讲的是利他促进社会和谐，而《国富论》又说利己促进社会和谐，这被认为是一个矛盾，即“斯密悖论”。中国经济学泰斗陈岱孙先生对此有精湛的论述，他认为，矛盾是表面的，实质上，两者并不矛盾，它们可以统一于利己心。斯密有些口吃。可是演讲起来却滔滔不绝。他钟爱一个姑娘，但却因为近视和这个姑娘在一个舞会上擦肩而过。斯密奉母至孝，和母亲相依为命，1790 年，在他母亲去世几年后，他也离开了人世，终身未娶。去世之前，他烧毁了他的全部未定稿，以免给后人留下不必要的争议，可见其学术品德的高尚。

微观经济学的奠基人

——阿尔弗雷德·马歇尔

阿尔弗雷德·马歇尔

阿尔弗雷德·马歇尔（1842—1924）是 19 世纪末 20 世纪初英国乃至世界最著名的经济学家。

1842 年，马歇尔出生于英国伦敦附近的克兰法姆，一个朴实的中产阶级家庭，其父是银行高级职员。他年青时先后曾在英国剑桥大学攻读数学和物理学，获得学士学位，并被选为圣约翰学院教学研究员，留校任数学讲师达 9 年之久。他又爱好哲学、伦理学及其他社会科学，最后抱着改造社会贫富不均状况的愿望，转行经济学研究。1877 年到布里斯托尔大学任政治经济学教授，并任学院主任。1883 年至 1884 年曾在牛津大学担任经济学讲师，1885 年起一直是剑桥大学经济学教授。期间参与过一些政策咨询活动，1880 年，他担任英国协会第六小组的主席，正式领导了创建英国（后改为皇家）经济学会的运动。1908 年退休后，继续在剑桥从事研究和写作。

马歇尔是英国正统经济学界无可争辩的领袖。在他所撰写的众多著作中，最有影响的当属他于 1890 年发表的《经济学原理》，此书被看作是与斯密《国富论》、李嘉图《赋税原理》齐名的划时代著作。该书共分为 6 篇，始终围绕均衡价格论展开。书中阐明了经济学的研究对象和方法，给出许多经济学术语定义，阐述了消费与需求，生产与供给理论，研究了分配理论并论述了生产要素的价格决定问题等，构成了现代微观经济学的基本框架。这本书在马歇尔在世时就出版了 8 次之多，成为当时最有影响的专著，多年来一直被奉为英国经济学的圣经。而他本人也被认为是英国古典经济学的继承和发展者，他的理论及其追随者被称为新古典理论和新古典学派。同时由于他及其学生，如 J.M. 凯恩斯、J.S. 尼科尔森、A.C. 庇古、D.H. 麦格雷戈等先后长期在剑桥大学任教，因此也被称为剑桥学派。

马歇尔首创和应用了局部均衡的方法，广泛而深入地开展了边际分析，注重时间因素对于经济分析的重要意义，充分重视数学方法的积极作用，首先大量使用几何图示法来表述重要的经济学原理。这些研究方法至今仍被现代西方经济学所沿用。马歇尔的其他重要著作有：《工业经济学》(1879)、《工业与贸易》(1919)、《货币、信用与商业》(1923)。

本章小结

市场供求理论是整个微观经济学的核心理论和基础。本章主要介绍了市场经济条件下的两大经济力量：市场需求和市场供给，以及两者相互作用而决定的均衡价格机制。涉及本章前三节的主要内容，也是市场理论的重点。

市场需求是指消费者在一定时期内，在各种可能的价格水平下，愿意并且能够购买的该商品的数量总和。需求法则把商品的需求量与价格之间的关系表述为负向关系，我们可以用需求表、需求曲线和需求函数来提示这种负向关系。

市场供给指的是厂商在一定时期内，在各种可能的价格水平下，愿意并且有能力提供出售的该商品的数量总和。供给法则把商品的供给量与价格之间的关系表示为正向关系，同样我们也可以用供给表、供给曲线和供给函数来提示这种正向关系。

影响市场供给和需求的因素有商品本身的价格因素和其他非价格因素。商品本身价格因素引起的供求变化被称之为需求量的变化和供给量的变化，而由其他因素引起供求的变化称为需求的变化和供给的变化。

当给定时期内的供给量等于需求量时，市场实现均衡，对应的价格为均衡价格，对应的数量为均衡数量。市场均衡会因供求变化而发生变动。

本章在市场均衡分析的基础上，引入了弹性理论和蛛网模型。弹性理论是对需求和供给影响因素分析的进一步深化，即从数量化的角度进一步分析价格、收入和相关商品价格对需求与供给的影响程度，阐述了需求价格弹性、供给价格弹性、需求收入弹性和需求交叉弹性基本概念和计量方法。而蛛网模型是在弹性理论的基础上，运用弹性原理解释某些生产周期较长的商品在失去均衡时发生的不同波动情况的一种动态分析理论。

本章强调了供求模型在现实经济生活中的运用。运用供求模型分析最高限价、最低限价和征税所带来的市场影响。弹性理论及供求理论的实际运用也是我们学习本章的难点部分。

本章重点：需求和供给的概念；决定因素及其均衡问题。

本章难点：弹性理论及供求理论的实际运用。

参考文献

[1] 亚当·斯密．国富财富的性质和原因的研究 [M]. 郭大力，王亚南，译．北京：商务印书馆，2005.

[2] 约翰·斯罗曼．经济学 [M]. 郭 庆旺，译．北京：经济科学出版社，2001.

[3] 斯蒂格里茨．经济学 [M]. 梁小民，等，译．北京：中国人民大学出版社，2000.

[4] 曼昆．经济学原理 [M]. 梁小民，译．北京：生活·读书·新知三联书店．北京大学出版社，1999.

[5] 约翰·B. 泰勒．经济学 [M]. 李绍荣，李涉玲，等，译．北京：中国市场出版社，2007.

[6] R. 格伦·哈伯德．经济学 [M]. 李绍荣，李涉玲，等，译．北京：机械工业出版社，2011.

[7] 威廉·鲍默尔，艾伦·布兰德．经济学 [M]. 中译本，7 版．沈阳：辽宁教育出版社，1999.

[8] 宋承先．西方经济学名著提要 [M]. 南昌：江西人民出版社，1998.

[9] 高鸿业．西方经济学 微观部分 [M]. 北京：中国人民大学出版社，2011.

[10] 袁志刚．西方经济学 [M]. 北京：高等教育出版社，2010.

[11] 张元鹏．西方经济学 [M]. 北京：首都经济贸易大学出版社，2003.

[12] 赵英军．西方经济学 [M]. 北京：清华大学出版社，2004.

[13] 王福重．人人都爱经济学 [M]. 北京：机械工业出版社，2010.

[14] 穆红莉．西方经济学 [M]. 北京：清华大学出版社，北京交通大学出版社，2010.

练　　习

一、名词解释

需求法则　需求曲线　需求的变化　需求量的变化　供给法则　供给曲线　供给的变化　供给量的变化　均衡价格　需求价格弹性　供给价格弹性　最高限价　最低限价　税收归宿

二、选择题

1．假定其他条件不变，某种商品的价格下降，将导致其（　）

A. 需求增加

B. 需求减少

C. 需求量增加

D. 需求量减少

2．以下哪一种现象可以用需求定理来解释（　）

A. 随着汽油的价格提高，对小汽车的需求量将下降

B. 药品的价格上涨会使药品的质量得到提高

C. 计算机的价格下降会引起其需求量增加

D. 随着乒乓球价格下降，对球拍的需求量会增加

3．下列哪种情况不可能引起玉米的需求曲线移动（　）

A. 消费者收入增加

B. 玉米价格上升

C. 大豆供给量减少

D. 大豆价格上升

4．需求量的变动表现为 （　）

A. 整条需求曲线移动

B. 需求曲线斜率变大

C. 沿同一条需求曲线上下移动

D. 以上都对

5．假定其他条件不变，生产某种商品所需的原材料价格上升，则该种商品的 （　）

A. 需求曲线向右移动

B. 需求曲线向左移动

C. 供给曲线向右移动

D. 供给曲线向左移动

6．某种商品沿着供给曲线移动是由于 （　）

A. 商品价格的变化

B. 互补品的变化

C. 生产这种商品的成本的变化

D. 生产技术条件的变化

7．均衡价格一定随着 （　）

A. 需求与供给的增加而上升

B. 需求的增加和供给的减少而上升

C. 需求的减少和供给的增加而上升

D. 需求和供给减少而上升

8．在需求和供给同时减少的情况下（　）

A. 均衡价格和均衡交易量都将下降

B. 均衡价格将下降，均衡交易量的变化无法确定

C. 均衡价格的变化无法确定，均衡交易量将减少

D. 均衡价格将上升，均衡交易量将下降

9．当需求增加时，供给弹性（　），均衡价格上升 （　）

A. 越大，越多

B. 越小，越小

C. 越小，越多

D. 以上都不对。在均衡价格上供给弹性对需求曲线移动的影响没有作用。

10. 一般情况下，商品的需求量与其价格呈反方向变动，这是因为 （　）

A. 收入效应的作用

B. 替代效应的作用

C. 收入效应与替代效应同时发生作用

D. 上述答案均不正确

11. 在其他条件不变的情况下，某种商品的需求量 （　）

A. 随着替代品价格的提高而减少

B. 随着替代品价格的提高而增加

C. 随着偏好的增加而减少

D. 随着互补品价格下降而减少

12. 一种商品价格下降对其互补品最直接的影响是 （　）

A. 互补品的需求曲线向右移动

B. 互补品的需求曲线向左移动

C. 互补品的供给曲线向右移动

D. 互补品的价格上升

13. 某月内，X 商品的替代品的价格上升和互补品的价格上升，分别引起 X 商品的需求变动量为 50 单位和 80 单位，则在它们共同作用下该月 X 商品需求数量 （　）

A. 增加 30 单位

B. 减少 30 单位

C. 增加 130 单位

D. 减少 130 单位

14. 某消费者的收入下降，而他对某商品的需求却增加，该商品为（ ）

A. 高档商品

B. 低档商品

C. 替代商品

D. 互补商品

15. 如果某商品富有需求的价格弹性，则该商品价格上升（ ）

A. 会使销售收益增加

B. 该商品销售收益不变

C. 会使该商品销售收益下降

D. 销售收益可能增加也可能下降

16. 假定某商品的价格从 3 元降到 2 元，需求量将从 9 单位增加到 11 单位，则该商品卖者的收益将（ ）

A. 保持不变

B. 增加

C. 减少

D. 增减不确定

17. 已知当某种商品的均衡价格是 1 美元的时候，均衡交易量为 1000 单位，现假定买者收入的增加使这种商品的需求增加了 400 单位，那么，在新的价格水平上，买者的购买量是（ ）

A. 1000 单位

B. 多于 1000 单位但小于 1400 单位

C. 1400 单位

D. 以上均有可能

18. 政府对卖者出售的商品每单位征税 5 美元，假定这种商品的需求弹性为零，可以预料价格的上升（ ）

A. 小于 5 美元

B. 等于 5 美元

C. 大于 5 美元

D. 不能确定

19. 政府为了扶持农业，对农产品规定了高于其均衡价格的支持价格，政府为了维持支持价格，应该采取的相应措施是（ ）

A. 增加对农产品的税收

B. 实行农产品配给制

C. 收购过剩的农产品

D. 对农产品生产者予以补贴

20. 如果政府对生产者征税，什么情况下消费者负担的税收较重？（ ）

A. 需求弹性较小，供给弹性也较小

B. 需求弹性较小，供给弹性较大

C. 需求弹性较大，供给弹性也较大

D. 需求弹性较大，供给弹性较小

三、判断题

1．X 商品的价格下降导致 Y 商品的需求数量上升，说明两种商品是替代品。（ ）

2．需求的变动是指商品本身价格变动所引起的该商品的需求数量的变动。（ ）

3．当消费者的收入发生变化时，会引起需求曲线的移动。（ ）

4．当两种商品中一种商品的价格发生变动时，这两种商品的需求量都同时增加或减少，则这两种商品的需求交叉价格弹性系数为正。（ ）

5．在其他条件不变的情况下，如果消费者预期某商品的未来价格要上升，则对该商品当前需求会增加。（ ）

6．生产技术提高所引起的某种商品产量的增加称为供给量的增加。（ ）

7．在需求不变的情况下，供给的增加将引起均衡价格的上升和均衡数量额的减少。（ ）

8．如果商品 A 和商品 B 是互相替代的，则商品 B 的价格下降将造成商品 A 的需求曲线左移。（ ）

9．当需求缺乏价格弹性时，消费总支出与价格变动方向一致，而需求数量与价格变动方向相反。（ ）

10．沿直线型的需求曲线向右下方移动，需求价格弹性将从无穷大逐渐减少，直至为零。（ ）

11．某商品的可替代品越多，相近程度越高，则该商品需求弹性越大。（ ）

12．若某商品的 $e_d < 1$，表明当该商品价格下降 20% 时，该商品需求量增加小于 20%。（ ）

13．在其他条件不变的情况下，供给变动引起均衡价格和均衡数量的同方向变动。（ ）

14．在几何图形上，供给量的变动表现为商品的价格 - 供给量组合点沿着同一条既定的供给曲线运动。（ ）

15．当对农产品的需求缺乏弹性时，粮食丰收，粮价下跌，农民收入反而会减少。（ ）

16．收入效应是指消费者收入变化引起的商品价格和需求量的变化。（ ）

17．垂直的需求曲线说明消费者对该种商品的需求数量为零。（ ）

18．一个高于均衡价格的价格表示在此价格上供给量大于需求量。（ ）

19．政府把价格限制在均衡价格以下可能会导致产品过剩。（ ）

20．需求弹性越小，供给弹性越大，价格上升越多，生产者承担的税收份额越大。（ ）

四、思考题

1．影响商品需求的因素有哪些？它们是如何影响商品需求的？

2．决定商品需求价格弹性的主要因素有哪些？

3．政府为什么要实施最高限价或最低限价？政府的价格控制会带来哪些市场问题？

4．试用供求模型分析以下问题：

（1）为什么高校周围住房的租赁价格一直比较坚挺？

（2）如果让房租降下来，你有什么建议？

五、计算题

1．假设某种商品的需求函数和供给函数为：$Q_d = 14 - 3P$

$Q_S = 2 + 6P$

求该商品供求均衡时的需求价格弹性和供给价格弹性。

2．假定某消费者的需求价格弹性 $E_d = 1.3$，需求的收入弹性 $E_m = 2.2$，问：

（1）在其他条件不变的情况下，商品价格下降 2% 对需求数量的影响。

（2）在其他条件不变的情况下，消费者收入提高 5% 对需求数量的影响。

3．某商品市场供给曲线为 $Q = 4 + P$，需求曲线为 $Q = 10 - P$。问：

（1）均衡价格与均衡数量是多少？

（2）现政府决定对该商品征收 1 元 / 件的税，新的均衡价格和均衡数量是多少？买卖双方如何分担税负？

（3）假设政府取消税收，给予生产者 1 元 / 件的补贴，新的均衡价格和均衡数量为多少？消费者能从中获得好处吗？

六、作图分析

1．下列事件对汽车的需求曲线会产生什么影响？

（1）汽车的价格下降。

（2）汽油的价格上升。

（3）人们的环保意识增强。

2．哪些事件会导致汽车的供给曲线左移、右移、不变？

3．作图说明均衡价格的形成、均衡价格的变动。

4．作图说明税负的分担。

七、案例讨论

1．2013 年起，彻思叔叔蛋糕店门口总是排起长队，人们有时需要花费近 1.5 小时排队购买起司蛋糕。一些热门饭店门口也需要排队叫号。请分析人们排起长队的原因。

2．大城市在早、晚高峰时总是特别拥堵。高峰时期公交车非常挤，有时乘客甚至会由于挤不上公交车而迟到。而在非高峰时期，公交车上却会有许多空座位。请用经济学原理解释这一现象？你觉得政府应该怎么做才能缓解高峰交通压力，提高非高峰时期公共交通的利用率？

第三章 消费者行为理论

生活中每个人都在不断地做出消费选择。从最简单的衣食住行来看，是买名牌服装还是买地摊货；是自己在家做饭还是去餐馆吃；是买房子还是租房子；是买辆车，还是出门打的或乘公交。那么影响人们做出选择的因素是什么？人们做出这些消费选择想达到怎样的目的呢？

这就是本章我们将介绍的内容。消费者行为理论研究的是消费者如何配置有限的收入以取得最大的满足，在对此研究的过程中，先后产生了两种分析方法，即以基数效用理论为基础的边际效用分析和以序数效用理论为基础的无差异曲线分析。

本章的基本概念：效用　边际效用　基数效用　边际效用递减规律　序数效用　无差异曲线　边际替代率　预算线　消费者均衡　消费者剩余　价格消费线　收入消费线　替代效应　收入效应

本章的学习目标：掌握基数效用理论和序数效用理论的消费者均衡的实现条件；理解需求曲线的推导；了解消费者均衡的变化。

第一节 基数效用论

亚当·斯密在《国富论》中写道：没有什么能比水更有用，但水几乎不能交换到任何东西。相反，钻石几乎没有任何使用价值，但却经常可以交换到大量的其他物品。这就是经济学上大名鼎鼎的钻石与水的悖论。即对消费者有巨大使用价值的水为什么价格那么便宜，而对一般人来说几乎没用的钻石为什么价格那么高昂？

马克思从生产角度，用劳动价值论解释了钻石和水的悖论。如果从需求角度出发应如何解释这一悖论呢？那就得从效用说起。

一、效用的含义

效用是指消费者从商品或劳务的消费中所得到的满足程度，效用是一种主观感觉，从而反映了人的心理感受。比如，在餐馆享受一顿大餐，商场购买一件漂亮的衣服，电影院观赏了一场大片，都会带来心理上不同程度的满足。这里重要的不是大餐、衣服和影片本身，而是它们带给你的心理上的感受。人们花钱消费，目的不是购买商品本身，而是在意商品所能带给自己的主观享受，这种享受就是效用。对消费者来说，在不同的时间和场合消费同样的商品或劳务，会得出完全不同的评价和感受，因此，效用是一个具有相当不确定性的主观概念。

小思考 效用和使用价值有何不同？

专栏 3-1 广告给可口可乐带来的效用

面对百事可乐逼人的价格、凌厉的广告宣传攻势和失去的市场，可口可乐如梦初醒。为了夺回被百事可乐拉走的一大批青年消费者，可口可乐推出了使青年人入迷的“罗素摇滚”广告，广告片是以年轻人欢聚一起喝可口可乐共度美好时光为主题，其中一则典型的广告是：在炎热的夏天，一群年轻人欢快地开着轿车飞速地冲向湖边。在那里，一群健美苗条，喝着可口可乐的女郎向他们欢呼。

越南战争爆发后，可口可乐推出了甜蜜、纯洁无邪的广告主题，以吸引那些因战争而紧张的年轻人。在其中一则最有影响力的电视广告中，从全世界各国找到种族肤色各异的500名儿童，让他们聚集在意大利某座高山的山坡上齐声高唱“我愿为全世界买一瓶可口可乐”，获得了最佳的宣传效果。

从美国每年5月底的退伍军人节到9月的劳动节，是美国饮料市场销售的旺季，也是饮料生产商竞争最激烈的时候。2001年可口可乐和百事可乐的开战锣鼓提前敲响。4月，可口可乐就推出了声势浩大的广告宣传，“生活之味真美好”

的口号响彻全美。

资料来源：陈支农 . 百年商战两“可乐”[EB/OL]. 人民网 . http: //www.people.com.cn.

人们从消费可口可乐中得到的效用不是一成不变的，主观的效用评价总是容易受到广告等其他因素的影响。从专栏中可以看出，好的广告可以改变人们对商品本身的评价，进而影响人们的购买行为。

小思考 你能回忆起生活中有哪些广告改变了你对所购买商品的评价，进而影响了你的购买行为吗?

每件商品都会带来效用，这效用就是我们在主观上对商品做出的价值判断。商品的效用值越高，消费者就越愿意出更多的钱购买。消费者做出消费选择时的基本原则是：在花费金额总量一样时，选择给自己带来最高效用的消费。

效用可以用一个人的支付意愿来度量。人们愿意支付更高的价格来购买自己喜欢的商品，即能带来更高效用的商品。但消费者对商品的喜欢程度是无法观察到的，我们只能观察到消费者对商品支付的价格。一般来说，如果消费者愿意对商品支付更高的价格，则这件商品能带来更高的效用。某消费者逛商场看中了两件外套，一件价格 500 元，另一件价格 800 元。该消费者在犹豫片刻后购买了价格为 800 元的外套，由此告诉我们这件外套具有更高的效用。如果消费者愿意为这件外套支付的最高价格是 800 元，即超过 800 元他就会拒绝购买，那么这 800 元就是他从这件外套中能获得效用的度量。这里要区别支付意愿和实际支付价格，支付意愿是愿意为一件商品付出的金钱数量，实际支付价格是商品的市场价格。

在经济学中，早期出现的衡量效用大小的理论为基数效用理论。所谓基数效用指的是人们可以用基数（1，2，3，4…）这样的具体数字来对效用进行测量，测量的单位称为效用单位。比如一个苹果 5 个效用单位，一个桔子 3 个效用单位。当然，效用作为一个主观心理概念是不能直接用效用单位来衡量其大小的，它只能通过需求价格间接地进行测度。19 世纪后期的边际主义者特别是英国的杰文斯、奥地利的门格尔、法国的瓦尔拉斯等经济学家均属基数效用论者。

专栏 3-2 效用理论的历史

现代效用理论渊源于功利主义。功利主义是近两个世纪以来西方理性思潮的一大主流。1700 年数理概率学的基本理论开始发展不久,效用这一概念便产生了。例如，一位聪明的瑞士数学家丹尼尔 · 贝努利在 1738 年观察到，人们似乎是在按下列方式行动：在一场公平的赌博中，他们认为所赢到的 1 美元的价值小于他们所输掉的 1 美元的价值。这就意味着：人们厌恶风险，并且相继增加新的美元财富给他们带来的是越来越少的真实效用。

早期将效用概念引入社会科学的是英国的哲学家吉米·边沁（1748—1832）。在研究了法律理论并受到亚当·斯密学说的影响之后，他转入研究制定社会立法所必须的法则。他建议，社会应该按“效用原则”组织起来，他把效用原则定义为：“任何客体所具有的可以产生满足、好处或幸福，或者可以防止……痛苦、邪恶或不幸……的性质。”根据边沁的理论，所有法律都应该按照功利主义来制定，从而促进“最大多数人的最大利益”。在他的其他立法建议中，也有关于犯罪和处罚的带有相当现代意味的思想，他建议通过严厉的处罚来加大犯罪者的痛苦，这样可以阻止犯罪活动。

边沁关于效用的观点对于今天的许多人来说似乎是很简单的。但是在200年以前，这些观点却颇具革命性，因为他们强调社会和经济政策的制定应能取得一定的实际效果。而在此之前，制定政策的正当理由和根据却是基于传统、君主的意志或宗教教义。今天，许多政治思想家正是以什么东西会使最大多数人的境况变好的功利主义观念为基础，来为他们的立法建议做辩护。

在效用理论的发展过程中，接下来的一步是新古典经济学家——如杰文斯——推广边沁的效用概念，用以解释消费者行为。杰文斯认为经济理论是一种“愉快与痛苦的计算”，他说明理性的人们应以每一种物品的边际效用为基础来做出他们的消费决策。19世纪的许多功利主义者都相信效用是一种心理上的实际存在——可直接地以基数加以衡量，像长度和温度一样。

资料来源：萨缪尔森.经济学[M].萧琛，译.北京：人民邮电出版社，2008.

小思考 社会和经济政策一定会为公众带来更高的效用吗？

二、总效用与边际效用

基数效用论者将效用区分为总效用和边际效用。总效用（TU）指消费者在一定时间内，从商品或劳务的消费中得到的总的满足程度。在一般情况下，总效用取决于消费水平的大小，消费上升总效用会增加。

边际效用（MU）指消费者增加一个单位某种商品或劳务的消费所带来的满足程度的增加量。边际效用不同于总效用，边际效用是总效用的增加量或变化量。用公式表示：

$$MU=\frac{\Delta TU}{\Delta Q} \tag{3.1}$$

从数学的意义考虑，边际效用是总效用曲线的斜率。如表3.1所示消费者消费爆米花的总效用和边际效用。

表 3.1 总效用和边际效用

爆米花数量	总效用（TU）	边际效用（MU）
0	0	0
1	5	5
2	13	8
3	20	7
4	22	2
5	22	0
6	21	–1

我们可以根据上表做出相应的总效用曲线和边际效用曲线，如图 3.1 所示。

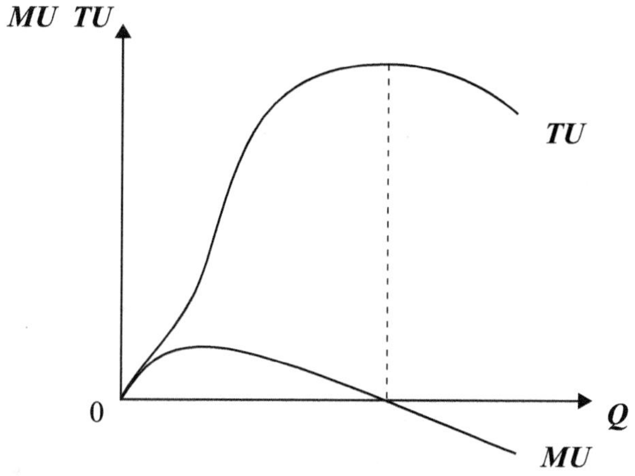

图 3.1 总效用与边际效用图

随着爆米花消费量的增加，总效用最初以递增的速度上升，然后以递减的速度上升，接着到达最高点，最后下降，与之相对应，边际效用呈现出递增、递减、零、负值。以上是总效用和边际效用的全貌描述。在实际中，作为理性的消费者在收入有限的前提下进行消费，其边际效用不可能小于零。

从表 3.1 中我们可以看到，当消费者消费了 2 包爆米花后，从增加的爆米花中得到的效用增量开始出现下降，此即为经济学中著名的边际效用递减规律。这一规律指在一定时间内，在其他条件不变的前提下，随着消费者对某种商品消费量的不断增加，消费者从增加的消费品中得到的边际效用是递减的。当你饥肠辘辘时，对于第一单位食物的欲望是最强的，由此主观评价也是最高的。随着食物量的不断增加，对食物的欲望强度不断递减，对之评价也相应递减。至于这个规律何时开始发生、递减的速度如何又因人因时因地而异。

专栏 3-3　罗斯福任总统的感受

罗斯福连任三届美国总统后，曾有记者问他有何感想，总统一言不发，只是拿出一块三明治面包让记者吃，这位记者不明白总统的用意，又不便问，只好吃了。接着总统拿出第二块，记者还是勉强吃了。紧接着总统拿出第三块，记者为了不撑破肚子赶紧婉言谢绝。这时罗斯福总统微微一笑："现在你知道我连任三届总统的滋味了吧！"

资料来源：牧之，赵凡禹．经济学经典名言的智慧 [M]. 北京：新世界出版社，2011.

小思考　为什么会出现边际效用递减规律？是否存在边际效用递减的例外？

为什么亚当·斯密会提出钻石与水的悖论呢？因为斯密认为价格是由物品的总效用决定的，而水的总效用显然要远大于钻石的总效用，所以水的价格也应该高于钻石的价格，但事实是钻石的价格很高，而水的价格非常低，因此悖论成立。其实价格不是由物品的总效用决定，而是由最后一单位物品的边际效用决定的。试想一下，当我们已经购买了 5 斤水果，现在要决定是否购买第 6 斤水果时，我们在意的是第 6 斤水果的边际效用。如果边际效用大于水果的价格，我们就应该购买，反之就不应该购买。物品的价格由边际效用决定，而不是由总效用决定。

钻石与水价格上的巨大差异是由它们各自的边际效用决定的。水的总效用非常巨大，但我们日常消费的数量也非常多，根据边际效用递减规律，最后一单位水的边际效用很低，几乎没有价值，所以水的价格非常低。至于钻石，生活中很多人一丁点儿都没有，仅从观赏的角度来看，钻石的边际效用也是非常高的，所以钻石的价格居高不下。

三、消费者均衡

消费者均衡是指消费者在货币收入和商品价格既定条件下购买商品而获得最大总效用的消费或购买状态。达成消费者均衡的条件，我们称之为等边际法则。等边际法则是指：在消费者的收入固定和他所面临的各种物品的市场价格既定的条件下，当花费在任何一种物品上的最后一元所得到的边际效用正好等于花费在其他任何一种物品上的最后一元所得到的边际效用的时候，该消费者就会得到最大的满足或总效用。

我们以大学生小苏为例分析最佳消费选择的确定。假设小苏每月生活费为 1000 元，都用来购买食品与服装，食品与服装的价格都是 100 元。表 3.2 描述了小苏对食品与服装的支付意愿，即对不同单位食品与服装的效用评价。

表 3.2 小苏对食品与服装的总效用和边际效用

食品的数量	总效用	边际效用	服装的数量	总效用	边际效用
0	0		0	0	
1	500	500	1	200	200
2	800	300	2	380	180
3	1000	200	3	550	170
4	1180	180	4	710	160
5	1330	150	5	860	150
6	1460	130	6	1000	140
7	1580	120	7	1130	130
8	1680	100	8	1250	120
9	1770	90	9	1360	110
10	1845	75	10	1460	100

根据前面的假设条件可知，小苏购买的食品与服装的总数量为 10 个单位。可以是 1 个单位食品和 9 个单位服装，也可以是 6 个单位食品和 4 个单位服装，还可以是 5 个单位食品和 5 个单位服装，等等。小苏的最佳选择是 5 个单位食品和 5 个单位服装，此时商品组合的总效用最高，符合等边际法则，第 5 个单位食品和第 5 个单位服装的边际效用相等，均为 150。等边际法则可以用如下的等式描述：

$$\frac{MU_x}{P_x}=\frac{MU_y}{P_y}=\cdots=\frac{MU_n}{P_n}=\lambda$$

在公式中，λ 表示单位货币的边际效用。如果 $MU_x/P_x \neq MU_y/P_y$，则对消费者而言应调整其购买的商品量。在 $MU_x/P_x > MU_y/P_y$ 时，单位货币花在 X 商品上带来的边际效用大于花在 Y 商品上所带来的边际效用，要达到消费者均衡消费者应减少 Y 的购买量而增加对 X 的消费，随着 X 消费量的增加，边际效用递减规律开始发生作用，由此导致 MU_x/P_x 的比值下降，与之相反，MU_y/P_y 的比值上升，直到两个比值相等为止，获得最大效用。

小思考 如果其他条件不变，食品价格下降为 50 元，小苏的最佳消费选择会发生怎样的变化？

因为消费者要在收入和价格的约束下获得最大的效用，所以消费者均衡的条件为：

$$\frac{MU_x}{P_x}=\frac{MU_y}{P_y}=\cdots=\frac{MU_n}{P_n}=\lambda \tag{3.2}$$

$$P_xQ_x+P_yQ_y+\cdots+P_nQ_n=M \tag{3.3}$$

（3.2）式为消费者均衡的实现条件，（3.3）式为消费者均衡的约束条件，其中 M 为消费者的收入。

如果消费者只消费一种商品且不存在收入限制，则会依照 $MU=P$ 的原则进行消费。MU 是商品给消费者带来的边际效用或满足程度，这个满足程度可以用消费者愿意支付的价格进行计量，或者说消费者愿意支付的价格取决于他对商品效用的评价。P 代表了商品的实际价格。当 $MU>P$ 时，意味着消费者对商品的评价或愿意支付的价格大于商品的实际价格，他还会继续购买，直到两者相等为止。反之，当 $MU<P$ 时，作为一个理性的消费者不可能进行购买。这里我们涉及一个概念——消费者剩余。

消费者剩余指消费者为消费一种商品愿意支付的价格和实际支付的价格差额，有边际消费者剩余和总消费者剩余。消费者剩余并不是消费者从市场上获得的实际收入，而是一种心理感受或主观评价。尽管这是一个主观的概念，但能够说明消费者从消费中得到的福利。

小思考　从消费者剩余的角度考虑，说明 $MU=P$ 的含义。

消费者均衡是建立在边际效用递减规律的基础之上的，因此，基数效用理论的核心为边际效用递减规律。同样，我们可以根据这一规律推导出需求曲线。如图 3.2 所示，在其他条件不变的前提下，一个人所拥有的物品数量越大，此物品提供的边际效用越小，消费者愿意支付的价格也越小。Q_1 提供的边际效用为 MU_1，消费者愿意支付的价格为 P_1，Q_2 提供的边际效用低于 MU_1，消费者愿意支付的价格也相应下降为 P_2。当 $\lambda=1$ 时，边际效用曲线的下降部分和个人需求曲线完全重合，表明了需求曲线是消费者均衡点的轨迹。

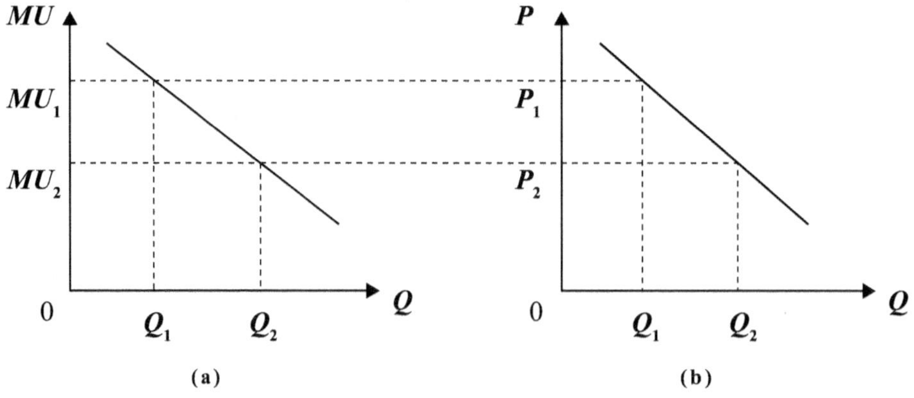

图 3.2 需求曲线的推导

小思考　如何从消费者剩余的角度说明需求曲线？

第二节　序数效用论

科学总是在沿着通往真实的道路上不断发展。效用可用基数来进行衡量的假定存在着许多不能解决的难题，它不能比较不同消费者对同一物品的效用或偏好，尽管边际效用理论解释了我们观察到的现象，但由于边际效用只是个人的主观评价，因此无法达到一致认同的结果。比如，某人认为火龙果的边际效用是10元，如何让别人相信呢？如果火龙果的价格是10元，你购买了一定量的火龙果，这说明火龙果的边际效用不小于10元。我们不能观察到你的边际效用是多少，但是我们能够观察到你的购买行为。如果你购买了某商品，那么该商品的边际效用一定大于该商品的价格。我们能不能通过观察消费者的购买行为，来解释或推断该消费者的选择呢？

20世纪初期，一些经济学家意识到了基数效用理论的种种不足，转而提出了序数效用理论。

序数效用是指以序数偏好程度来排列效用的大小。显然序数效用撇开了绝对效用的概念，强调的是比较相对效用。

序数效用论者认为商品的效用只能用序数去排列其大小，不可能也没有必要了解具体某一物品的效用是多少。序数效用分析建立在以下的假定前提上：首先，对于不同的商品或商品组合，消费者能够按照它们提供的效用大小进行排序从而表达自身的偏好次序，此为偏好的完全性。比如，食品和服装的两个不同数量组合A和B，消费者要能够决定自己是偏好A，还是偏好B，或者认为两者一样好。偏好的完全性是消费者能够做出最佳选择的前提；其次，在消费者偏好既定的前提下，偏好可以进行比较和转移，此为偏好的可传递性。如果3个商品组合A、B、C，消费者认为A偏好于B，B偏好于C，那么根据传递性，A也一定偏好于C，不允许出现选择的逆反；再次，消费者在众多的商品篮子中，总是偏好商品数量多的篮子，此为偏好的单调性。

使用序数效用来解释消费者行为的理论，被称为序数效用理论。序数效用理论可以用一句话进行简单的概括：消费者总是选择他们能够负担得起的最佳物品组合。

一、无差异曲线

（一）无差异曲线的概念和特征

消费者的偏好允许他在不同的商品组合间做出选择，如果提供给他两个不同的组合，他一定会选择最适合自己的或者说自己最喜欢的那个组合。如果消费者对两个商品组合的喜欢或偏好程度一样，我们就说这两组商品对消费者而言是无差异的。经济学上用无差异曲线来描述消费者的偏好。

无差异曲线是指能够给消费者带来同等程度的偏好或效用水平的两种商品的各种不同组合的轨迹。如果我们用效用来度量消费者的偏好程度，那么无差异曲线又可以称为等效用线，因为无差异曲线上任意商品组合带来的效用满足程度都是相等的。表 3.3 表示小苏对 A、B、C、D 四个消费组合是无差异的，我们将这 4 个组合在图 3.3（a）中作出来，就得到了小苏的一条无差异曲线。当两种商品的数量都增加时，新的商品组合将处在更高的无差异曲线上；当两种商品的数量都减少时，新的商品组合将处在效用更低的无差异曲线上。这说明小苏并不是只有一条无差异曲线，如图 3.3（b）所示。

表 3.3 无差异组合

	食品	服装
A	1	6
B	2	3
C	3	2
D	4	1

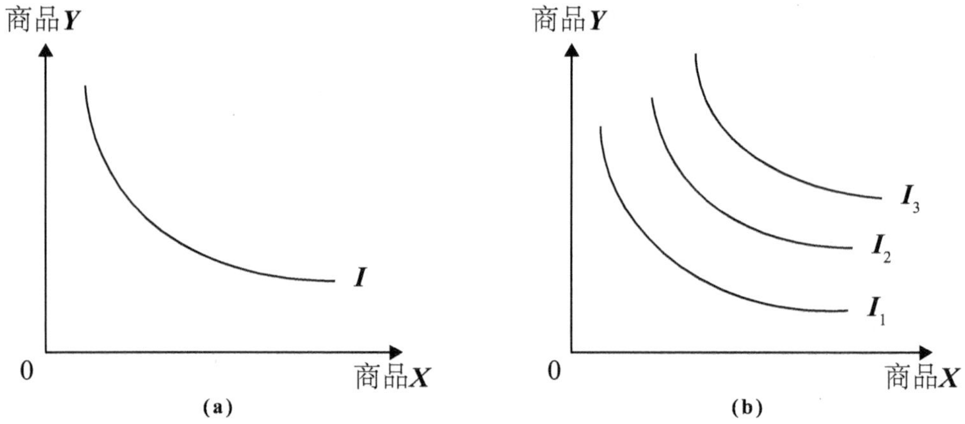

图 3.3 无差异曲线

我们知道偏好是用来进行比较的，是消费者寻找最佳消费组合的工具。那么无差异曲线是如何取代偏好来达成同样的目标呢？假设横轴代表食品的数量，纵轴代表服装的数量。在这个商品空间内，任意一点都代表了一个食品与服装的商品组合，消费者在不同的商品组合间根据自己的偏好可以做出选择。如果每一个消费组合都处在某一条无差异曲线上，那么我们就不需要在不同商品组合间进行比较，而只需要比较商品组合所在无差异曲线所带来的效用或满足的高低。无差异曲线需要具备 4 个特征，才能帮助消费者挑选出最佳的选择。

（1）同一坐标平面内存在着无数条无差异曲线，离原点较远的无差异曲线代表较高的效用水平。在图 3.3（b）中，按照效用水平从高到低的顺序可以排为：$I_3 > I_2 > I_1$。

（2）对同一个消费者而言，任何两条无差异曲线都不会相交。

（3）无差异曲线从左上方向右下方倾斜，即曲线斜率为负。

（4）无差异曲线凸向原点。

无差异曲线的特征（1）对应着偏好的单调性和完全性。离原点越远的点代表着更高的食品和服装数量，也就代表着更高的效用和满足水平。平面内铺满着无数条无差异曲线，表明任何一个消费组合对应的点都对应着某一条无差异曲线，所以消费组合之间的比较就可以转换成无差异曲线之间的比较。无差异曲线的特征（2）对应着偏好的传递性，如果两条线相交了，*a*、*b* 和 *c* 相互之间都会无差异，因而也就不可能位于不同的无差异曲线上，见图 3.4。特征（3）也可以由偏好的单调性推出来。如果两种商品的数量都增加，则新的组合会处在更高的无差异曲线上。如果两种商品的数量都减少，则会处在更低的无差异曲线上。所以如果在同一条无差异曲线上，一种商品的数量增加，另一种商品的数量必然减少，才能保证效用总水平不变，即无差异曲线的斜率为负。无差异曲线的特征（4）是由于边际替代率递减规律。

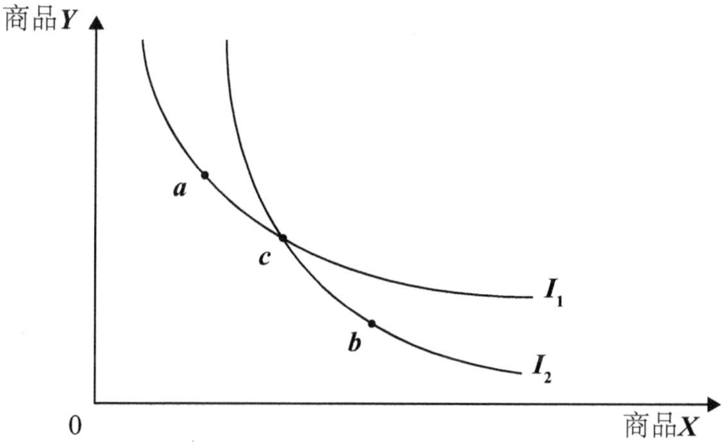

图 3.4 无差异曲线不能相交

专栏 3-4 文化与偏好

两位人类学家和一位经济学家组成研究小组，进行了一项开创性的研究，以富有创意的技巧推导出了来自不同文化背景的人的无差异曲线。实验对象（全是康奈尔大学的学生或其配偶）来自美国、法国、土耳其、智利、印度、喀麦隆和埃及。

实验者让实验对象写下他们对衬衫和鞋子的各种组合的偏好率。例如，一个实验对象可能认为，“4 件衬衫 +2 双鞋子”的组合对另一个“3 件衬衫 +0 双鞋子”的组合的偏好率是 7 : 4。每个实验对象都记下他们关于 1176 个组合两两之间的偏好率。计算机根据这些报告的数据生成无差异曲线的“最佳拟合”的图案。

虽然计算出来的无差异曲线一如所料，几乎都是斜率为负、形状为凸，但还是呈现出显著的个人和文化差异。例如，一个男性实验对象显示他特别倾向于衬衫。也就是说，如果图形是以衬衫为横轴，鞋子为纵轴，他的无差异曲线会十分陡峭（他很不愿意来放弃衬衫来换取更多的鞋子）。其他人则显得平衡多了。其中有一例，不但斜率近乎 1 : 1（实验对象愿以一件衬衫交换一双鞋子），而且无差异曲线凸性很小——它们几乎（虽然并非完全）是直线。这样，对此人而言，衬衫和鞋子（几乎）是完全的替代品。

再说文化差异。对美国人来说，较低水平上的无差异曲线比起较高水平上的无差异曲线具有更大的凸性。也就是说，当这些服装组合的数量很少时，美国的实验对象就能接受变动范围较大的比率——因此像 4–2、3–3、2–4 那样的组合都差不多被视为无差异。另一方面，一个智利的女性实验对象的偏好率（也是近于 1 : 1）是如此之强，以至于只要其中一种商品数量相对多一点，这种商品多出来的部分对她而言就没了价值。

资料来源：杰克·赫舒拉发，等．价格理论及其应用 [M]. 李俊慧，译．北京机械工业出版社，2009.

小思考 为什么文化差异会带来无差异曲线形状上的差异呢？

（二）边际替代率

无差异曲线斜率为负说明两种商品之间在满足消费者同等欲望时有替代关系。要增加一种商品的消费就得减少另一种商品的消费。边际替代率就是衡量在效用水平不变的前提下，消费者增加一单位某商品时必需放弃的另一种商品的数量。如果 ΔX 和 ΔY 分别为两种商品的变化量，则边际替代率的表达公式为：

$$MRS_{XY} = -\frac{\Delta Y}{\Delta X} \tag{3.4}$$

因为增减 XY 都在同一条无差异曲线上进行，所以上述公式还可表示为：

$$MRS_{XY} = -\frac{\Delta Y}{\Delta X} = \frac{MU_X}{MU_Y} \tag{3.5}$$

此式意味着只要商品的组合沿着同一条无差异曲线移动，总效用都未发生任何改变。小苏为了保持效用水平不变，要得到更多的食品就必须放弃一定数量的服装。从边际替代率的公式中我们可以看出边际替代率恰好是无差异曲线的斜率。

在维持总效用不变的前提下，消费者为了增加一单位某种商品而愿意放弃的另一种商品量是递减的，此为边际替代率递减规律。此规律建立在边际效用递减的基础之上。从式（3.5）中可以非常清楚地看出：随着 X 商品的不断增加，边际效用逐渐下降，相反，Y 商品的边际效用却随着其数量的不断减少而上升。边际替代率递减是导致无差异曲线凸向原点的原因。

二、预算线

消费选择不仅受到消费者偏好的影响，还受到收入和商品价格的限制。无差异曲线表明了偏好因素，而预算线能够描述对消费的限制因素。

现实生活中，人们要消费很多商品，为了分析的方便，我们只考虑两种商品的情形。假定大学生小苏每月生活费为 1000 元，即他的收入 M 为 1000 元，主要购买两种商品食品和服装。再假设食品的价格为 P_X，购买量为 Q_X；服装的价格为 P_Y，购买量为 Q_Y。小苏的消费选择就是在收入和商品价格的约束下决定食品的购买量 Q_X 和服装的购买量 Q_Y。我们可以用一个不等式来描述小苏的消费选择集：

$$P_XQ_X + P_YQ_Y \leqslant M \qquad (3.6)$$

这个不等式的含义是指花费在食品上的金钱数量 P_XQ_X 加上花费在服装上的金钱数量 P_YQ_Y 不能超过现有的收入 M。也就是说小苏是不能向其他人借钱消费的，最多把钱花光。我们把当价格为（P_X，P_Y）和收入为 M 时能够负担的消费组合称为消费者的预算集。

预算线表示在既定的收入和价格条件下，消费者所能购买的最大的商品组合的轨迹。这些消费组合刚好可以把消费者的收入花完，即：

$$P_XQ_X + P_YQ_Y = M \qquad (3.7)$$

式（3.7）为预算线方程，见图 3.5。当消费者把 M 全部用于 Y 的消费时，可购买的 Y 量为 M/P_Y，把全部收入用于 X 的消费时，可购买的 X 量是 M/P_X，ab 线为预算线。预算线与横轴和纵轴所夹的三角形面积就构成了预算集。只要商品组合在 ab 线上，消费者的支出费用相等，均为 M。因此，预算线又称等费用线或消费可能性线。在预算线的右方区域，消费者只有欲望而没有支付能力，不构成需求，属消费不可能区域；在预算线的左方区域，尽管是有效需求，但消费者的收入还有剩余，为了理论上的研究方便，一般都假定消费者进行的是把收入都花完的前提下的消费选择。

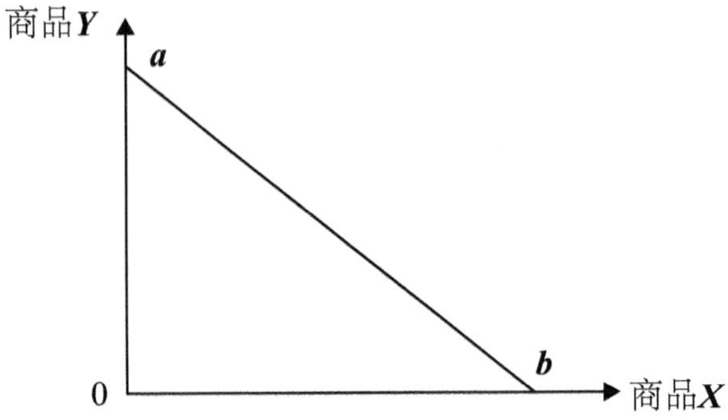

图 3.5 预算线

预算线是一条直线，它的位置可以由纵截距和横截距决定，也可以由纵截距和斜率决定。纵截距为 M/P_Y，横截距为 M/P_X，斜率为 $-P_X/P_Y$，由此可以看出预算线由商品价格和消费者收入共同决定。如果收入发生改变，或者商品的价格发生改变，都会导致预算线的位置发生改变。

首先，收入变化对预算线的影响。在价格不变的情况下，预算线的斜率也不变。消费者的货币收入 M 的增减会导致预算线的平移，收入增加预算线向右上方移动，收入减少，预算线向左下方平移。

当 X、Y 商品的价格发生变化但其比价不变时，影响到的则是消费者实际收入的增减，同样会使预算线发生平行移动。因为 P_X、P_Y 变动而比价不变时，预算线的斜率不变，但其截距 M/P_Y 发生变动，如果 P_Y 下降，截距上升，则预算线向右上方移动，反之则向左下方移动。如图 3.6（a）：ab 为原先的预算线，实际收入增加使预算线向右上方平移至 a′b′，实际收入下降则使预算线向左下方移至 $a''b''$。

显然，收入变动对预算线的影响指的是实际收入的变动影响。

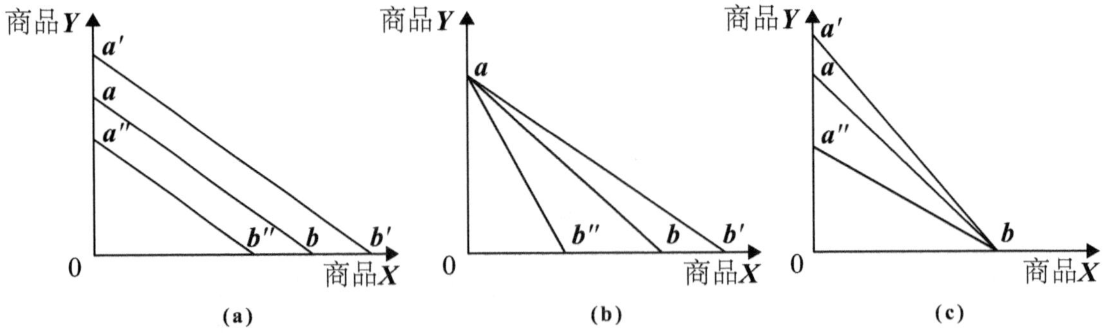

图 3.6 预算线的变动

其次，我们再来分析价格且商品比价也发生变动时对预算线的影响。比价的变动意味着预算线的斜率变动。在图 3.6（b）中，假设 P_Y 不变，P_X 的下降引发 P_X/P_Y 下降，预算线变得更平坦，为 ab'，P_X 的上升使预算线旋转至 ab''。

同样，如果 P_X 不变，P_Y 的变动会使预算线以横轴截距点为中心向左或右旋转，如图 3.6（c）所示。

三、消费者均衡

序数效用理论认为，无差异曲线反映了消费者的偏好，或者说是对所有商品组合的评价和比较，而预算线表明了消费者的购买能力，两者结合起来就揭示了消费者的选择过程。从图形来看，消费者均衡处于无差异曲线和预算线的切点。如图 3.7 所示：无差异曲线 I 与预算线 ab 的切点为 c，c 点表示既定的收入（支出）获得最大的效用或既定的效用花费最小的支出。若离开 c 点，可能出现的情形：既定的支出获得的效用小于 I 提供的效用，如 e 点和 g 点，支出与 c 点相同，但位于无差异曲线 I' 上，小于无差异曲线 I 表示的效用；与 c 点的效用相同但花费更大，如 f 点。f 点位于预算线的右方区域，为没有支付能力的区域，不构成需求；图 3.7 中的 d 点与 e、g 点属同一效用水平，但 d 点的支出要小于 e、g 点的支出，从这一角度考虑，d 点要优于 e 点和 g 点，但 d 点位于预算线的左方区域，消费者还有剩余的消费能力。

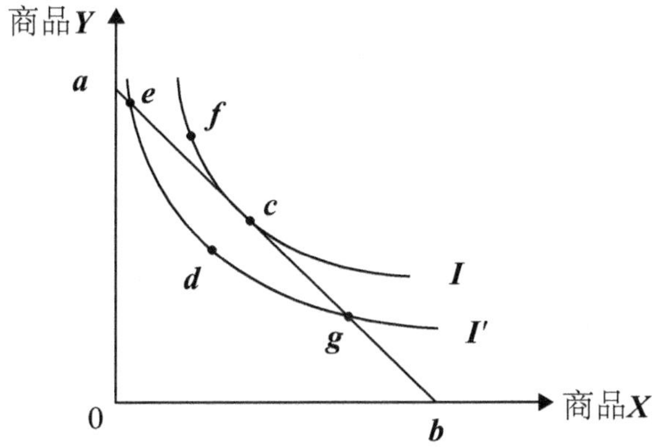

图 3.7 消费者均衡

预算线与无差异曲线相切的消费组合就是消费者的最佳选择。从几何上看，当预算线的斜率（商品的价格之比）正好等于无差异曲线的斜率（两种商品的边际替代率）时，消费者达到最大效用的均衡状态。预算线的斜率是两种商品的价格之比，或者说是它们的市场交换比率。如果你拥有 1 个单位的食品，你想将食品换成服装，你能换多少个单位呢？不多不少，刚好是食品的价格除以服装的价格这么多。按照食品与服装的市场交换比率，任何人都能够在市场上完成两者之间的交换。无差异曲线的斜率是两种商品的边际替代率，是在保持效用水平不变的情况下，消费者主观上愿意用食品交换服装的交换比率。在均衡时，消费者意愿的主观交换比率等于客观的市场交换比率。我们知道，不同消费者对食品与服装两种商品的主观评价可能不同，意愿的食品与服装交换比率也通常不同，但在均衡时每个消费者的意愿交换比率都等于市场交换比率，即两种商品的价格之比。这就是相切的经济学意义。

在切点上，预算线的斜率和无差异曲线的斜率相等，可用下述等式表示：

$$\frac{P_X}{P_Y}=\frac{MU_X}{MU_Y} \quad 或 \quad \frac{MU_X}{P_X}=\frac{MU_Y}{P_Y} \tag{3.8}$$

此式正是基数效用分析中消费者均衡的实现条件。显然，基数效用和序数效用分析最终得出了一致的结论。

小思考 序数效用理论是否否定了基数效用理论？

四、消费者均衡的变动

预算线与无差异曲线相切时达到消费者均衡。这个均衡会不会发生改变呢？我们知道无差异曲线描述了消费者的偏好，而一个成人的喜好通常是稳定的，所以我们假设消费者的无差异曲线位置是不会改变的。而预算线的位置由收入和商品价格决定，当商品的价格和消费者的收入发生变化后，都会引起预算线的移动，而预算线的移动又会打破原先的消费者均衡。

（一）收入消费曲线

当消费者实际收入发生变动，商品比价不变时，预算线斜率不变，其位置发生平行移动。新的预算线将与更高或更低的无差异曲线相切，消费者均衡点也随之移动。把变动了的消费者均衡点 c、c'、c'' 连接起来的曲线称为收入—消费曲线，它是由于消费者的实际收入变动以后的消费者均衡点的轨迹，表达的是消费者最优的消费组合。如图 3.8（a）所示。

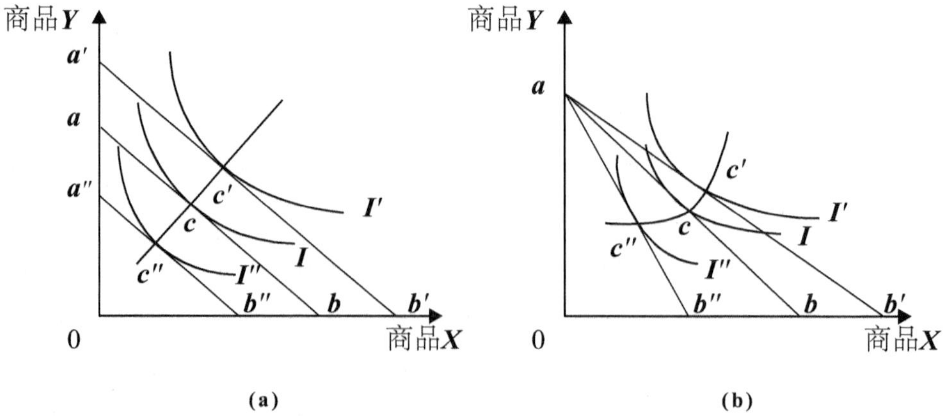

图 3.8 收入—消费曲线和价格—消费曲线

从收入消费线我们可以推导出恩格尔曲线。恩格尔曲线是由德国统计学家恩格尔提出的，表明消费者的收入与某种商品的需求量之间关系的曲线。可以从图 3.8（a）的收入消费线推导而来。

小思考 怎样从收入消费曲线推导出恩格尔曲线？

（二）价格消费曲线与需求曲线

当商品 X 的价格发生变动时，预算线的斜率就会变化，消费者的均衡点也随之移动。图 3.8（b）表述的就是当一种商品价格变动导致的消费者均衡点的变动情况。预算线 *ab* 与无差异曲线 *I* 的切点 *c* 是原先的消费者均衡点，由于商品 X 的价格上升、下降而导致预算线旋转至 *ab''* 或 *ab'*，它们又与 *I''* 和 *I'* 相切而形成新的消费者均衡。由于商品价格变动引起的消费者均衡点的连线称为价格—消费曲线，表达的也是消费者在价格变动状态下的最优消费组合。

我们可以由价格消费曲线推导出商品的需求曲线，如图 3.9 所示。

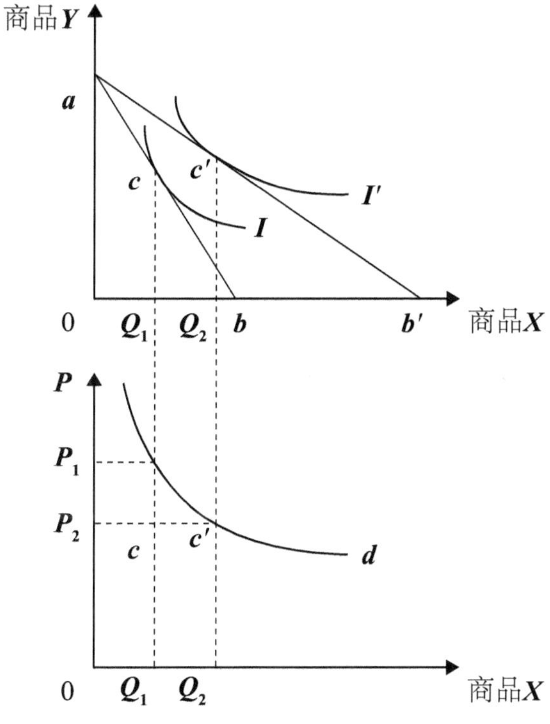

图 3.9 需求曲线的推导

图 3.9 的 *c* 点为原先的消费者均衡点，假设 P_X 下降，则新的消费者均衡点移至 *c'* 点，与 *c* 点对应的商品 X 的消费量（需求量）为 Q_1，商品 X 的价格要高于 *c'* 点对应的 P_X，与 *c'* 点对应的商品 X 的需求量为 Q_2，商品的价格较低。

在图 3.10 中，P_1、P_2 分别代表商品 X 的高、低价格，在较高的 P_1，消费者的需求量为 Q_1，在较低的 P_2，消费者的需求量为 Q_2，由此产生了从左上方向右下方倾斜的需求曲线，它描述了当商品价格变动时消费者对商品 X 的最优消费量。

小思考 如果是商品 Y 价格发生变化，如何推导其需求曲线？

五、收入效应和替代效应

需求定律告诉我们：在其他条件不变的前提下，价格与需求量成反向运动。某种商品价格变动对其消费量（需求量）的影响在经济学上被称之为价格效应，价格效应又可分解为替代效应和收入效应。

替代效应是指在消费者的实际收入保持不变（即无差异曲线不变）的前提下，由于商品价格的变动所引起的商品需求量的变动。显然，理性的消费者总是愿意以价格相对较低的商品来替代价格相对较高的商品来满足相同的欲望。在一般情况下，替代效应总是负的，因为价格下降总是导致需求量增加。

收入效应是指在消费者的货币收入保持不变的前提下，由于商品价格变动而导致消费者实际收入变动所引起的商品需求量的变动。在其他条件不变的情况下，商品价格的下跌意味着消费者实际收入的增加，因此在不影响其他商品消费量的情况下，消费者能够买更多的价格下跌了的商品。收入效应比替代效应略微复杂一些，对于正常品而言，收入效应是正的，对于劣等品和吉芬商品来说，收入效应是负的。

我们分别用图形对正常商品、低档商品和吉芬商品的价格效应进行分解。

（一）正常品的收入效应和替代效应

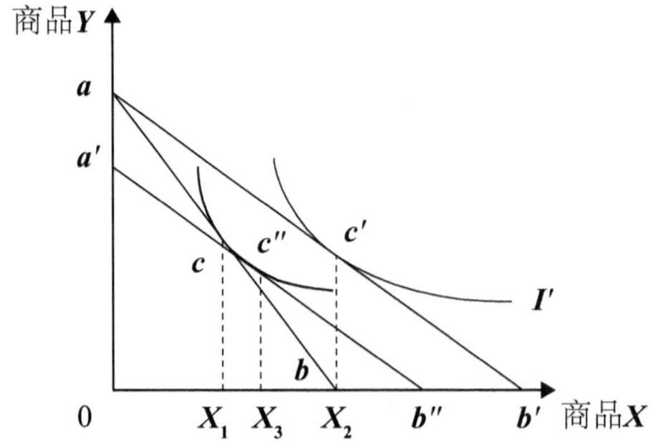

图 3.10 正常品

图 3.10 表述的是正常品的价格效应。初始的消费者均衡为 c，现假设商品 X 价格下降，则预算线旋转至 ab'，与代表更高效用的无差异曲线 I' 相切于 c'，由于商品价格下降导致的价格效应为，对商品 X 的需求量由 X_1 增加至 X_2。为了

分离出替代效应和收入效应，我们要作出一条假想的预算线 $a'b''$，它与 ab' 平行但仍与无差异曲线 I 相切于 c'' 点。预算线 $a'b''$ 意味着实际收入不变，故而由于商品 X 的价格下降后在实际收入保持不变的情况下，对商品 X 的需求量由 X_1 增加至 X_3 为价格效应中的替代效应，剩下的 X_3X_2 自然为收入效应了。从图示可以看出，这个收入效应相当于预算线从 $a'b''$ 平移至 ab'，意味着实际收入的增加而引起的商品需求量的上升。

当价格下降时，正常品的替代效应和收入效应都增加了该商品的需求量。

（二）低档品的收入效应和替代效应

低档物品价格变动后对商品购买量的影响则与正常物品相比有其不同之处。

所谓低档物品指的是消费随收入增加而减少的物品。从替代效应来看，价格下降引起需求量增加，但其收入效应与正常品不同，由商品价格下降导致实际收入增加，对其消费减少，因此，收入效应会抵消一部分替代效应，只是对低档品来说，替代效应还是大于收入效应。如图 3.11 所示，由于商品 X 价格下降的价格效应为需求量从 X_1 增加至 X_2，其中替代效应为 X_1X_3，收入效应为 $-X_3X_2$。

吉芬商品是一种特殊的低档物品，指负的收入效应超过替代效应，其结果表现为价格下降导致需求量下降，由此吉芬商品的需求曲线呈现价格与需求量正向运动的情形，如图 3.12 所示。

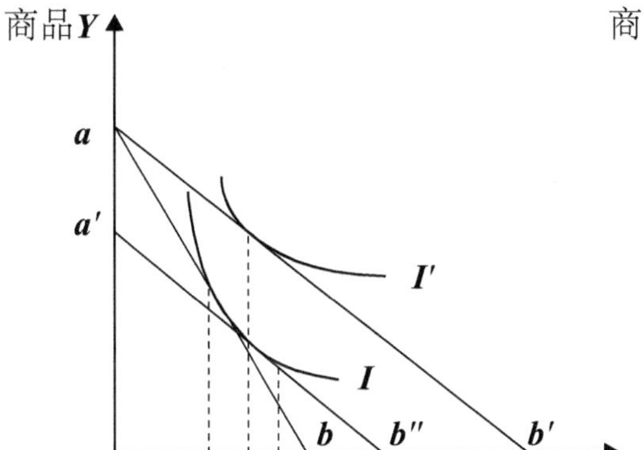

图 3.11 低档品

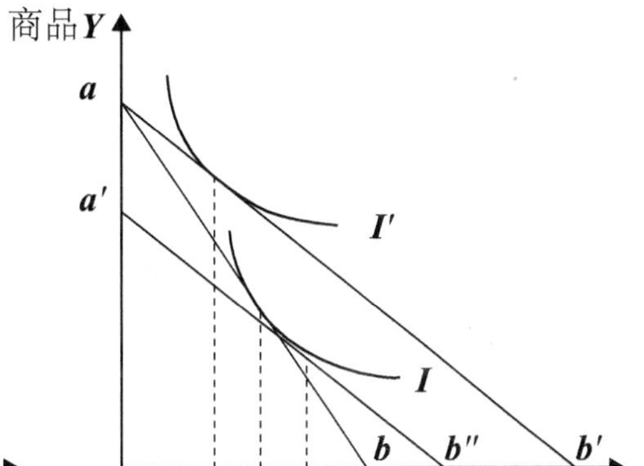

图 3.12 吉芬商品

由于商品 X 的价格下降导致的总价格效应为需求量从 X_1 减至 X_2，X_1X_3 为替代效应，$-X_3X_2$ 为收入效应，负的收入效应远远超过替代效应。

以上我们分别以基数效用和序数效用为切入点对消费者的需求行为进行了剖析，对与消费者密切相关的基本原理有了更深入的理解。

最后，让我们回到本章刚开始时所提出的问题：是买名牌服装还是买地摊货；是自己在家做饭还是去餐馆吃；是买房子还是租房子；是买辆车，还是出门打的或乘公交。影响消费选择的因素到底有哪些呢?

人物介绍

20 世纪末最具独创性的经济学家

——加里·斯坦利·贝克尔

加里·斯坦利·贝克尔

加里·斯坦利·贝克尔，美国著名的经济学家和社会学家，芝加哥学派的重要代表人物，1992 年诺贝尔经济学奖得主。

贝克尔 1930 年出生于美国宾夕法尼亚州的波茨维尔。在小学，他是一个优秀的学生，曾经是一位出色的手球运动员。16 岁，贝克尔离开了手球队加入了学校的数学队，将其兴趣转移到数学和自然科学，为以后的经济学研究奠定了重要的基础。高中毕业后，贝克尔成为普林斯顿大学的学生。在大学期间，他表现十分出色，1951 年，贝克尔在普林斯顿大学获文学学士学位，1953 年在芝加哥大学获经济学硕士学位，1955 年获芝加哥大学哲学博士学位。他在其博士论文的基础上进行深入研究，写成了重要的经济学论著《歧视经济学》，于 1957 年出版，在当时这是一本富有首创性的重要经济学论著。

贝克尔的学术研究在获得人们肯定的同时也受到来自各方的争议。有人认为贝克尔从事的研究属于非主流经济学。但贝克尔坚信经济学分析方法可以在很大程度上为理解社会和政治问题做出贡献。他坚持用经济学原理来解释属于非主流经济现象的人类行为，开拓了经济学中新的研究领域，包括犯罪经济学、家庭经济学、歧视经济学等。

在贝克尔所有的论著中，《生育率的经济分析》(1961)是当代西方人口经济学的创始之作；《人力资本》(1964)是西方人力资本理论的经典，是席卷 60 年代经济学界的“经济思想上的人力投资革命”的起点；《家庭论》(1981)在哈佛大学出版社出版时被该社称为是贝克尔有关家庭问题的一本划时代的著作，是微观人口经济学的代表作。这三部著作被西方经济学者称为“经典性”论著，具有深远的影响。贝克尔于 1967 年荣获美国经济学会颁发的克拉克奖。

贝克尔开辟了一个以前只是社会学家、人类学家和心理学家关心的研究领域，他在扩展经济学的研究边界方面所做的一切是其他经济学家所不及的，是新学术领域的开拓者。也正是如此，有人称贝克尔的研究扩张为“经济学帝国主义”。

边际效用理论的首创者

——赫尔曼·海因里希·戈森

赫尔曼·海因里希·戈森

赫尔曼·海因里希·戈森（1810—1858）是德国经济学家，他第一次比较完整而系统地论述了边际效用理论。

戈森出生于德国西部的迪伦，1829 年至 1833 年先后在波恩大学学习法律和公共管理学，毕业后曾当过律师、地方政府税务官；退休后与他人合办过保险公司，后退出经营，专心致力于经济学研究与写作。

戈森的著作《人类交换规律与人类行为准则的发展》出版于 1854 年，但直到他临死前只售出一本书，以哥白尼自诩的戈森郁郁而终。在 19 世纪 70 年代，法国经济学家瓦尔拉斯和英国经济学家杰文斯发现并肯定了戈森学说的价值与意义。杰文斯在其《政治经济学理论》的再版序言中（1879），详细介绍了戈森的思想观点，并承认这些观点是先于自己的。

戈森理论的核心是关于人的享受规律。他通过对人的享受过程的观察与分析，提出了几个重要的享受规律："如果我们连续不断地满足同一种享受，那么这同一种享受的量就会不断递减，直至最终达到饱和。""如果我们重复以前已满足过的享受，享受量也会发生类似的递减；在重复满足享受的过程中，不仅发生类似的递减，而且初始感到的享受量也会变得更小，重复享受时感到其为享受的时间更短，饱和感觉则出现得更早。重复享受进行得越快，初始感到的享受量则越少，感到是享受的持续时间也就越短。"这种连续享受或重复享受时出现的享受量递减的规律性，后来被称为"戈森第一定律"，也就是享受或效用递减定律。如何避免这种情况，获得最大的生活享受呢？戈森提出了另外一个重要的规律："为使自己的享受量达到最大化，人们必须在充分满足最大的享受之前，先部分地满足所有的享受，而且要以这样的比例来满足：每一种享受的量在其满足被中断时，保持完全相等。"这就是后来被称之为的"戈森第二定律"，即享受均等定律。

戈森较早在经济学中应用了数学分析方法，并实际上已经完整地提出了边际效用理论的雏形，尽管他没有明确做出边际效用决定价值的结论，也没有提出一个统一的主观价值的尺度，却为后来的边际效用价值理论奠定了基础。

本章小结

本章主要阐述决定和支配需求曲线的消费者行为理论，研究消费者如何在价格和收入约束下作出最优的消费选择以取得最大的满足，进而推导需求曲线。本章的目的在于对需求曲线进行更深入的讨论。

本章通过两种理论或两种分析方法来研究消费者的最优选择问题。一种是基数效用理论或基数效用分析，另一种是序数效用理论或序数效用分析。

基数效用理论的核心是边际效用递减规律。这一规律指在一定时间内，在其他条件不变的前提下，随着消费者对某种商品消费量的不断增加，消费者从增加的消费品中得到的边际效用是递减的。在边际效用递减规律的基础上可以得到消费者均衡的实现条件是“等边际原则”，在边际效用递减规律的基础上也可以推导出需求曲线。

序数效用理论的主要分析工具是无差异曲线，无差异曲线有几个重要的特征，其中建立在边际效用递减规律基础上的边际替代率递减决定了无差异曲线凸向原点。无差异曲线体现了消费者的偏好，而预算线则是消费者进行消费的约束条件。无差异曲线和预算线的切点为消费者均衡点。在该切点上，预算线和无差异曲线的斜率相等，此时的效用最大化原则与等边际原则相等。因此，基数效用和序数效用的实质内涵相一致。在消费者的收入水平和商品价格发生变化的前提下，消费者均衡点会发生移动。从价格—消费曲线可推导出对某种商品的需求曲线。

本章还深入分析了正常品、低档品和吉芬商品的需求曲线走向。商品的价格变化会对需求量产生影响，这种影响可分解为替代效应和收入效应，正常品、低档品、吉芬商品的替代效应和收入效应都具有各自的特征，由此决定它们需求曲线的走向。这部分内容是对前述需求定律的拓展和提升。

本章重点：效用的概念；总效用与边际效用之间的关系；边际效用递减规律；基数效用理论的消费者均衡条件；序数效用理论的消费者均衡条件；消费者均衡的变动。

本章难点：消费者均衡的理解；基数效用论与序数效用论的比较；需求曲线的推导。

参考文献

[1] 亚当·斯密．国民财富的性质和原因的研究 [M]. 郭大力，王亚南，译．北京：商务印书馆，1981.

[2] 迈克尔·帕金. 经济学：第 5 版 [M]. 梁小民，译. 北京：人民邮电出版社，2003.

[3] 赵英军，等. 西方经济学：第 3 版 [M]. 北京：机械工业出版社，2013.

[4] 斯蒂格利茨. 经济学 [M]. 梁小民，译. 北京：中国人民大学出版社，2005.

[5] 曼昆. 经济学：第 6 版 [M]. 梁小民，译. 北京：北京大学出版社，2012.

[6] 萨缪尔森. 微观经济学：第 19 版 [M]. 萧琛，译. 北京：人民邮电出版社，2012.

[7] 张五常. 科学说需求 [M]. 北京：中信出版社，2010.

练　习

一、名词解释：

效用　边际效用　基数效用　序数效用　边际效用递减规律　无差异曲线　边际替代率　预算线　消费者均衡　消费者剩余　价格消费线　收入消费线　替代效应　收入效应

二、选择题

1．效用是人们需要的一切商品所共有的特性，它是　（　）

A. 客观的

B. 主观的

C. 客观和主观的统一

D. 以上都不是

2．商品的价格取决于　（　）

A. 替代品的数量

B. 商品的总效用

C. 消费者的收入

D. 商品的边际效用

3．下列关于总效用与边际效用描述错误的是　（　）

A. 边际效用大于零，总效用增加

B. 边际效用等于零，总效用最大

C. 边际效用小于零，总效用降低

D. 随着边际效用递减，总效用递减。

4．如果消费者 A 的 MRS_{XY} 大于消费者 B 的 MRS_{XY}，那么 A 应该　（　）

A. 用 X 换 B 的 Y

B. 用 Y 换 B 的 X

C. 或放弃 X 或放弃 Y

D. 无法判断

5．若消费者王某只准备购买两种商品 X 和 Y，X 的价格为 10，Y 的价格为 4。若王某购买第 7 个单位 X 和第 3 个单位 Y 时，所获得的边际效用值分别为 24 个单位和 20 个单位，则　（　）

A. 王某获得了最大效用

B. 王某应当增加 X 的购买，减少 Y 的购买

C. 王某应当增加 Y 的购买，减少 X 的购买

D. 王某想要获得最大效用，需要借钱

6．无差异曲线上的边际替代率等于两种商品的　（　）

A. 数量之比

B. 价格之比

C. 边际成本之比

D. 边际效用之比

7. 预算线的位置与斜率取决于 ( )

A. 消费者的收入

B. 商品的价格

C. 消费者的偏好

D. 消费者的收入和商品价格

8. 若无差异曲线上任一点的斜率为 $-1/4$，这意味着消费者有更多X的时，他更愿意放弃 ( ) 单位X而获得一单位Y。

A. 1/4

B. 4

C. 1

D. 2

9. 已知一条牛仔裤价格为200元，一件上衣价格为150元，在某消费者关于这两种商品的效用最大化的均衡点上，一条牛仔裤对一件上衣的边际替代率为 ( )

A. 4/3

B. 3/4

C. 4/7

D. 3/7

10. 消费者剩余是指 ( )

A. 消费过剩的商品

B. 支出货币的总效用

C. 消费者愿意支付的价格与实际支付的价格差额

D. 消费者得到的总效用

11. 需求曲线 $Q=4-2P$，当 $P=1$ 时，消费者剩余等于 ( )

A. 1

B. 2

C. 1.5

D. 0.5

12. 同一条无差异曲线上的不同点表示 ( )

A. 效用水平不同，但所消费的两种商品数量组合相同。

B. 效用水平不同，所消费的两种商品数量组合也不相同。

C. 效用水平相同，但所消费的两种商品数量组合不相同。

D. 效用水平相同，所消费的两种商品数量组合也相同。

13. 下列关于无差异曲线说法正确的是 ( )

A. 同一平面上只有一条无差异曲线

B. 在同一条无差异曲线上，各个消费者达到的效用水平相等

C. 无差异曲线为直线时，两种商品之间的替代率不变

D. 在不同无差异曲线上的点代表的效用水平相等

14. 某消费者收入水平不变，横轴表示的苹果价格不变的前提下，纵轴表示的梨的价格下降，则会引起预算线 ( )

A. 平移

B. 绕着与X轴的交点，向外侧旋转

C. 绕着与Y轴的交点，向外侧旋转

D. 绕着与X轴的交点，向内侧旋转

15. 在消费者均衡点以上的无差异曲线的斜率 ( )

A. 大于预算线的斜率

B. 等于预算线的斜率

C. 小于预算线的斜率

D. 可能大于也可能小于预算线的斜率

16. 预算线向右上方平移的原因是 ( )

A. X 商品价格上升，Y 商品价格不变

B. Y 商品价格上升，X 商品价格不变

C. 商品价格不变，消费者收入减少

D. 商品价格不变，消费者收入增加

17. 已知 X 商品的价格为 5 元，Y 商品价格为 8 元，如果消费者从两种商品的消费中获得最大效用，商品 X 的边际效用为 40，则 Y 商品的边际效用为 ( )

A. 25

B. 40

C. 64

D. 200

18. 反映消费者在不同的价格下最优商品消费量的变化的曲线是 ( )

A. 价格消费线

B. 收入消费线

C. 需求曲线

D. 无差异曲线

19. 恩格尔曲线从（ ）推导出来出。

A. 价格消费线

B. 收入消费线

C. 需求曲线

D. 无差异曲线

20. 正常物品价格上升导致需求量减少的原因在于 ( )

A. 替代效应使需求量增加，收入效应使需求量减少

B. 替代效应使需求量增加，收入效应使需求量增加

C. 替代效应使需求量减少，收入效应使需求量减少

D. 替代效应使需求量减少，收入效应使需求量增加

三、判断题

1．对于理性的消费者而言，不会对边际效用为负值的商品进行消费。 ( )

2．商品效用的大小具有一定的主观性，因而同一商品对于不同的消费者，效用大小可能不同。 ( )

3．基数效用论与序数效用论的不同在于基数效用论认为效用大小可以比较。 ( )

4．需求曲线向右下方倾斜是边际效用递减规律引起的。 ( )

5．对于同一个消费者而言，同一商品在不断消费过程中，其边际效用也相等。 ( )

6．无差异曲线 $X + Y = C$ 的边际替代率是递减的。 ( )

7．如果在新的消费者均衡状态下，各种商品的边际效用低于原均衡状态，则意味着消费者的生活状态恶化了。 ( )

8．总效用决定产品的价格，而边际效用决定了消费的数量。 ( )

9．若总效用函数为 $U = XY$，理性的消费者在购买商品 X 和商品 Y 时，总是将既定的一半收入用于购买 X 商品。 ( )

10．边际替代率递减规律决定了无差异曲线凸向原点。（ ）

11．序数效用论下，消费者均衡点处于无差异曲线与预算线的交点。（ ）

12．对于同一个消费者而言，两条无差异曲线有可能相交。（ ）

13．在同一平面内存在无数条无差异曲线是因为消费者的收入在不断变化中。（ ）

14．如果X、Y商品价格的同时上涨10%，消费者收入上涨10%，则预算线位置不变。（ ）

15．消费者剩余是消费者在消费中获得的实际收入，所以代表了消费者的福利。（ ）

16．对于一种商品，消费者得到了最大的满足，说明最后一单位商品边际效用最大。（ ）

17．价格消费线为一条水平线，说明商品X和商品Y之间的交叉弹性为零。（ ）

18．消费者需求曲线是由价格消费线推导出来的，需求曲线上的点都是消费者效用最大化的点。（ ）

19．所有劣等品都是吉芬商品。（ ）

20．消费者偏好改变，对某商品的消费量随着消费者收入的增加而减少，则说明该商品是正常商品。（ ）

四、思考题

1．简要比较基数效用论与序数效用论。

2．无差异曲线有什么特征？

3．边际替代率为什么递减？

4．钻石用途较小但是价格很高，水对人作用重大但是价格相对便宜，请用经济学原理解释这一现象。

5．如何用边际效用递减规律来解释“累进所得税”问题。

五、计算题

1．已知效用函数为 $U=2X^a+3Y^a$，

（1）求商品的边际替代率 MRS_{XY} 和 MRS_{YX}；

（2）当 $a=2$，$X=25$，$Y=10$ 时，求商品的边际替代率 MRS_{XY} 和 MRS_{YX}。

2．假设某消费者决定购买甲、乙、丙、丁4种商品，各自价格分别是50元，70元，90元和100元。此人计划将1410元全部用于4种商品的购买。具体效用情况请见下表。

商品甲			商品乙		
单位	边际效用	$MU_甲/P_甲$	单位	边际效用	$MU_乙/P_乙$
1	400		1	490	
2	350		2	420	
3	250		3	370	
4	200		4	320	
5	150		5	280	
6	110		6	240	
7	80		7	210	
商品丙			商品丁		
单位	边际效用	$MU_丙/P_丙$	单位	边际效用	$MU_丁/P_丁$
1	570		1	360	
2	380		2	340	
3	270		3	320	
4	200		4	300	
5	180		5	280	
6	150		6	260	
7	120		7	200	

求：(1) 请写出该消费者的预算线。

(2) 请填写完整表格

(3) 为了最合理配置资源，该消费者在四种商品购买数量上应该如何组合。

3. 已知某消费者的效用函数为 $U=3X_1X_2^2$，预算线为 $20X_1+30X_2=540$，试求：

(1) 该消费者商品购买最优组合，

(2) 获得的最大效用，

(3) 货币的边际效用和总效用。

六、作图题

1. 作图说明序数效用理论下的消费者均衡，并解释消费者均衡的条件。

2. 推导需求曲线。

七、案例讨论

小丁学了边际效用递减规律以后一直在思考一个问题：中国人一生几十年吃米饭，但为何对米饭的消费没有产生边际效用递减呢？请你一起来对此进行讨论分析。

第四章 生产者行为理论

我国近几年由于劳动力成本的上升正悄悄迎来一场机器革命：某些玩具设备厂卖得最火的是充棉机——一种往布娃娃中塞填充棉的机器，每台可以代替20个工人；有些饭店在酝酿用机器人厨师掌勺；全球最大的电子代工厂商之一富士康科技集团总裁郭台铭在2010年表示未来3年内将新增100万台机器人取代人工劳动力，这些机器人主要用在喷涂、焊接、装配等工序上。对于这样的机器革命很多人会认同，因为用机器替代人工本身就意味着以一种先进的生产方式替代传统的生产方式，这是大势所趋。但从经济学的角度考虑，以机器替代人工值得吗？不同规模的企业都会选择用机器替代人工吗？为什么在一些国家雇用工人拿大铁锤花大量的时间把石头敲成沙砾，而在另一些国家则是用机器把石头瞬间研磨成沙砾呢？难道仅仅是先进和落后的问题吗？

要找出上述问题的答案我们必须涉及生产者行为理论，企业要实现利润最大化就必须有效地配置稀缺的资源，在既定的资源约束下做出最优的选择。追逐最大利润的生产者行为包括两种含义：在既定成本下实现收益最大；在既定收益下实现成本最小。

本章围绕着“总利润 = 总收益 − 总成本”这一主线进行分析。由于收益是价格和数量的乘积，而价格的高低取决于不同的市场结构，因此如何降低成本关乎企业的命运。

本章的基本概念：生产函数　短期　长期　生产要素　边际收益递减规律　等产量曲线　等成本线　边际技术替代率　规模报酬　规模经济　显性成本　隐性成本　技术系数　正常利润

本章的学习目标：理解生产函数的内涵；掌握短期、长期生产函数的相关规律；理解短期、长期成本分析；熟练掌握利润最大化原则。

第一节 生产函数

以机器替代人工到底值不值得？从经济学的角度出发，怎样来衡量值不值得这个问题呢？我们知道，企业只有在资源有效配置的前提下才能获得利润最大化，资源配置是否有效的一个标准就是技术效率。企业可以购买机器，也可以雇用劳动力来进行生产，可以采取资本密集型生产，也可以是劳动密集型生产，如何进行选择的标准之一就是看投入和产出之间的关系，即技术效率问题，也是我们要讨论的生产函数问题。

一、生产函数的概念

生产函数表示在一定技术条件下，生产要素的投入量和最大产出之间的依存关系。面包商要生产面包，必须投入的生产要素有厂房、烤面包的机器、工人、面包的各种原材料等。如果 Q 为产出量，a，b，…，n 为投入的各种生产要素，生产函数可以表达为：

$$Q = f(a, b, c, \cdots, n) \tag{4.1}$$

经济资源在一般情况下指的就是生产要素，主要包括劳动、土地、资本和企业家才能。劳动指人类在生产过程中所提供的体力和智力的总和，前者为简单劳动，后者为复杂劳动。随着社会经济的发展，智力因素在生产活动中的意义越来越大；土地则是一个广义的概念，涵盖所有的自然资源，包括土地以及和土地结合在一起的森林、矿藏、水力等稀缺性的自然资源；资本主要指资本品或投资品，即生产过程中需要的各种生产设施，包括厂房、机器设备、原材料等；劳动、土地、资本是经济学中传统的生产三要素。马歇尔在《经济学原理》中又加入了企业家才能这一生产要素，从而变成了生产四要素。企业家才能是指经营企业、管理企业的能力和在此过程中的创新能力。传统的生产三要素必须进行合理的组织才能充分发挥生产效率。在现代生产条件下，企业家将传统的三要素进行合理有效的组织，对于企业的资源最优配置起到了重要的作用。

小思考 什么样的人才算企业家？企业家的收入是工资吗？

由于一国自然资源的固定性和企业家才能的不可测量性，因此理论上我们往往假设在生产要素中，这两个重要要素既定不变。如此，生产函数的最一般形式为：

$$Q = f(L, K) \tag{4.2}$$

L 表示劳动，K 表示资本。显然，产出主要受投入的生产要素的影响。当投入的各种生产要素数值一定时，Q 是此种投入下所获得的最大产出量。生产函数取决于技术水平的高低，一旦技术水平发生变化，就会引起生产要素的重新组合，从而产生新的生产函数。因此，在理解生产函数时，经济学强调必须与特定的时期和特定的技术水平相对应。

二、技术系数

企业为了生产某一产品，需要把各种不同的生产要素按照一定的比例投入到生产过程中去，经济学上把生产要素的配合比例称为技术系数。根据不同的技术系数，生产函数可分为固定技术系数的生产函数和可变技术系数的生产函数。

固定技术系数指生产某种产品所需的各种生产要素配合比例不变，即投入的生产要素不能相互替代，例如，一个工人操作一台机器，生产要素之间的配合比例是 1∶1，如果一个工人操作两台机器或两个人操作一台机器则都不能增加产量。对于固定技术系数的生产函数只有按相同比例增加要素投入才能增加产量。

可变技术系数指生产要素的配合比例可以在一定的范围内变动，即表示生产要素在一定范围内可以互相替代。在现实经济生活中，严格意义上的固定技术系数不多见，比较常见的是可变技术系数的生产函数。

专栏 4-1　柯布 - 道格拉斯生产函数

柯布 – 道格拉斯生产函数最初是美国数学家柯布和经济学家保罗·道格拉斯共同探讨投入和产出的关系时创造的生产函数。

20 世纪 30 年代初期，美国数学家柯布和经济学家道格拉斯根据美国从 1899—1922 年制造业的历史统计资料，研究了资本和劳动这两种生产要素对产量的影响，得出了著名的“柯布 – 道格拉斯生产函数”，即：$Q = AL^{X}K^{1-X}$。

其中 Q 表示产量，L 为劳动投入量，K 为资本投入量，A 和 X 是常数，且 $0 < X < 1$。当时他们根据有关资料得出的具体数字为：$Q = 1.01L^{\frac{3}{4}}K^{\frac{1}{4}}$。

函数表示当时的劳动和资本在生产中组合的比例为 3∶1，与当时美国的劳动收入工资和资本收入之比基本相符。由于柯布 – 道格拉斯生产函数有广泛的适用性，后来被推广运用到各个部门。

第二次世界大战以后，柯布 – 道格拉斯生产函数不再为线性齐次函数，此时产出增长的倍数大于生产要素增长的倍数。

资料来源：赵英军 . 西方经济学（微观部分）[M]. 北京：机械工业出版社，2012.

小思考 为什么二战以后柯布－道格拉斯生产函数发生了变化？

第二节 短期生产理论

1958年我国进入“大跃进”时期，当时农业生产中流行的口号是“人有多大胆，地有多大产”。于是“作物密植”法应运而生，即在一亩地上撒满种子，目的是获得更多的粮食。有些地方种小麦时，一亩地种高达500斤，麦田里密不透风，光照严重不足，最后只能用鼓风机送风，晚上则安上电灯进行采光。结果产量反而减少，有些地方甚至颗粒无收，正常的农业生产遭到严重破坏。这段不堪回首的历史给企业的决策带来怎样的思考呢？这就涉及短期生产函数及其相关规律了。

一、短期和长期

日常经济生活中会出现这样的场景：某企业接到一大订单，又兴奋又发愁，因为从现有的生产能力而言要在一个短时期内按正常生产秩序来完成任务是不可能的。于是企业可能通过让工人加班加点赶任务，或者临时雇用劳动力以解燃眉之急，而厂房、机器设备并没有增加。

对企业来讲，投入生产的要素有可变的和不变的两种，上面的例子中劳动力就是可变的投入要素，而厂房、机器设备则是不变的要素。如果说，订单要求完成的时间非常宽松，企业有足够的时间扩大生产规模，扩建厂房，增加新的机器设备，那么投入的都是可变的要素。根据投入要素的可变或不变，经济学有短期和长期之分。

所谓短期就是指厂商不能调整某些生产要素的时期。或者说，在短期内，某些生产要素来不及进行调整，企业的规模不变。与短期相对应的生产函数为短期生产函数。而长期则指所有的生产要素都可以变动的时期。在长期，厂商有足够的时间根据市场的情形而改变一切生产要素，企业的规模发生了变化，以便使自己的利润达到最大。与长期相对应的生产函数称为长期生产函数。显然，在经济学中短期和长期并不是具体的时间概念，对不同的行业而言短期和长期有很大的区别。例如对于钢铁行业来说，其短期可能长达十几年甚至几十年。一般情况下，以同一行业和同一技术条件为前提，固定不变的生产要素投入量越大的企业，短期的时间也可能越长。

小思考 短期肯定比长期短，长期肯定比短期长吗？

二、短期生产函数

在短期生产函数中，投入的生产要素由不变的生产要素和可变的生产要素两部分组成。产量与前者无关，产量的变化主要随可变生产要素的变化而变化。

在短期生产函数中，至少有一种投入要素是固定不变的，其一般表达式为：

$$Q=f(L,\overline{K})\text{ 或 }Q=f(L) \qquad (4.3)$$

在（4.3）式中，资本为不变的生产要素，可变的投入为劳动的数量。短期内，产量主要受到可变投入要素即劳动的影响。因此，短期生产函数指的就是一种可变生产要素的生产函数。研究短期生产函数的目的在于寻求在短期内厂商对可变生产要素投入的最合适区域。

（一）总产量、平均产量和边际产量

在资本为不变的生产要素时连续增加劳动的投入量，产出会发生一定的变化。为了说明产量的变动，我们将产量区分为总产量、平均产量和边际产量。

总产量（TP）指企业投入一定量生产要素后所生产出来的产量总和，由于在短期总产量随可变要素投入量的变动而变动，而短期生产函数中可变的生产要素又常指劳动，因此我们把总产量简记为 TP_L。

平均产量（AP）指每单位可变投入量所能生产的产出量，以 AP_L 表示：

$$AP_L=\frac{TP_L}{L} \qquad (4.4)$$

边际产量（MP）指增加一单位可变生产要素所带来的产量增量，以 MP_L 表示。例如 3 个工人共生产 30 单位产品，4 个工人的生产总量为 42 单位，那么第 4 个工人带来的总产量增量即边际产量为 12 单位。

$$MP_L=\frac{\Delta TP_L}{\Delta L}\text{ 或 }MP_L=\frac{\mathrm{d}TP_L}{\mathrm{d}L} \qquad (4.5)$$

我们用具体的数字对上述的几个量进行说明。假定资本量不变，可变量为劳动的投入，随着劳动投入量的不断增加，总产量、平均产量、边际产量的变动及其相互的关系如表 4.1 所示：

表 4.1 总产量、平均产量和边际产量表

资本（K）	劳动（L）	劳动增量（ΔL）	总产量（TP_L）	平均产量（AP_L）	边际产量（MP_L）
17	0	0	0	0	0
17	1	1	8	8	8
17	2	1	24	12	16
17	3	1	45	15	21
17	4	1	56	14	11
17	5	1	56	11.2	0

根据表 4.1，资本投入量为常量，在短期中始终是 17 单位，劳动的投入量则以一单位为增量不断增加。在上述前提下，平均产量和边际产量均呈现先升后降的趋势，它们相互之间存在着密切的联系。图 4.1 显示了这三条曲线的形状及其相互的关系。

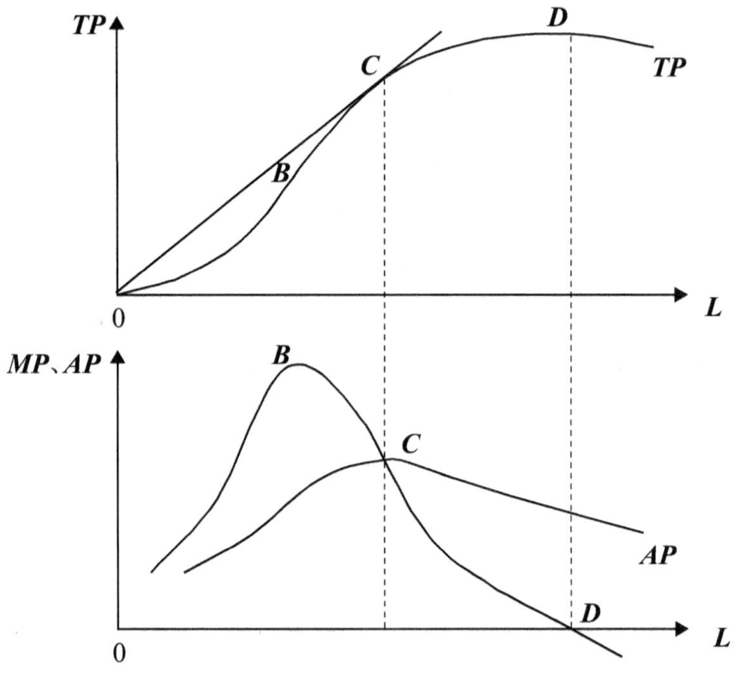

图 4.1 总产量，平均产量和边际产量曲线

从图中和表中的数据，我们可以看出这三条曲线之间有以下的关系特征：

首先，边际产量反映了总产量变动的速度。在边际产量递增的区域，随着劳动投入量的增加，总产量以递增的速度增加；在边际产量递减但为正的区域，总产量增加的速度变缓，以递减的速度增加；边际产量为零时总产量达到最大；边际产量成为负值时总产量下降。

其次，从平均产量的公式（4.4）和图 4.1 可知，从原点出发作一射线至总产量上的 C 点，这条射线的斜率就是与 C 点对应时的平均产量。与总产量相切的

射线 OC 的斜率在所有射线中的斜率是最大的，因此 C 点所对应下来的自然也是平均产量的最大值。

至于平均产量和边际产量的关系，其特征表现为：当边际产量大于平均产量时，平均产量呈上升的趋势；当边际产量低于平均产量时，平均产量呈下降的趋势，而只有在平均产量的最大值，边际产量才与之相等，所以边际产量肯定穿越平均产量的最高点。增量的不同会影响平均量的变化，如果增量大于均量的话，由于增量的加入会导致均量的上升；反之，则使均量下降。假设某企业生产了 10 件衣服，平均成本是 100 元。现在企业生产第 11 件衣服，由于第 11 件衣服的成本不同会对衣服的平均成本产生三种影响：第 11 件衣服的成本为 100 元，则不影响衣服的平均成本；第 11 件衣服的成本超过 100 元，那么 11 件衣服的平均成本将上升；第 11 件衣服的成本低于 100 元，则 11 件衣服的平均成本将下降。

在经济学中，只要涉及总量、平均量和边际量之间的关系，上述内容都适用。

小思考 只要边际产量减少，总产量一定也减少？

（二）边际收益递减规律

大跃进时期的“作物密植”就涉及边际收益递减规律，这是在短期生产理论中重要的规律。

所谓边际收益递减规律是指在技术不变的前提下，连续增加一种同质的可变要素，与其他不变的生产要素相结合，起初边际产量可能是递增的。但达到一定程度后，边际产量会呈现递减的趋势。要真正理解边际收益递减规律，必需特别注意这一规律存在的前提条件，即“技术不变”“投入要素的质量不变”“其他生产要素不变”。如果改变了前提，则可能延缓边际收益递减的出现甚至这一规律根本不发生作用。

首先，技术水平不变。从短期来看，无论是在工业还是农业中，技术水平都是相对稳定的，此即为技术水平不变。我们能从马尔萨斯的预言中（专栏 4–2）感悟到规律存在前提的重要性。

其次，投入要素的质量不变。比如就农业生产来说，在土地、种子等生产要素不变时，连续增施化肥，那么化肥的质量必须是相同的，否则情况会发生变化。

最后，其他生产要素不变。边际收益递减规律不适用于所有投入要素都变动的情况，因为这个规律只适用于短期，如果所有要素都变动的话就成为长期了。

小思考 用边际收益递减规律来说明大跃进时期的“作物密植”。

专栏 4-2　预言的诞生

1798 年，托马斯·罗伯特·马尔萨斯在他的《人口论》中对人口与粮食产量的关系进行了分析。他认为如果人口增长不受控制，世界人口将每隔 25 年左右就翻一番，即人口以几何的比率增长，而粮食产量则由于土地的有限性且呈收益递减，只能按算术比率增长。对此，马尔萨斯提供了一个很好的例子：如果现在的人口是 10 亿，那么它将以 1，2，4，8，16，…的速度增加，而食物则会以 1，2，3，4，5，6，…的速度增加。尽管开始时每个人都拥有一篮子的食物，但 200 年后，256 人将不得不分享 9 个篮子的食物，再过 100 年，4096 人才拥有 13 个篮子的食物。因此，最终的结果必然是人类不能养活自己。

显然，马尔萨斯对未来充满悲观的预言是建立在两个假设前提之上，一是人口增长的速度不变，二是土地的边际收益递减。而边际收益递减规律注重的是短期，主要以技术不变为基础。在人类发展的历史长河中，农业生产技术一直在突飞猛进，农业革命、绿色革命使人类能够用较少的投入取得更多的产出。中国人发明的杂交水稻更是实现了农业生产技术上的重大突破。

任何规律都有前提条件，前提条件变了，规律性的结论也会随之而改变。因此，马尔萨斯悲观预言的破产也就不足为奇了。

资料来源：马尔萨斯 . 人口原理 [M]. 郭大力，译 . 北京：商务印书馆，1959.

小思考　请你举例说明边际收益递减规律。

边际收益递减规律在生产实践和科学实验中得到了大量的验证，其存在的合理性比较明显。随着可变投入的不断增加，它与固定投入量之间的配合逐渐趋于合理，因此边际产量会增加；但可变投入与固定投入的配合一旦超越最优搭配后，可变投入的继续增加将使固定投入的相对量变得越来越稀少，则可变投入会越来越难以发挥作用，边际产量自然下降。同一块土地连续增加劳动力的投入，随着劳动力的增加，土地越来越拥挤，土地上的边际产量下降，到最后都有可能颗粒无收。

边际收益递减规律常常等同于边际产量递减规律或边际报酬递减规律。

（三）可变生产要素的合理投入

从边际收益递减规律我们得知，在其他条件不变的前提下，一种可变要素的持续追加最终必将导致边际收益的递减。这个规律告诉我们：在一定条件下，高投入未必带来高产出，那么，追求最大利润的厂商应如何控制其可变生产要素的投入呢？可变要素的合理投入数量怎样才是最佳呢？

我们可以把图 4.1 可分为 3 个区域：从原点到平均产量的最高点 C 为第一区

域，从 C 到总产量的最大值 D 点为第二区域，D 点之后则为第三区域。

在区域一，随着劳动的投入量逐渐增加，生产要素的配合比例日趋合理，可变投入的效率不断提高，因此边际产量递增，总产量以递增的速度增加。由于在此区域边际产量大于平均产量，所以平均产量不断增加，直至最大。

区域二，劳动的投入量从 3 增加到 5，边际产量递减，总产量增幅减缓，一直到达最大值 D 点。在这一阶段，可变投入的效率开始下降，由于边际产量小于平均产量，因此平均产量递减。

区域三，当劳动的投入量超过 5，总产量下降，边际产量为负值。此时，固定的生产要素和可变的生产要素比例严重失调，生产效率极其低下。

显然，区域三对于理性的厂商而言是其生产的禁区，因为在这区域增加劳动力投入反而减少总产量。厂商也不会选择区域一，因为在这个区域由于边际产量大于平均产量，平均产量还呈递增状态。厂商对劳动力的投入合理区域应在第二区域：劳动力的投入至少要实现平均产量的最大，否则机器等不变要素就得不到充分利用，技术效率不能达到最高；而劳动力的最大投入是达到总产量的最大，如果劳动力的投入超过这一点，总产量会下降。至于具体应投入在区域二的哪一点上才能实现利润最大还必须结合成本进行分析。

第三节　长期生产理论

1957 年，“台湾商神”王永庆创办的台湾塑胶厂开工了。在塑胶厂投产的前 10 个月，共生产了 1000 吨塑胶粉，但连 1 千克都没有卖出去，全被完完整整地存放在仓库里。产品严重滞销的主要原因在于台塑的规模小，产量低，塑胶粉的单位成本偏高。当时台塑的塑胶粉每千克的售价高达 75 台币，比同类产品的价格高出一大截。

王永庆经过多方的咨询、了解和考察，他认识到，台塑已经到了生死存亡的关头，只有背水一战，才能绝处逢生。王永庆决心走规模经济的道路，扩建工程、拓展市场。

1958 年，台塑进行了第一次扩建工程，使产量翻了一番，月产量达到 200 吨，成本略有下降。当时，日本的塑胶厂也在不断扩大规模，个别厂的月产量已达 5000 吨。面对激烈的市场竞争，王永庆决定继续扩大规模。1960 年，台塑的第二期扩建顺利完成，每月产量增至 1200 吨，成本大幅降低，具备了到海外市场进行竞争的条件。

在随后的几十年中，王永庆还自设加工厂，自组运送塑胶原料的化学船队等，台塑在不断的规模扩张中创造了台湾的奇迹。王永庆本人也成为台湾最有影响的商界巨人。

资料来源：晓笛．台湾商神——王永庆传[M]. 广州：广州出版社，1995.

扩大生产规模为什么会提升竞争能力呢？对于企业来说，规模越大越好吗？要回答这些问题就涉及了长期的生产理论。

一、长期生产函数

在长期生产中，不存在固定不变的生产要素，厂商投入的所有生产要素都是可变的。因此，长期生产函数可用下列形式表达：

$$Q = f(L, K) \tag{4.6}$$

长期生产函数要考察的是：在厂商有足够的时间根据市场调整改变所有的生产要素的情况下，它的投入和最大产出之间的关系，由此得出厂商对生产要素组合的最优选择。在此，我们首先分析厂商投入的两种生产要素可以相互替代的生产函数。例如，厂商生产同等数量的产品既可以多用劳动力少用资本，也可以多用资本少用劳动力。

二、生产要素的最优组合

当厂商用两种可以相互替代的生产要素进行生产时，要受到要素价格和一定成本的约束，生产要素的最优组合是研究厂商如何把既定的成本分配在两种生产要素的购买与生产上，目的是获得最大的利润。

生产理论的这一部分和消费者行为理论中的序数效用分析非常类似。序数效用理论在阐述消费者均衡时用了无差异曲线和预算线，在生产理论中与这两条线相对应的是等产量曲线和等成本线。

（一）等产量曲线

等产量曲线是指在一定的技术条件下，能够生产出同等产量的两种生产要素组合的轨迹，换句话说，等产量曲线上所有生产要素的组合生产出来的产量都是相等的。如图 4.2（a）所示，L 和 K 为生产要素劳动和资本的数量，曲线 Q 即为等产量曲线。在同一条等产量曲线上，尽管生产要素的投入组合不同，但产量是一样的。假定生产要素可以无限细分，则有无数个要素组合生产出相同的产量。与无差异曲线相类似，对同一厂商而言，可以生产各种不同的产量，所以每个厂商面临着一组代表不同产量的等产量曲线，如图 4.2（b）所示。

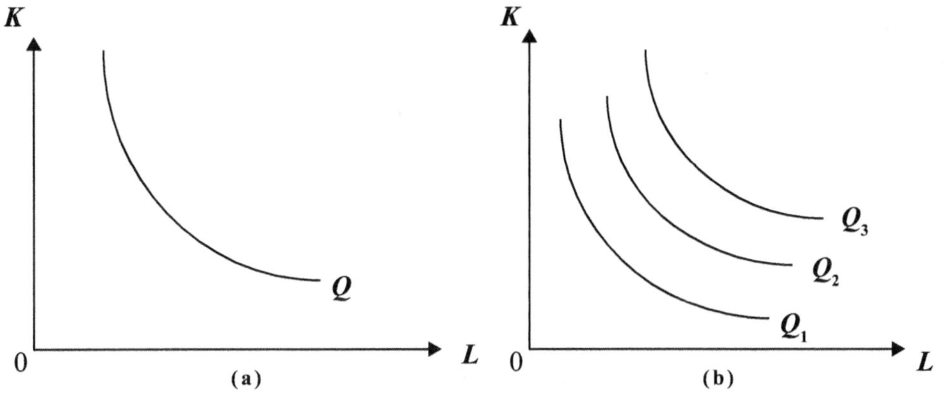

图 4.2 等产量曲线

等产量曲线同样拥有与无差异曲线相类似的特征。

首先，曲线的斜率为负。等产量曲线的走向为从左上方向右下方倾斜，意味着在生产等量的产品时，L 和 K 具有一定的替代性。

其次，在一组等产量曲线中，离原点越远，代表的产量越高。如图 4.2（b）所示，Q_3 的产出量最大，Q_1 的产出量最小。

第三，对同一厂商而言，两条等产量曲线不能相交。假设两条等产量曲线相交，那就表示同样的生产要素组合可以生产两种不同的产量，这与等产量曲线的定义相矛盾。

第四，等产量曲线凸向原点。等产量曲线呈此特征的原因在于生产要素的边际技术替代率递减。

小思考 比较无差异曲线和等产量曲线的本质差异。

（二）边际技术替代率

等产量曲线斜率为负说明两种生产要素在生产等量产品时具有替代关系，厂商要增加劳动的投入必须减少资本的投入，反之也是。边际技术替代率指在维持同等产量的前提下，生产者增加一单位生产要素投入时必须减少的另一种生产要素的数量。其公式为：

$$MRTS_{LK} = -\frac{\Delta K}{\Delta L} \tag{4.7}$$

因为增减 L、K 都在同一条等产量曲线上进行，所以上述公式还可以表示为：

$$MRTS_{LK} = -\frac{\Delta K}{\Delta L} = \frac{MP_L}{MP_K} \tag{4.8}$$

小思考 公式（4.8）说明了什么？

在维持总产量不变的前提下，随着一种生产要素投入量的增加，它能替代的另一种生产要素的数量越来越小，此即为边际技术替代率递减规律。这一规律是建立在边际收益递减规律的基础之上的。从（4.8）式中我们可以非常清楚地看到：随着要素 L 的不断增加，边际产量逐渐下降，相反，要素 K 的边际产量却随着其数量的不断减少而上升。

如图 4.3 所示，劳动的投入量从 L_1 增加到 L_2，减少的资本数量为 K_1K_2。然后劳动继续等量增加，从 L_2 增加至 L_3，减少的资本量在下降，为 K_2K_3。显然，如果劳动的投入量进一步等量增加，资本的减少额还将继续下降。边际技术替代率递减是导致等产量曲线凸向原点的原因。

小思考 比较边际替代率和边际技术替代率。

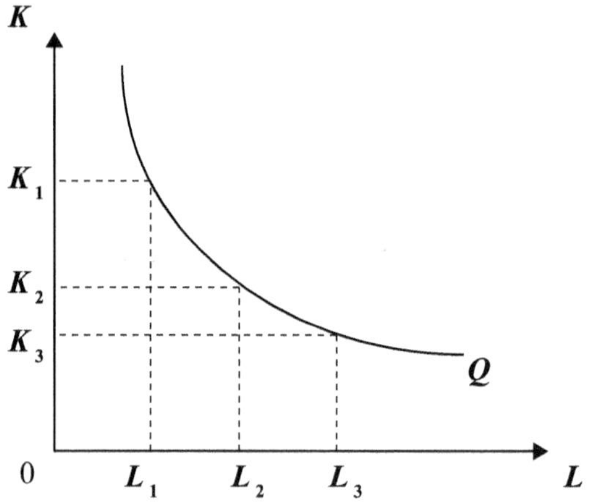

图 4.3 边际技术替代率递减

（三）**等成本线**

从生产者的主观偏好来看，当然希望等产量曲线离原点越远越好，但他要受到生产要素价格和自身货币投入量的制约。等成本线表示在既定的要素价格条件下，厂商用一定货币量所能够购买的两种生产要素最大组合的轨迹，等成本线又称企业预算线，如图 4.4 所示。假设生产者准备投入 10000 元购买两种生产要素，显然 10000 元就是厂商支付的总成本 C。劳动 L 的价格为每单位 2000 元，资本 K 的价格为每单位 1000 元。如果厂商把全部的货币投入在购买劳动上，则可得 5 单位劳动，如果全部购买资本，则可得 10 单位资本，当然厂商还可以同时购买这两种生产要素。只要在等成本线上，厂商支付的货币总量都为 10000 元。在等成本线右方区域，厂商没有支付能力，属于生产不可能区域；在等成本线的左方区域，厂商拥有的货币量还有剩余，为了达到最大的产量，还可以继续购买生产要素。为了理论上的研究方便，经济学一般都假设生产者是在成本都花完的前提下进行生产。

既然成本和要素价格是生产的限制条件，那么，成本和要素价格一旦发生变动则限制也会随之而变动。等成本线的方程能帮助我们理解上述内容。等成本线的方程可以表达为：

$$P_L Q_L + P_K Q_K = C \tag{4.9}$$

式中 C 为总成本，P_L、P_K 分别为要素 L 和 K 的价格，Q_L、Q_K 为要素 L 和 K 的数量，P_L/P_K 是等成本线的斜率，即两种要素的价格之比。

在要素价格不变或两种要素的价格之比不变的情况下，实际成本总量的增减会导致等成本线的平移，实际成本增加等成本线向右上方移动，反之，则向左下方移动；如果成本不变，要素价格发生变动，则等成本线的斜率改变，等成本线呈旋转式的变动。等成本线及其变动的原理与消费者行为理论中的预算线非常类似。

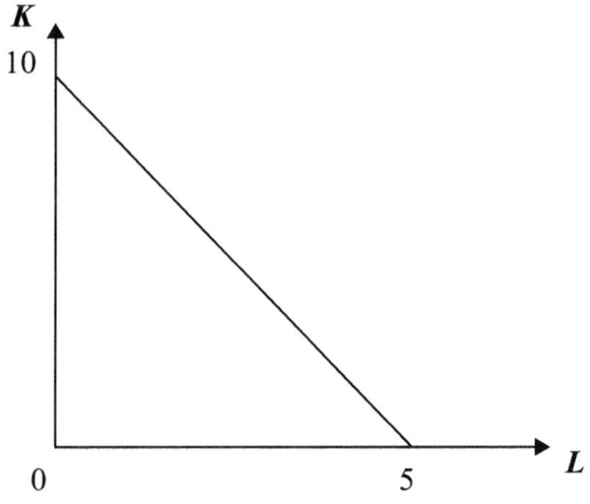

图 4.4 等成本线

（四）生产要素的最佳组合

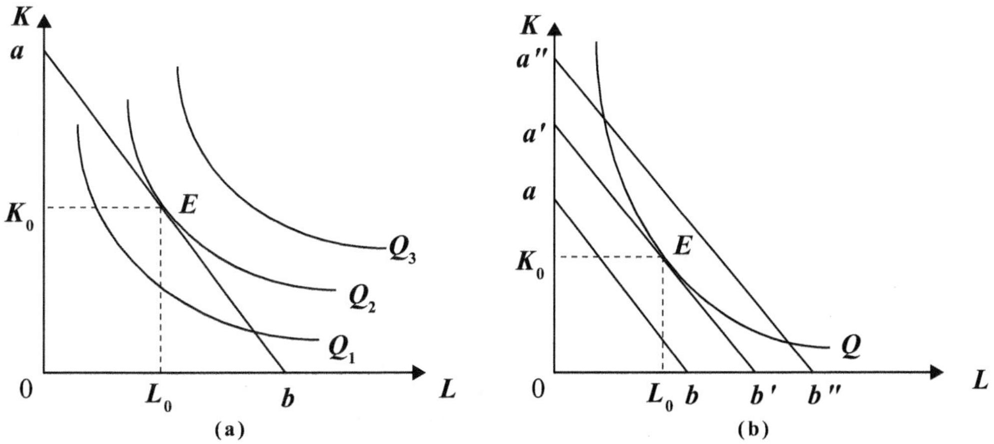

图 4.5 生产要素的最佳组合

把等产量曲线和等成本线结合在一起我们可以分析生产者均衡问题，即生产要素的最佳组合问题。从图形来看，生产要素的最佳组合位于等产量曲线和等成本线的切点，如图 4.5 所示。图 4.5（a）E 点表示的是成本既定条件下的产量最大，离开 E 点的等成本要素组合其产出量均小于 Q_2，因此 K_0、L_0 是生产要素的最佳组合。图 4.5（b）的 E 点则为产量既定条件下的成本最小，同样，离开 E 点的等产量 Q 所需的成本投入都高于等成本线 $a'b'$。不管上述的哪种情况，等产量曲线和等成本线的切点都是生产要素的最佳组合点。而在切点上，等产量线与等成本线的斜率相等，即：

$$\frac{P_L}{P_K}=\frac{MP_L}{MP_K} \text{ 或 } \frac{MP_L}{P_L}=\frac{MP_K}{P_K} \tag{4.10}$$

公式（4.10）表示生产者投入在劳动和资本上的单位货币所带来的边际产量相等。如果 $MP_L/P_L>MP_K/P_K$，则表明厂商单位货币花在劳动力上所带来的产量大于单位货币花在资本上所带来的产量，降低生产成本的方法应为将花在资本上的货币转移到劳动力上去，直至达到均衡点。

（4.9）式是生产要素最佳组合的约束条件，（4.10）式是生产要素最佳组合的实现条件。两者缺一不可。

小思考 比较消费者均衡的条件和生产者均衡的条件。

（五）生产扩展线

在生产要素价格不变的前提下，随着厂商投入成本的增加，其等成本线不断向外平移。随着等成本线的移动，生产要素的最佳组合也在发生移动，不同的等成本线与相应的等产量曲线相切。经济学上把不同成本下的均衡点的轨迹称为生产扩展线，如图 4.6 所示。

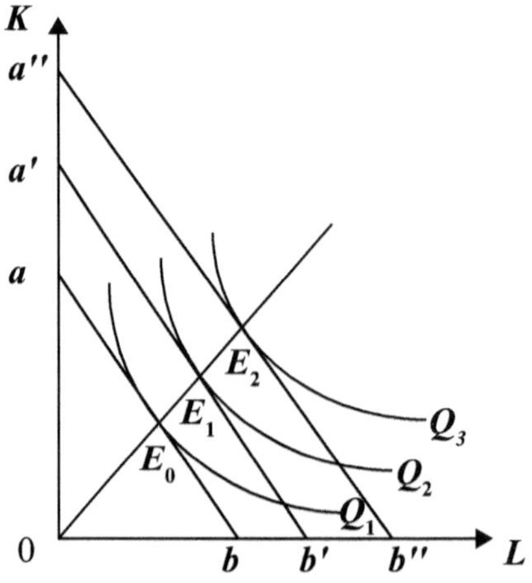

图 4.6 生产扩展线

图中 ab、$a'b'$、$a''b''$ 为厂商不断增加投入的 3 条等成本线，它们分别与等产量曲线 Q_1、Q_2 和 Q_3 相切于 E_0、E_1 和 E_2。把以上切点即生产要素的最优组合点连起来的线即为生产扩展线。扩展线显示了厂商在生产要素价格不变的前提下，随着生产规模的扩大，沿着这条扩展线都可以实现生产要素的最佳组合，从而使生产一直沿着最有利的方向进行。

小思考 请用生产扩展线说明劳动密集型生产和资本密集型生产。

三、规模报酬

在长期生产函数理论中，如果涉及的是两种生产要素按一定比例同时增加时其产出如何变化，即为规模报酬问题。这也是从亚当·斯密详细地研究别针的生产后一直受到经济学家关心的问题。

经济学把规模报酬分为以下 3 种形式：

首先是规模报酬递增，即产出增加的倍数大于生产要素增加的倍数。规模报酬递增往往产生于企业扩张的初期。导致规模报酬递增的主要原因在于规模扩大有利于专业化的分工协作、采用更有效率的机器设备等。

亚当·斯密曾在其名著《国富论》中以别针的制造为例说明专业化的分工协作对劳动效率的影响。细密的劳动分工对于提高人们的劳动熟练程度、对于节约劳动时间、对于技术的改进起到了相当重要的作用。因此，专业化的分工协作可以百倍甚至千倍地提高生产效率。在专业化分工协作的基础上，厂商有条件利用专用的机器设备，同时，在生产规模扩大的前提下，厂商也有可能使用大型的不可分割的生产要素，而专用的和不可分割的生产要素的使用会极大地提高生产效率。此外，大规模的经营也会在销售、采购、管理、资金融通、广告、研发等方面表现出优势。航空业是比较典型的规模报酬递增行业。

专栏 4-3　制针业的分工

在《国富论》的开篇，亚当·斯密就对分工问题进行了阐述。

我把制针业作为例子。……一个人抽铁线，一个人拉直，一个人切截，一个人削尖线的一端，一个人磨另一端，以便装上圆头……这样，别针的制造分为 18 种操作。有些工厂，这 18 种操作，分由 18 个专门工人担任。固然，有时一人也兼任二三种操作。我见过一个这种小工厂，只雇用 10 个工人……他们必要的机械设备虽很简陋，但如果他们勤勉努力，一天也能成针 12 磅，即 48000 枚别针。如果他们各自独立工作，不专习一种特殊业务，说不定一天连一枚别针也制造不出来。

资料来源：亚当·斯密.国富论：上卷[M].郭大力，王亚南，译.北京：商务印书馆，1983.

小思考 细密的专业化分工协作可能带来不利的影响吗？

其次是规模报酬不变，即产出增加的倍数等于生产要素增加的倍数。导致规模报酬不变的原因主要在于各种生产要素都得到了比较合理的使用，如果再增大规模就要受到技术条件的限制。规模报酬不变往往是从规模报酬递增到规模报酬递减的过渡阶段。

最后是规模报酬递减，即产出增加的倍数小于生产要素增加的倍数。企业的规模不是越大越好，当生产要素的增加受到技术条件的约束，受到管理水平和管理效率的限制时，只能导致效率的低下和产量的下降。

企业适度规模的大小取决于生产的特点，不同行业有不同的适度规模。一般情况下，对于那些使用大型专业化设备、技术复杂的重化工业、大型制造业，规模越大越好，小企业则不然。而轻工业和服务业规模可以小一些。当然，随着社会经济的发展，行业的适度规模问题也会发生变化。

我们可以利用扩展线来分析规模报酬问题，如图 4.7 所示。

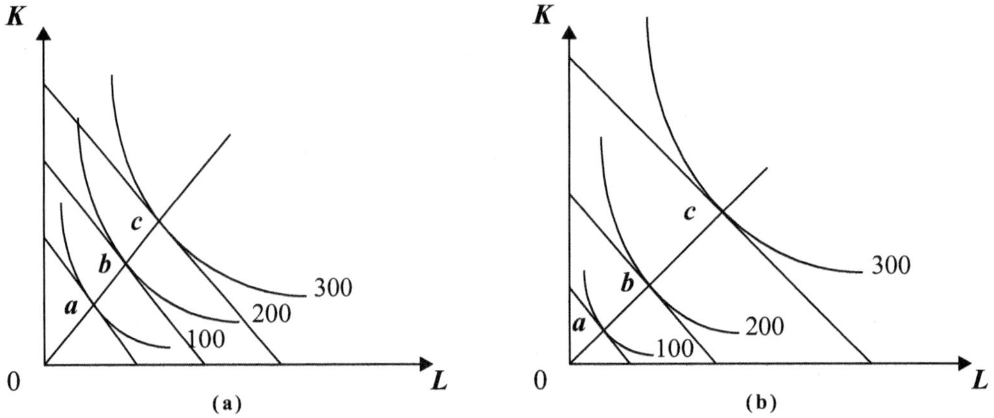

图 4.7 规模报酬

图 4.7 中有三条等产量曲线，分别代表的产出量为 100，200 和 300。这三条等产量曲线又各自与三条等成本线相切于 *a*、*b* 和 *c*。图 4.7（a）表示的是规模报酬不变的情况，因为等产量曲线之间的距离相等，即 *oa*、*ab* 与 *bc* 彼此相等，投入要素增加的倍数与产量增加的倍数相同，均为一倍。图 4.7（b）表示的是规模报酬递减，投入要素增加的倍数超过了产量增加的倍数，*oa*、*ab* 与 *bc* 的距离是递增的。同理，如果 *oa*、*ab* 与 *bc* 的距离是递减的，则表示规模报酬递增。

与规模报酬联系在一起的概念是规模经济。规模经济指由于生产规模扩大而导致企业的平均成本下降。当然规模报酬递增属于规模经济，但仅仅是规模经济的一种特殊情况而已。规模经济还包含对可变技术系数的生产函数的分析，而这一点对现实更具有普遍的意义。

规模经济又有内在规模经济与外在规模经济之分。内在规模经济即内在经济，指厂商自身规模扩大后所引起的收益的增加。具体地说，企业在自身规模扩大后能够利用很多有利的因素和条件来降低生产成本，这些因素包括专业化的分工协作、管理成本的降低、采用大型专业化的机器设备、副产品的开发等；外在规模经济又被称为外在经济，指整个行业规模扩大给企业带来的利益的增加。行业的扩大促使行业内更精细的分工，专业化的劳务市场、能源供给和运输的改善、行业内的信息服务等都会提高企业的生产效率。

钢铁工业是比较典型的规模经济，根据统计分析，年产 100 万吨钢的钢铁厂，其单位成本设为 100，那么将生产规模扩大到 200 万吨时，单位成本就降为 87.7，达到 300 万吨时为 81.3，达到 500 万吨时为 73.5，达到 1000 万吨为 64.5，达到 1100 万吨时为 64.3。因此，钢铁厂在年产 1000 万吨左右时才能把大部分规模经济的利益都加以利用。

与规模经济相对应的则是规模不经济，指由于生产规模的扩大而导致企业的平均成本上升。首先，过大的规模会导致企业管理成本的上升。尽管我们常说“一头羊也是放，一群羊也是放”，但这一群羊的数量还是有讲究的，数量太大的一群羊如果只有一人来放的话，必然是羊的丢失；其次，在过细的分工链中只要某一环节出现问题就会影响整体的效率，同时，过细的分工也会使操作者对工作感到枯燥、乏味等。规模报酬递减当属规模不经济。同样，规模不经济是内在规模不经济和外在规模不经济的结果。

专栏 4-4 小的也是美好的

香港有一家皮鞋作坊，父子俩经营，厂店合一，手工定做皮鞋。他们制作的皮鞋极为精致，根据每个人的脚形制作，穿着非常舒适。皮鞋的价格和名气都远远超过某些世界名牌。李嘉诚、金庸这些名人都穿这家店的鞋。类似这样的鞋厂，世界上还不少，如伦敦的 Lobb。即使制鞋大国意大利，60% 的名牌鞋都出自小厂，80% 的这种小厂的工人在 20 人以下。

资料来源：梁小民 . 写给企业家的经济学 [M]. 北京：中信出版社，2006.

小思考 这样的企业有必要成为鞋业老大吗？

最后回到机器替代人工的问题上，你能从投入产出的技术效率方面说明机器替代人值得还是不值得呢？

第四节 成本理论

王先生拥有一套沿街的房产，看着这条街上别人的生意还比较红火，他决定拿出一间开设自己的小卖部，自己既是老板又是伙计。做这样的决定缘于几方面的思考：房子是自己现成的，用不着花钱去租别人的房子，省下了房租；自己经营，省下了雇用劳动力的工资支出。

两年下来，王先生自认为干得还不错，赚了 10 万元。这笔账是这样算出来的：购买货物的支出、上缴政府的税金、简单装修店面、货架冰柜等花费了 8 万元，总收益为 18 万元，18 万元减去 8 万元则是赢得的利润。

对于这个计算结果可能经济学家并不认可。那成本到底是什么呢？对企业来说在关注投入产出的同时还要考虑哪些问题呢？

前面我们涉及的生产函数所考虑的是投入和产出数量之间的关系，那是从生产技术的层面来说明问题。机器替代人工到底值得吗？除了技术效率以外，我们还必须对投入和产出的经济效率进行研究，那就是成本和收益的关系。

一、成本的类型

成本指厂商在生产过程中的全部费用支出。从生产要素所有者的角度出发，成本表现为要素所有者提供要素参与生产后得到的报酬，包括工人的工资、资本的利息、土地所有者的地租和企业家才能的报酬等。

由于资源的稀缺性和多用途性，经济学意义上的成本均应理解为机会成本，所以从经济学的研究角度来看，主要关注的成本是机会成本。机会成本是指把既定资源用于生产某种产品时所放弃的另一种最大的收入。显然，机会成本的重要性并不体现在实际发生的费用方面，而是一种看不见的代价和损失。机会成本又可分为显性成本和隐性成本。

显性成本指厂商为购买各种生产要素而支付的费用。这些费用都由专门的会计人员登记在账目上，因此显性成本又称为会计成本，它是财务会计人员最为重视的成本。

隐性成本是厂商自己拥有的生产要素的机会成本。因为这些生产要素是厂商自己的，所以用不着以货币的形式进行支付，也就自然不表现在财务帐目上。

小思考 从经济学的角度分析，王先生经营小卖部的利润到底应如何计算？

显然，厂商在进行经济决策时必须考虑显性成本，更不能忽视隐性成本。

对于经济学而言，在理解成本的涵义时千万不能与财务会计上的成本相混淆。会计师衡量的是显性成本，他的工作是记录流入和流出企业的货币。为此，我们把总收益与显性成本的差额称为会计利润，而经济利润则还要在会计利润的基础上减去隐性成本。显然，会计利润超过了经济利润。

二、短期总成本

我们知道，短期内某些生产要素是固定不变的，可变的仅仅是一部分生产要素。与此相对应，厂商对固定要素的投入支付为固定成本或不变成本，对可变要素的投入支付为可变成本。由此，厂商在短期内的总成本由固定成本和可变成本两部分组成。

总成本（*TC*）是指厂商在生产规模不变条件下生产一定量产出所需的最低成本的总额，它由固定成本和可变成本两部分组成。

总固定成本（*TFC*）是厂商在短期内对固定不变的生产要素进行的支付，它不随产量的变动而变动，属于既定生产规模下的固定费用。企业一旦建立，不管是否开工，都有一些成本的支出，如厂房、机器设备、设备折旧、税金、行政开支等，这些成本与产量没有关系，为固定不变的。

总可变成本（*TVC*）指厂商在短期内为可变的生产要素进行的支付，它随着产量的变动而变动，是产量的函数，如原材料、辅助材料、劳动力的投入等。

$$TC = TFC + TVC \tag{4.11}$$

$$TC = a + f(Q) \tag{4.12}$$

在总成本函数中，a 表示固定成本，与产量无关；$f(Q)$ 表示可变成本，是产量的函数。

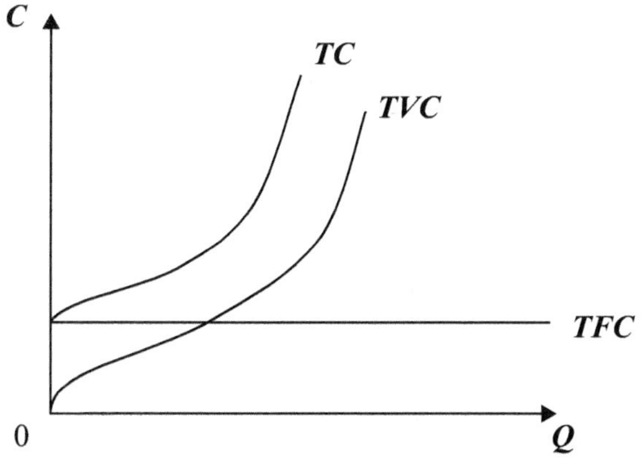

图 4.8 总固定成本、总可变成本和总成本曲线

图 4.8 显示了总固定成本、总可变成本和总成本之间的关系。总固定成本不随着产量的变动而变动，所以总固定成本曲线是一条水平线。总可变成本随着产量的增加逐渐增加，总成本曲线的形状与总可变成本曲线的形状相同，只不过是把总可变成本曲线向上平移总固定成本的距离而已。从图上可以看出，假定生产要素价格不变，*TVC* 和 *TC* 的变化都遵循边际收益递减规律。

前述的边际收益递减规律在短期成本理论中可表达为边际成本递增规律。即在其他条件不变的前提下，随着一种可变要素投入量的连续增加，开始边际成本是递减的。但当可变要素与固定要素的比例超过最优点后，生产效率下降，边际成本递增。

三、短期平均成本和边际成本

短期内存在着三种平均成本，即平均固定成本、平均可变成本和平均总成本。平均固定成本（*AFC*）为每单位产品所摊付的总固定成本，其公式可表示为：

$$AFC=\frac{TFC}{Q} \tag{4.13}$$

因为 *TFC* 为一常量，所以 *AFC* 随着产量的增加不断降低。

平均可变成本（*AVC*）为每单位产品所摊付的可变成本，其公式为：

$$AVC=\frac{TVC}{Q} \tag{4.14}$$

TVC 随着产量的增加而增加，因此，*AVC* 也随之呈现出一种有规律的走势。随着产量的不断增加，*AVC* 开始逐步下降，在达到最小成本组合时，*AVC* 达到其最低值。超越最小成本组合以后，*AVC* 又重新开始上升。显然，这种先降后升的“U”型特征是由边际收益递减规律或边际成本递增规律所决定的。

平均成本（*AC*）是平均固定成本和平均可变成本之和，即：

$$AC=\frac{TC}{Q}=\frac{TFC}{Q}+\frac{TVC}{Q}=AFC+AVC \tag{4.15}$$

AC 的形状受 *AVC* 的影响，相当于在每一单位产量水平上把 *AVC* 向上平移 *AFC* 的距离。

边际成本（*MC*）指增加一单位产量所引起的总成本的增量。

$$MC=\frac{\Delta TC}{\Delta Q}=\frac{\mathrm{d}TC}{\mathrm{d}Q} \tag{4.16}$$

由于在短期 *TFC* 不变，因此 *MC* 的变动受 *TVC* 的变动影响，可以表达为：

$$MC=\frac{\Delta TVC}{\Delta Q}=\frac{dTVC}{dQ} \tag{4.17}$$

MC 曲线的形状同样遵循边际收益递减规律，呈“U”型。

图 4.9 显示了 *AC*、*AVC*、*AFC*、*MC* 曲线及其相互之间的关系。当 *MC* 大于 *AC* 时，*AC* 上升，当 *MC* 小于 *AC* 时，*AC* 下降，所以 *MC* 穿越 *AC* 的最低点。至于总量、平均量和边际量之间的相互关系，与前面所述的原理一致，在此不再赘述。

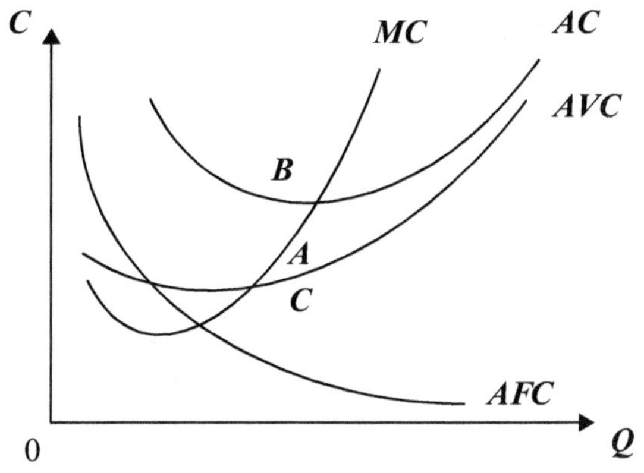

图 4.9 *AC*、*AVC*、*AFC*、*MC* 曲线

四、长期成本分析

在长期，厂商可以改变所有的生产要素。因此，长期成本有长期总成本、长期平均成本和长期边际成本，没有固定成本与可变成本之分。

长期总成本（*LTC*）是长期中生产某一产量所支付的最低成本总额。它是产量的函数，随着产量的增加，先以递减的速度增加，到达一定点后以递增的速度增加。长期总成本曲线是短期总成本曲线的包络线，与每一条短期总成本曲线相切，如图 4.10 所示。

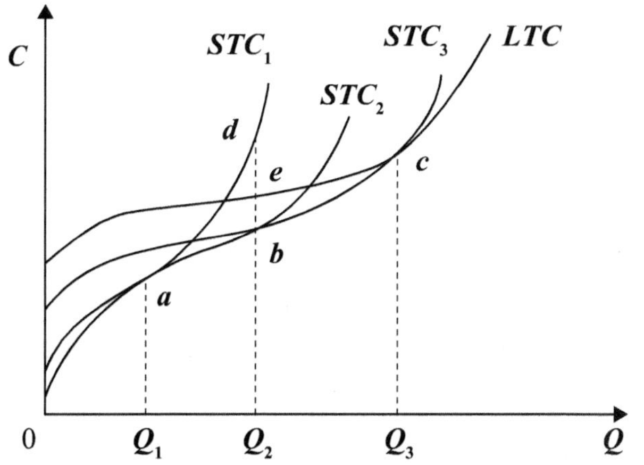

图 4.10 长期成本曲线

短期内由于厂商来不及变动所有的生产要素，因此既定的规模不能保证产量处于最低的成本。长期厂商有足够的时间改变所有的要素达到任一产量下的最小成本。

长期平均成本（LAC）是长期中单位产品的成本。其表达式为：

$$LAC=\frac{LTC}{Q} \tag{4.18}$$

长期平均成本的推导与长期总成本的推导相类似，也与短期平均成本密切相关。图 4.11 显示了长期平均成本与短期平均成本之间的关系。假设在短期厂商可以选择任一既定的生产规模来进行生产，SAC_1、SAC_2、SAC_3 分别为厂商可能选择的三种不同规模的短期平均成本曲线，SAC_1 为规模最小的生产，SAC_2、SAC_3 则表示规模逐渐扩大的生产。如果厂商计划生产的产量小于 Q_1，企业就应该选择第一种生产规模；如果其计划的产量介于 Q_1 和 Q_2 之间，企业就选择第二种生产规模；如果产量要大于 Q_2，则第三种规模的生产是最优的。但由于短期生产规模既定，所以厂商并不能保证产量都对应于最低的成本投入。例如产量在 Q_1 和 Q_2 之间，如果厂商既定的生产规模为 SAC_1，那么产量的平均成本投入将非常大。

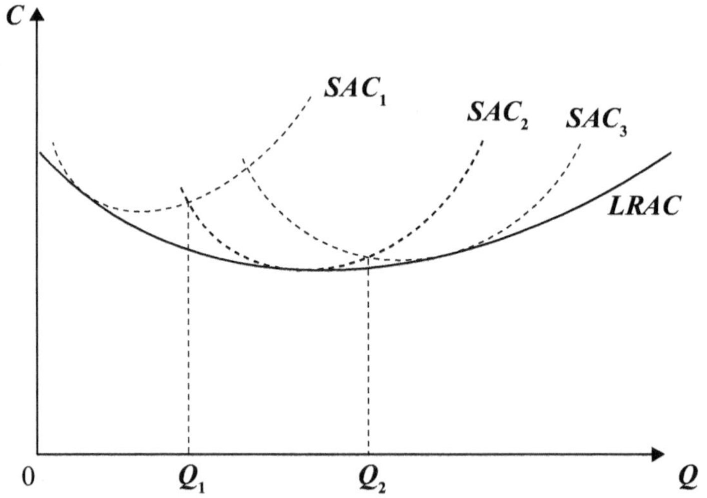

图 4.11 长期平均成本与短期平均成本的关系

对厂商而言，在长期有足够的时间对生产要素进行调整，即对应于每一产量都能调整到最优的生产规模，因此，长期平均成本曲线是短期平均成本曲线最低段的连线。理论上假设在短期中厂商的短期平均成本曲线有无数条，即生产规模可以被无限细分，那么，长期平均成本曲线就表现为一条平滑的，先降后升呈“U”形的曲线。

长期平均成本曲线是短期平均成本曲线的包络线，与短期平均成本曲线相切。但要注意的是长期平均成本曲线并不是短期平均成本曲线最低点的连线，而是短期平均成本最低段的连线。

LAC 呈“U”型的原因在于长期中存在着规模经济与规模不经济。初始规模的扩大导致规模经济，企业平均成本下降，当规模超过一定程度后，处于规模不经济状态，企业的平均成本上升。

在现实中，某些行业可能在规模经济和规模不经济之间存在一段平均成本不变的稳定阶段，这一稳定阶段被称为规模收益不变，用图形表达的 *LAC* 则呈“L”型。

小思考 长期平均成本曲线是短期平均成本曲线最低点的连线吗?

长期边际成本（*LMC*）是长期总成本的变动量。

$$LMC=\frac{\Delta LTC}{\Delta Q}=\frac{\mathrm{d}LTC}{\mathrm{d}Q} \tag{4.19}$$

LMC 是 *LTC* 曲线的斜率，因此长期边际成本曲线可以从长期总成本曲线中推导出来。同时长期边际成本曲线又可从短期边际成本曲线中得以推导，如图 4.12 所示。

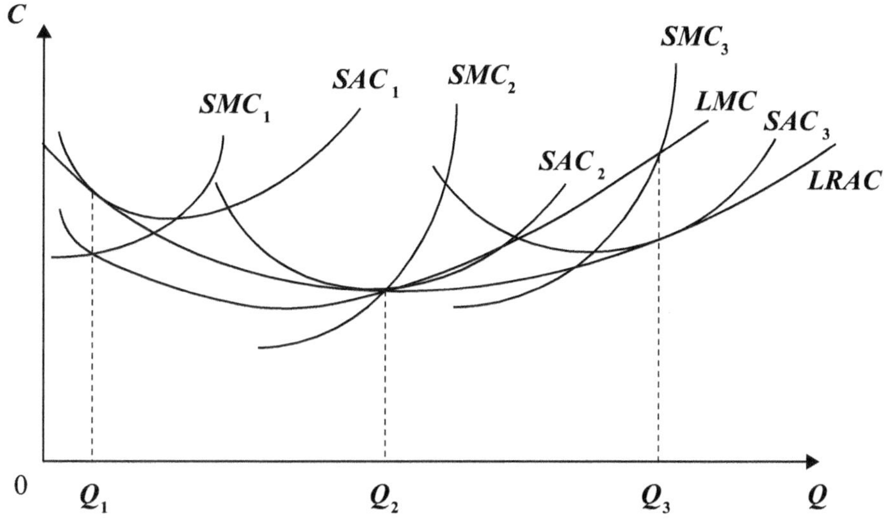

图 4.12 边际成本曲线的推导

至于 *LMC* 和 *LAC* 之间的关系，与 *SMC* 和 *SAC* 之间的关系相同。当 *LMC*>*LAC* 时，*LAC* 上升；当 *LMC*<*LAC* 时，*LAC* 下降，所以，*LMC* 必然穿越 *LAC* 的最低点。

专栏 4-5 索尼使用成本曲线确定收音机价格

索尼创立于 1945 年，其第一种产品为电饭锅。不久，两位年轻企业家盛田昭夫和井深大决定集中生产电子设备，他们的第一款比较成功的电子产品是录音机。

1953 年，索尼开发出了一种袖珍式收音机，这种收音机的体积小于同时期所有的同类产品。盛田昭夫希望说服一家美国商店经销索尼的收音机。盛田提出以 29.95 美元的价格销售给该商店 5000 台收音机。如果商店需要更多的收音机，则价格将会有所调整。盛田后来这样描述：我坐下来，画了一条有点斜的 U 型曲线。5000 台的价格将是我们的正常价格，这一情况对应于曲线的左半边某点；如果销售量为 10000 台，价格将会降低，这一情况对应于曲线的底部；而如果为 30000 台，则价格会上升；为 50000 台时，价格将高于 5000 台的价格；如果为 100000 台，价格将远远高于 5000 台的价格。

为什么盛田提出的价格与产量的关系会是 U 型呢？因为索尼生产收音机的平均成本曲线也是 U 型的。

从这个故事中你看到了什么？

资料来源：哈伯德，奥布赖恩．经济学 [M]. 张军，罗汉，译．北京：机械工业出版社，2007.

五、收益和利润最大化原则

收益指厂商生产产品和劳务所获得的收入，有总收益、平均收益和边际收益之分。

总收益（TR）为厂商出售一定量产品所得到的总收入。平均收益（AR）是厂商出售单位产品的收入，即产品的价格。边际收益（MR）是增加一单位产量所引起的总收益的增量。它们可分别表达为：

$$TR = P \times Q \tag{4.20}$$

$$AR = \frac{TR}{Q} = P \tag{4.21}$$

$$MR = \frac{\Delta TR}{\Delta Q} = \frac{\mathrm{d}TR}{\mathrm{d}Q} \tag{4.22}$$

我们知道，经济学假设理性的厂商追求的目标为利润最大化。利润最大化原则就是指厂商追求最大利润时要遵循的一般原则。

总利润是总收益和总成本的差额，要达到利润最大化就意味着厂商要力求使总收益和总成本之间的差额最大。

$$\pi = TR - TC \tag{4.23}$$

显然，总利润、总收益和总成本都是产量的函数。利润函数的极值点是其一阶导数为零，即：

$$\frac{d\pi}{dQ} = \frac{dTR}{dQ} - \frac{dTC}{dQ} = MR - MC \tag{4.24}$$

令（4.24）式为零，总利润达到最大，则有：

$$MR = MC \tag{4.25}$$

边际收益与边际成本相等即为利润最大化原则。假设 $MR > MC$，表明多生产一单位产品所增加的收益大于生产这一单位产品所耗费的成本，这时继续生产还有潜在的利润可以获得，对理性的厂商来说应继续进行生产，直至两者相等。反过来，假设 $MR < MC$，则表明多生产一单位产品所增加的收益小于生产这一单位产品所耗费的成本，这时厂商出现了亏损。为了减少亏损，厂商必定要减少生产，直至两者相等。因此，只有在 $MR = MC$ 时，厂商想得到的利润都得到了，生产达到了一种均衡状态。

总之，$MR = MC$ 既是利润最大化原则，同时又是亏损最小化原则。这一原则一直贯穿于学者们对厂商行为分析的始终。

专栏 4-6　小麦的生产函数

人们可以用不同的方式生产谷物，在美国的大型农场中，粮食的生产一般是资本密集型的，其中包含了大量的资本投资，如建筑物、设备等，还有少量的劳动投入。但是，粮食的生产也可以采用精耕细作的方式，用较少的资本、较多的人力来完成。描述农业生产过程的方式之一是用一条等产量曲线，描出生产出特定产量的投入组合。

图中的等产量线对应 13800 蒲式耳的小麦年产量，它与生产函数相关，利用这条等产量线，农场主可以决定在雇用劳动力和使用机器之间谁更合算。假设农场的经营状况目前处于 A 点，劳动投入 L 为 500 小时，资本投入 K 为 100 机时 / 年，农场主决定减少机器的使用时间。为了得到相同的年产量，他必须多投入 260 小时的劳动。

农场主的这个尝试使他逐步了解了小麦的生产函数的等产量线的形状，比较图中的 A 与 B，它们都位于等产量线上，农场主发现边际技术替代率为 0.04。这样的边际技术替代率使农场主知道了增加劳动投入与减少机器使用之间的权衡关系。因为边际技术替代率远小于 1，农场主明白当工人的工资等于机器运行的成本时，他将付出更多的资本。

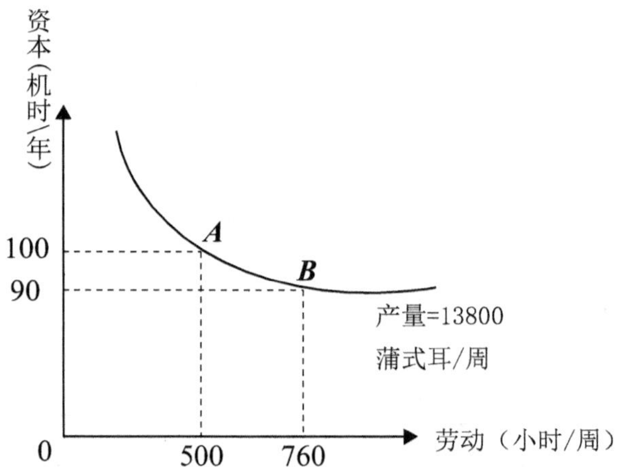

事实上，农场主知道，除非劳动的价格比机器单位时间的使用成本低廉得多，否则，他的生产方式应更趋向于资本密集型。

资料来源：平狄克，鲁宾费尔德．微观经济学[M]．张军，罗汉等，译．北京：中国人民大学出版社，1997.

小思考 你能从这个案例中分析机器替代人工的经济效率问题吗？除了考虑技术效率和经济效率以外，以机器替代人工还要考虑到哪些问题呢？

人物介绍

投入—产出分析之父

——瓦西里·里昂惕夫

瓦西里·里昂惕夫

瓦西里·里昂惕夫（1906—1999），俄裔美国著名经济学家，一生致力于投入—产出分析方法的发展，同时力图把这一分析工具广泛运用于实际经济问题。鉴于他在投入—产出分析方法领域中的杰出贡献，在1973年被瑞典皇家科学院授予诺贝尔经济学奖，认为他是“投入—产出分析方法独一无二的、无可匹敌的创造者”。

里昂惕夫1906年出生于俄国圣彼得堡，父亲是大学的经济学教授，母亲是一位艺术史学家。在父亲的影响下，里昂惕夫对经济学的兴趣与日俱增。15岁进入列宁格勒大学学习经济学和哲学社会学。18 岁获得了社会学硕士学位，并赢得了“优秀经济学家”的称号。在 1928 年以优异的成绩获得了经济学博士学位。1931 年里昂惕夫移居美国，真正开始了长达半个多世纪的对投入—产出模型进行长期研究的生涯。

1936 年，里昂惕夫的第一篇关于投入—产出分析的论文发表，在接下来的几年中，发表的论文越来越多，对投入—产出模型的制作也更趋完善。1948 年，里昂惕夫创立了专门研究投入—产出分析的哈佛经济研究会，并任会长。第二次世界大战后的里昂惕夫对投入—产出分析的发展和完善可谓全力以赴，取得了许多新的进展和成果。随着里昂惕夫在国际上的声誉于 20 世纪 60 年代后期逐渐被确立，诸多的荣誉也接踵而至。1970 年，里昂惕夫成为美国经济学会会长，到 1973 年前期，获得过无数个名誉学位和无数个奖项的里昂惕夫，唯独缺乏最具分量的诺贝尔经济学奖。里昂惕夫一生中最辉煌的时刻终于在 1973 年 10 月 18 日到来了，瑞典皇家科学院授予里昂惕夫教授 1973 年诺贝尔经济学奖，理由是投入—产出分析方法的发展，以及这一方法在重要的经济问题上的应用。据说早在 1971 年诺贝尔经济学奖公布的那一天，里昂惕夫在纽约的电梯里听说一位出生于俄国的哈佛经济学家被提名，就坚信奖项属于他自己，后来才得知是他的同事库兹涅茨。显然，里昂惕夫对投入—产出分析方法的理论和实际意义坚信不疑。

在哈佛大学执教期间，里昂惕夫先后培养了两位诺贝尔经济学奖得主：萨缪尔森和索洛。里昂惕夫在 80 岁高龄时还在纽约大学指导投入—产出分析的研究。

1999 年，毕生努力执着于投入—产出分析的里昂惕夫在纽约去世，一生发表论文约 200 余篇。

现代人口学的奠基人

—— 托马斯·罗伯特·马尔萨斯

托马斯·罗伯特·马尔萨斯

托马斯·罗伯特·马尔萨斯（1766—1834）是英国第一位政治经济学教授、英国著名的经济学家。

马尔萨斯出生于土地贵族家庭，他的父亲是哲学家。马尔萨斯年幼时在家接受教育。1784 年进入剑桥大学学习神学和哲学，在那里学习了许多课程，并且在辩论、拉丁文和希腊文课程中获奖。1791 年他获得硕士学位，并且在两年后当选为耶稣学院院士。1798 年加入教籍，任牧师。从 1805 年起一直在英国东印度海利贝里学院担任历史和经济学教授。他的学生亲切地称呼他为“人口”马尔萨斯。

马尔萨斯与李嘉图是同时代的人。由于所处的社会地位不同，他们的思想理论代表了不同阶级的利益，李嘉图是产业资产阶级的代言人，马尔萨斯是资产阶级化了的土地贵族的代言人。他们在经济学的所有问题上都是对立的，但他们的私人关系很好。他们之间的交往史，就是一部争论史。

马尔萨斯的主要著作有：1789 年的《人口原理》、1820 年的《政治经济学原理》、1823 年的《价值尺度》和 1827 年的《政治经济学定义》。

在《人口原理》中，马尔萨斯做出一个著名的预言：人口增长超越食物供应，会导致人均占有食物的减少。人口增长和物质资料增长的这种不平衡性不可能无限地发展下去，它会受到自然规律作用的限制，使它逐渐恢复平衡，但限制的结果不是罪恶就是贫困。马尔萨斯提出限制人口增长的两种方法：积极限制和预防的限制。前者就是对已经新增人口的限制，用战争、瘟疫、灾祸、城市污染等方法以达到大批人口的死亡目的。后者就是根据自己的经济情况，独身、晚婚、少生或不生。在两种方法中，马尔萨斯倾向于预防的限制。

马尔萨斯被视为现代人口学的奠基人。马尔萨斯宣称他的人口学原理不仅对人类，而是对所有物种普适的自然法则。

本章小结

本章分析决定和支配供给曲线的生产者行为理论。理性的生产者所遵循的是利润最大化原则。因为总利润是总收益和总成本的差额，而总成本又是生产者获得利润的关键所在，因此本章的主要篇幅是针对成本而言的，阐述的逻辑安排为对成本问题的分析，对收益方面的介绍，最后是利润最大化原则的推导。

本章对成本的分析基于两个层面：物质技术的层面和经济价值的层面。物质技术的层面涉及的是生产函数即投入和最大产出之间的关系，对生产者而言，如果在既定的投入下获得最大的产出则表明资源配置有效。对生产函数的分析有短期和长期之分。在短期内，生产者只能调整可变的生产要素，因此生产者要做出的决策是在其他要素不变的情况下，确定可变要素的最优投入范围。边际收益递减规律决定了产量曲线的性质，生产者可以从平均产量、边际产量和总产量的分析中得出最合适的可变要素投入区域。长期分析的目的在于寻找生产要素投入的最优组合，当生产要素之间可以相互替代时，在等产量曲线和等成本线的切点为生产要素投入的最优组合点，此点表明既定成本下的最大产量或既定产量下的最小成本。当生产要素之间不能相互替代只能以同比例增加时,则有规模报酬递增、不变、递减3种情况，还存在规模经济、不经济等问题，不同的企业适度规模有差异。生产者不仅要考虑投入产出的数量关系，还要考虑投入产出的经济效率，此为成本和收益的关系。经济学的成本主要是机会成本，机会成本是显性成本和隐性成本之和。成本也有短期和长期之分，在短期成本分析中，边际收益递减规律转化为边际成本递增规律，短期总成本由短期固定成本与短期可变成本组成，短期平均成本由短期平均固定成本与短期平均可变成本组成。边际成本穿越平均成本的最低点。而长期成本则与短期成本密切联系在一起，可以从短期成本中推导出来。

总收益为价格和数量的乘积。利润最大化原则为边际收益与边际成本相等。

本章为厂商理论的建立奠定了基础。

本章重点：生产函数的内涵；短期、长期生产函数的相关规律；短期、长期成本的理解和计算；对利润最大化原则的理解。

本章难点：生产函数的内涵；规模报酬问题的分析；各种图形的理解。

参考文献

[1] 亚当・斯密．国民财富的性质和原因的研究 [M]．郭大力，王亚南，译．北京：商务印书馆，1981.

[2] 平狄克，鲁宾费尔德．微观经济学 [M]．张军，等，译．北京：中国人民大学出版社，1997.

[3] 宋承先．现代西方经济学：微观经济学 [M]．上海：复旦大学出版社，1994.

[4] 赵英军．西方经济学：微观部分 [M]．北京：机械工业出版社，2012.

[5] 蒋自强．简明西方经济学史 [M]．沈阳：辽宁人民出版社，1989.

[6] 梁小民．西方经济学教程 [M]．北京：中国统计出版社，1993.

[7] 张兵．与厂长经理谈微观经济学 [M]．上海：立信会计出版社，2002.

[8] 熊诗平，徐边．经济学家之路：第六辑 [M]．上海：上海财经大学出版社，2007.

[9] 梁小民．写给企业家的经济学 [M]．北京：中信出版社，2006.

练　　习

一、名词解释

生产函数　边际产量　边际收益递减规律　等产量曲线　边际技术替代率递减规律　等成本线　规模报酬　规模经济　显性成本　隐性成本　正常利润　固定成本　可变成本　边际成本

二、选择题

1．下面哪个最有可能是厂商选择的短期调整　（　）

A. 建立新工厂

B. 雇用更多的工人

C. 扩大工厂的规模

D. 关闭生产设备

2．如果连续地增加某种生产要素，在总产量达到最大值时，边际产量与（　）相交

A. 平均产量曲线

B. 纵轴

C. 横轴

D. 总产量曲线

3．在总产量、平均产量和边际产量的变化过程中，下列何者首先发生　（　）

A. 边际产量下降

B. 平均产量下降

C. 总产量下降

D. B 和 C

4．边际收益递减规律发生作用的前提条件是　（　）

A. 连续地投入某种生产要素而保持其他生产要素不变

B. 生产技术不变

C. 按比例同时增加各种生产要素

D. A 和 B

5．等产量线　（　）

A. 说明了为生产一个给定的产量而可能的各种投入要素的组合

B. 除非得到了所有要素的价格，否则不能画出该曲线

C. 表明了投入与产出的关系

D. 表示了无论投入数量怎样变化，产量都是一定的

6．某厂商每年从企业的总收入中取出一部分作为自己所提供的生产要素的报酬，这部分资产被视为　（　）

A. 经济利润

B. 会计利润

C. 显性成本

D. 隐性成本

7．等产量线上某一点的切线的斜率等于　（　）

A. 预算线的斜率

B. 等成本线的斜率

C. 边际技术替代率

D. 边际报酬

8．若厂商增加使用一个单位劳动，减少两个单位的资本，仍能生产相同产量，则 $MRTS_{LK}$ 是　（　）

A. 1 / 2

B. 2

C. 1

D. 4

9．当产量增加时，*LAC*下降，这是由于（　）

A. 规模报酬递增

B. 规模报酬递减

C. 边际报酬递增

D. 边际报酬递减

10. 等成本线向外平行移动表明（　）

A. 产量提高了

B. 成本增加了

C. 生产要素价格按相同的比例上升了

D. 以上都正确

11. 等成本曲线绕着它与纵轴（Y轴）的交点向外移动意味着（　）

A. 生产要素Y的价格下降了

B. 生产要素X的价格上升了

C. 生产要素X的价格下降了

D. 上述说法都不正确

12. 在以横轴表示生产要素X，纵轴表示生产要素Y的坐标系中，等成本曲线的斜率等于2，这表明（　）

A. $P_X / P_Y = 2$

B. $Q_X / Q_Y = 2$

C. $P_Y / P_X = 2$

D. 上述都不正确

13. 已知等成本曲线与等产量曲线既不相交也不相切，此时，要达到等产量线所表示的产出水平，应该（　）

A. 增加投入

B. 保持原投入不变

C. 减少投入

D. 或A或B

14. 对边际产量的理解不正确的是（　）

A. 每增加一单位可变要素投入引起的总产量的增量

B. 最后增加的那一单位可变要素投入量所贡献的总产量

C. 投入一定数量的可变要素所获得的总产量

D. 数学表达式可为 $MP_L = \dfrac{\Delta TP}{\Delta L}$

15. 下面关于边际成本和平均成本的说法中正确的是（　）

A. 如果平均成本上升，边际成本可能上升或下降

B. 在边际成本曲线的最低点，边际成本等于平均成本

C. 如果边际成本上升，平均成本一定上升

D. 在平均成本曲线的最低点，边际成本等于平均成本

16. 已知某企业的短期生产函数为 $Q = 35L + 8L^2 - L^3$，则该企业处于合理投入区间的要素投入量最不可能是（　）

A. 5

B. 6

C. 7

D. 8

17. 已知某企业固定成本为10000元，平均成本为500元，平均可变成本为100元，企业现在的产量应该是（　）。

A. 100

B. 50

C. 25

D. 以上都不对

18. 当生产函数 $Q=f(L,K)$ 的 AP_L 为正且递减时，MP_L 可以是 ( )

A. 递减且为正

B. 递减且为负

C. 为零

D. 以上均正确

19. 对应于边际报酬递减阶段，STC 曲线 ( )

A. 以递增的速率上升

B. 以递增的速率下降

C. 以递减的速率下降

D. 以递减的速率上升

20. 短期内在每一产量上的 MC 值应该 ( )

A. 是该产量上的 TVC 曲线的斜率，但不是该产量上的 TC 曲线的斜率

B. 是该产量上的 TC 曲线的斜率，但不是该产量上的 TVC 曲线的斜率

C. 既是该产量上的 TC 曲线的斜率，又是该产量上的 TVC 曲线的斜率

D. 以上都不对

三、判断题

1. 正常利润是利润的一部分。 ( )
2. 随着生产技术水平的变化，生产函数也会发生变化。 ( )
3. 平均收益就是单位产品的价格。( )
4. 边际产量可由总产量线上的任一点的切线的斜率来表示。 ( )
5. 短期边际成本的变动取决于可变成本的变动。 ( )
6. 在一种可变投入的生产函数条件下，可变要素的合理投入阶段满足 $AP \geqslant MP \geqslant 0$。 ( )
7. 在规模报酬不变阶段，若劳动的使用量增加 10%，资本的使用量不变，则产出增加 10%。 ( )
8. 如果连续地增加某种生产要素的投入量，总产量将不断递增，边际产量开始时递增然后递减。 ( )
9. 只要总收益小于总成本，厂商就应该停止生产。 ( )
10. 只要边际产量减少，总产量一定也在减少。 ( )
11. 随着某生产要素投入量的增加，边际产量和平均产量增加到一定程度将同时趋于下降。
12. 边际产量线一定在平均产量线的最高点与它相交。 ( )
13. 会计利润可能小于经济利润。 ( )
14. 规模收益递减是边际收益递减造成的。 ( )
15. MC 曲线与 AC 曲线相交于 AC 曲线的最低点。 ( )
16. 在 LAC 曲线下降的阶段，LAC 曲线是 SAC 曲线最低点的连线。 ( )
17. 在 AC 曲线最低点的左侧，$MC > AC$，在其右侧，$MC < AC$。 ( )
18. 等成本曲线的斜率等于纵轴表示的生产要素 Y 的价格与横轴表示的生产要素 X 的价格之比。 ( )

19. 假如以生产要素 X 代替 Y 的边际技术替代率等于 3，这意味着这时增加 1 个单位 X 所增加的产量，等于减少 3 个单位 Y 所减少的产量。 （ ）

20. 已知产量为 8 个单位时，平均成本为 10 元，当产量增加到 9 个单位时，平均成本为 11 元，此时边际成本为 1 元。 （ ）

四、思考题

1．什么是等产量线？等产量线与无差异曲线在性质上有何异同？

2．简述在一种可变要素投入的生产函数下，短期生产的 3 个阶段，并说明厂商应如何确定可变要素的合理投入区域。

3．*SAC* 曲线与 *LAC* 曲线都呈 U 型特征。导致这一特征的原因相同吗？为什么？

4．说明利润最大化原则。

5．阐述导致规模经济和规模不经济的原因。

五、计算题

1．已知生产函数 $Q=-L^3+24L^2+240L$，求：在生产的 3 个阶段上，L 的投入量分别应为多少？

2．已知生产函数 $Q=KL-0.5L^2-0.32K^2$，若 $K=10$，求：

（1）劳动的平均产量函数和边际产量函数；

（2）分别计算当总产量、平均产量和边际产量达到极大值时，劳动的投入量；

（3）证明当 APL 达到极大值时，$AP_L=MP_L$。

3．已知某企业的生产函数为 $Q=L^{\frac{2}{3}}K^{\frac{1}{3}}$，劳动的价格 $w=2$，资本的价格 $r=1$。

（1）求当成本 $C=3000$ 时，企业实现最大产量时的 L、K 和 Q 的均衡值；

（2）求当产量 $Q=800$ 时，企业实现最小成本的 L、K 和 C 的均衡值。

4．已知某厂商的生产函数为 $Q=A^{\frac{1}{4}}L^{\frac{1}{4}}K^{\frac{1}{2}}$，各要素的价格分别为 $P_A=1$，$P_L=1$，$P_K=2$。假定厂商处于短期生产，且 $\overline{K}=16$。求：

（1）短期总成本函数和平均成本函数；

（2）短期总可变成本函数和平均可变成本函数；

（3）边际成本函数。

六、作图题

1．作图说明总产量、边际产量和平均产量之间的关系。

2．用图说明边际成本和平均成本之间的关系。

3．作图说明长期平均成本和短期平均成本之间的关系。

4．作图说明生产要素的最佳组合问题。

七、案例讨论

1．街边一些店铺总是打着“厂家为了回笼资金，现低价销售某某商品”的广告招揽顾客。一些店主也总是说“现在是亏本卖的”。如果这些商品真的低于成本价销售，他们这样做的原因是什么？

2．有的同学说，我不开车，近期也没有买车的计划，那么国际油价和钢材价格的上涨对我的生活就没有影响。试分析这位同学的想法对吗？

第五章 厂商均衡理论

张三和李四拥有各自的运输公司，在同一条线路上经营公路运输，每天运送着货物和旅客。两个公司各干各的，相安无事。

从两个公司的规模相比较，张三的实力比李四的实力雄厚得多。逐渐地，张三开始了新的盘算，萌发了独占公路运输的想法。于是张三首先降低票价，掀起了一场公路运输的价格战。李四无奈地跟着降价，张三又把价格往下打，李四也降……在如此反复的价格大战中，乘客获得了极大的利益，而两个运输公司却出现了亏损，实力较弱的李四更是负债累累。最后，李四宣告破产，张三成了这条公路上唯一的运输公司。

张三垄断了公路运输后，又逐渐把票价往上扬。尽管旅客对此非常不满，怨声载道，但又无可奈何，因为要出行只能坐张三的车，别无选择。就这样，张三获得了大量的垄断超额利润，成了当地的一个大富翁。

在现实经济生活中，企业都想成为张三这样的垄断者而获得高额的垄断利润。但垄断的形成是需要条件的，需具备哪些条件呢？如果不是垄断性企业，其行为特征又有怎样的表现呢？为什么有些企业真正把消费者奉为上帝，而有些企业则完全是一种皇帝女儿不愁嫁的态势呢？企业行为差异的原因在哪里呢？

本章就是研究不同市场结构下的厂商行为，是上一章的延续。企业根据生产技术的选择进行生产后，将面临不同的市场结构，市场结构决定着厂商的行为。

本章的基本概念：完全竞争　垄断竞争　垄断　自然垄断　价格歧视　寡头　卡特尔　占优均衡

本章的学习目标：熟练掌握各种市场结构的特征；理解厂商在不同的市场结构条件下，为达到利润最大化而进行的产量和价格决策；能从经济学的角度比较分析和评价不同的市场结构。

经济学根据竞争程度的强弱把市场结构分成两大类——完全竞争和不完全竞争，不完全竞争又可分为垄断竞争、寡头垄断和完全垄断。市场竞争程度的强弱受到许多因素的影响，主要包括：市场上或行业中厂商数目的多少；厂商所生产的产品的性质差别；厂商进出一个行业的难易程度；厂商和消费者对市场信息的了解程度。

完全竞争市场和完全垄断市场是两个极端的、高度抽象的市场结构，而垄断竞争市场和寡头垄断市场介于其中，是现实经济生活中常见的市场结构。下面我们将逐一对不同的市场结构进行介绍，探讨厂商在不同的市场结构条件下如何进行价格和产量的制定决策。

第一节　完全竞争市场

小江是广告专业的学生，这个未来的“广告人”对铺天盖地的广告饶有兴趣，平时大部分时间都在研究和思考各种广告。小江发现日用品广告和食品广告的投放比例比较大，而有些产品根本不做广告宣传，如鸡蛋、青菜等农产品。这是为什么呢？当然从做广告的角度考虑完全可以得出问题的答案，但如果从经济学的角度考虑则就没有那么简单了，因为涉及了市场结构中的完全竞争市场。

完全竞争市场是一种不存在任何垄断因素的，不受任何阻碍、干扰的市场结构。完全竞争市场是市场结构中的一个极端。

一、完全竞争市场的特征

完全竞争市场必须满足以下 4 个条件：

第一，市场上有数量众多的买者和卖者，而且每个卖者的规模都很小。由于单一的买者或卖者在整个市场的买卖中所占的份额非常小，因此他们都无法影响价格，只能是价格的接受者，接受由市场供求决定了的价格。

第二，厂商所生产的产品是高标准化的、同质的，不存在任何产品差别。或者说，完全竞争市场结构下的厂商生产的产品具有完全的替代性，所以单个厂商不存在任何操纵市场的能力。

第三，不存在任何行业壁垒，每一种生产资源具有完全的流动性，可以自由进出市场。厂商进出行业的成本低到可以忽略不计，没有任何法律或技术的障碍。只要这个行业有利润，别的厂商会迅速进入进行生产，分享利润，直到利润消失为止；反之，只要这个行业出现亏损，则行业内的厂商迅速退出，供给减少，直到亏损消失为止。

第四，买者和卖者具有完全的信息。每个经济活动的参与者对有关产品的一切信息了如指掌。

上述 4 个条件必须同时存在，否则就不是完全竞争。显然，在现实中条件如此苛刻的市场并不存在，它只是一种高度抽象的市场模式。但完全竞争市场能帮助我们判断资源配置的效率，同时我们也可以通过这一极端的市场结构了解市场机制运行的规律，成为理解其他类型市场的基础。在一般情况下，经济学把农产品市场如蔬菜、小麦、水果等市场看成是近似的完全竞争市场。

小思考 完全竞争市场条件下的厂商需要进行广告宣传吗？为什么？

二、完全竞争条件下的厂商均衡

在完全竞争市场条件下的单个厂商是价格的接受者，他没有任何操纵市场的能力。因此在完全竞争市场上，厂商面对的需求曲线呈水平线，水平线的高低由市场均衡价格的高低决定，意味着厂商接受由市场供求决定的产品价格，同时在这一既定的价格水平下，厂商可以出售任何数量的产品而不影响价格。

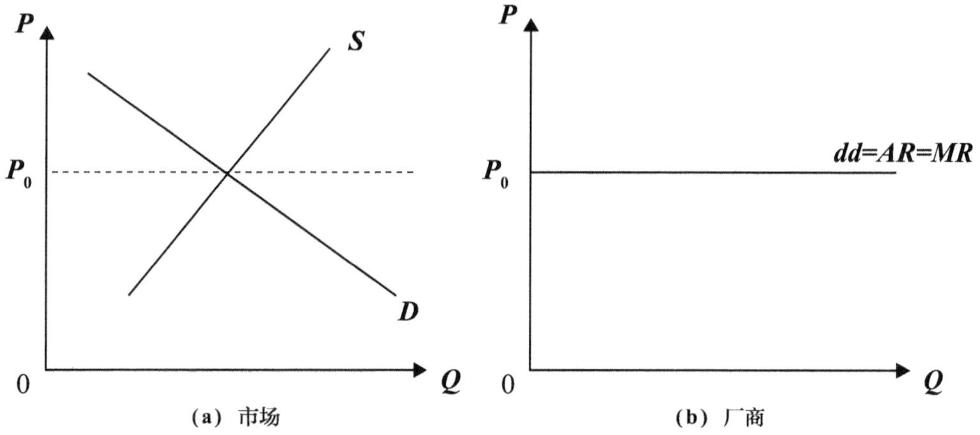

图 5.1 完全竞争的行业和厂商的需求曲线

图 5.1 显示了完全竞争的厂商如何接受一个既定的产品价格。图 5.1（a）为市场或行业的产品供求情况，市场供求决定了 P_0 是均衡价格。图 5.1（b）则为单个厂商面对的需求曲线。厂商接受由市场供求决定了的价格 P_0，若高于这个价格，由于其产品与其他厂商的产品没有任何差别，所以无人会购买，最终销售量为零；当然生产者也没有必要把价格降到 P_0 以下，因为在 P_0 市场处于均衡状态，意味着厂商可以卖出所有的产品。由于在完全竞争条件下，单个厂商的产量不影响产品的市场价格，所以产品的边际收益和平均收益都恒等于市场价格，需求曲线与边际收益线、平均收益线重叠。三线合一且为水平状是完全竞争市场与其他类型的市场从图形来看的最关键区别。

（一）厂商的短期均衡

尽管完全竞争厂商对产品价格无可奈何，没有任何操纵能力，但能对产品的数量做出最有利的决策。如前所述，厂商遵循利润最大化原则来确定其应该生产的产量。因为在短期厂商只能调整可变投入的要素量，来不及调整固定要素的投入量，所以，厂商在短期的均衡可能出现下面几种情况：

第一，存在经济利润或超额利润。如图 5.2 所示，厂商以 $MR=MC$ 这一利润最大化原则确定的 A 点来生产 Q_0，价格为 P_0，平均成本为由 B 点决定的 P_1，厂商在短期内获得的总收益为 OQ_0AP_0 的面积，总成本为 OQ_0BP_1 的面积，经济利润为总收益和总成本的差额，为 P_0ABP_1 的面积。显然，在价格既定的前提下，厂商生产产品的平均成本越低，经济利润就越丰厚。

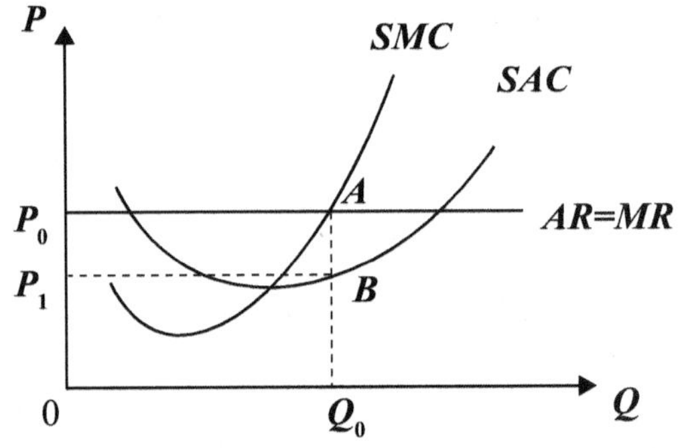

图 5.2 完全竞争厂商的短期均衡：超额利润

第二，既不存在亏损，也不存在经济利润，厂商只获得正常利润，图 5.3 显示了这种情形。为了追求利润最大化，厂商的产量为 Q_0，此时总收益与总成本相等，均为 OQ_0AP_0 的面积，经济利润或超额利润为零。

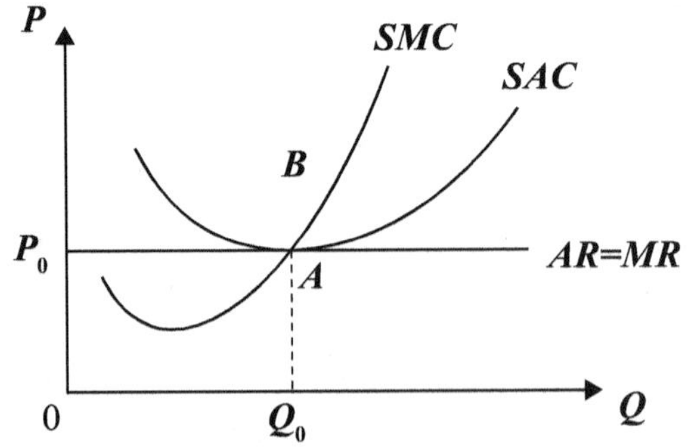

图 5.3 完全竞争厂商的短期均衡：正常利润

第三，虽然厂商有亏损，但还是选择继续生产下去。如图 5.4 所示，由于平均收益小于平均成本，所以厂商肯定是亏损的，但由于价格 P_0 高于平均可变成本 P_2，所以厂商的收益不仅能弥补可变成本，还可以弥补一部分固定成本，厂商应选择继续生产，其亏损最小化的产量为 OQ_0，亏损额为 P_1BAP_0 的面积。如果厂商选择停产，亏损额会更大，为 P_1BCP_2 的面积。

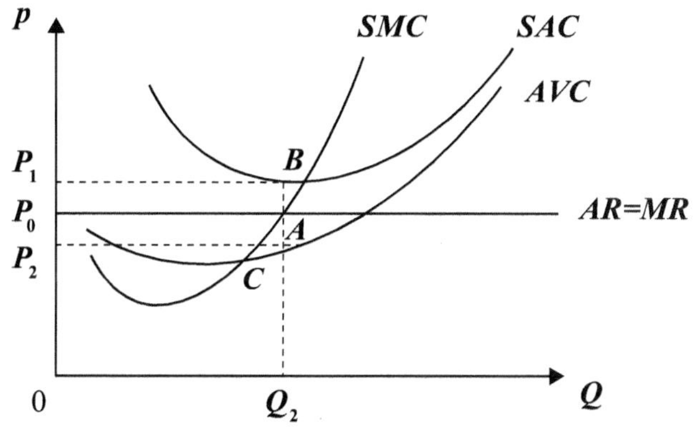

图 5.4 完全竞争厂商的短期均衡：亏损

第四，厂商有亏损，决定停止营业。当厂商有亏损且产品的价格等于或低于 *AVC* 时，厂商不仅损失了固定成本，连可变成本都弥补不了，此时厂商停止营业是理性的选择。因为停止营业对于厂商而言损失的仅仅是固定成本，如果继续生产下去则还要亏损一部分可变成本。

综上所述，在短期厂商的均衡条件为 $MR=MC$，即根据边际收益等于边际成本的利润最大化原则来确定均衡产量。应该说这个原则无论在何种市场结构中都适用于厂商。由于完全竞争市场的特殊性，因此，$MR=MC$ 可以表述为

$$P=MR=MC \text{ 或 } P=MC \tag{5.1}$$

小思考 在短期，完全竞争厂商获得利润的手段是什么？

（二）厂商的短期供给曲线

从完全竞争厂商的短期均衡条件 $P=MR=MC$ 中我们就可以得出厂商的短期供给曲线。所谓供给曲线指的是厂商在不同价格水平上愿意并能够提供的产品量。而在完全竞争条件下厂商愿意生产的产量由 $MR=MC$ 决定，价格与边际收益又相等，因此厂商的短期供给曲线就是它的短期边际成本曲线高于平均可变成本的部分。

如图 5.5 所示，如果产品的市场价格为 P_1，则利润最大化的产量为 Q_1，因为在这一产出水平，$P_1=MR_1=MC$。在 P_1 的时候如果产量大于或小于 Q_1，那么利润会有所下降。因此 P_1 与 Q_1 的组合点 *a* 为供给曲线上的一点。同样，如果价格降到 P_2，相应的最优产量应为 Q_2，在其他价格水平下依此类推。我们把不同价格水平下的最优产量点连起来的线就是供给曲线，它与厂商的边际成本曲线重合。*d* 点是平均可变成本的最低点，也是厂商的“停止营业点”或“关门点”，*d* 点以

下厂商不愿意进行生产，所以在短期厂商的供给曲线为 *AVC* 以上的 *MC* 曲线。

小思考 回忆需求曲线和哪条曲线重合？需求曲线的推导和供给曲线的推导过程有类似之处吗？

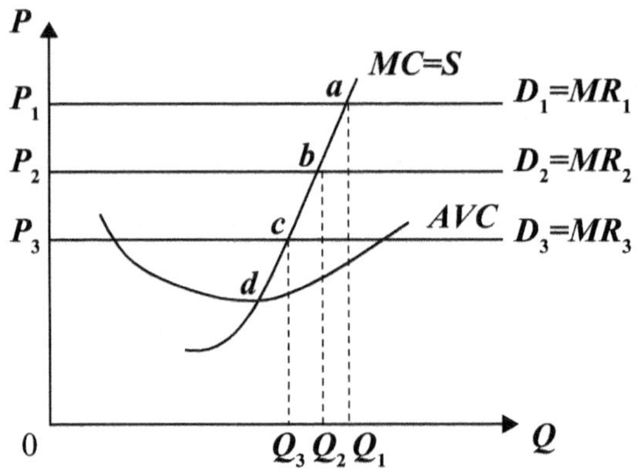

图 5.5 完全竞争厂商的短期供给曲线

显然，供给曲线是符合利润最大化的产量和价格的组合轨迹。在完全竞争条件下，厂商的短期供给曲线从左下方向右上方倾斜，价格和产量呈正向关系，这与 MC 曲线的变化轨迹相一致。但需注意的是，这两条曲线的经济学含义是不同的，不能因为它们的变化轨迹相同而混为一谈。

（三）厂商的长期均衡

由于完全竞争市场不存在任何阻碍，所有资源都能自由进出某一行业，且进出成本很低，因此如果行业内的完全竞争厂商可以获得超额利润的话，其他厂商就会把资源转移过来，进入该行业分享超额利润，同时对于行业内的某些厂商而言，在长期他们有足够的时间调整要素的投入，通过扩大生产规模以求得更多的超额利润。在其他条件不变的前提下，随着新厂商的加入和规模的扩大，整个行业的供给会增加，随着供给的增加，产品价格下降，直至单个厂商的超额利润消失为止，市场价格达到平均成本的最低点。反之，如果行业内的完全竞争厂商出现亏损，那么某些厂商会由于亏损而退出市场，某些厂商会减少生产，在其他条件不变的前提下，供给量的减少导致产品价格的上升，直至平均成本的最低点，即单个厂商的亏损消失为止。因此，完全竞争厂商长期均衡的条件为：

$$MR = LMC = LAC \tag{5.2}$$

图 5.6 显示了完全竞争厂商的长期均衡。当市场价格为 P_1 时，厂商有超额利润，新厂商进入、原有厂商扩张；反之，当市场价格为 P_2 时，厂商亏损。有些亏损的厂商减少产量，有些则退出该行业的生产。随着新厂商的进入、原先厂

商的扩张，随着该行业厂商的退出或缩减生产，价格最终由于供给量的增减而到达 P_0。此时，厂商既没有超额利润也没有亏损，只获得正常利润。

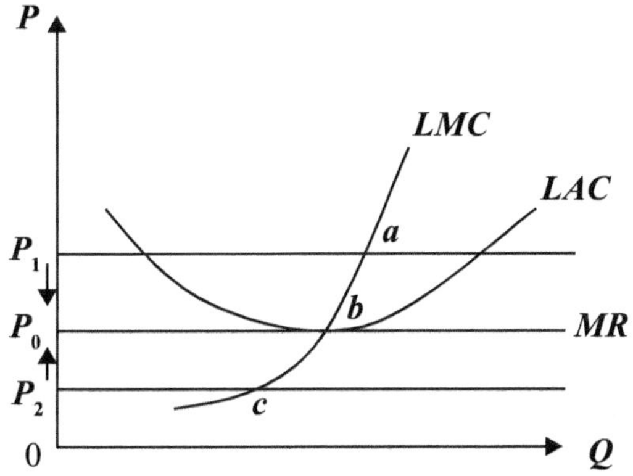

图 5.6 完全竞争厂商的长期均衡

（四）行业的长期供给曲线

我们知道，厂商的短期供给曲线是其短期边际成本曲线大于 *AVC* 的部分，而行业的短期供给曲线则是单个厂商供给曲线的加总。长期就复杂多了，因为在长期内，完全竞争厂商可以根据价格的变化、赢利的状况自由进出市场，所以不可能进行供给曲线的加总。

长期均衡是指行业内的所有企业只获得正常利润，不存在超额利润也不存在亏损的状态，长期均衡时的价格为平均成本的最低点。这种均衡状态会由于整个市场需求的变动而被打破。我们假设由于人们的收入水平提高了，对产品的需求上升，导致均衡价格上扬，如此，行业内的企业又有利可图，自然吸引其他行业的厂商进入，供给量增加，价格下跌，再次恢复到长期均衡状态。因此，行业长期供给曲线为行业长期均衡点的轨迹。

当整个行业的产量由于厂商的进出发生变动时，行业中厂商的长期平均成本曲线会受其影响。根据行业变动时对行业成本的影响，我们可以把行业划分为成本递增行业、成本不变行业和成本递减行业。

第一，成本递增行业的长期供给曲线。

成本递增行业指当整个行业的产量扩大后，产品的平均成本会上升的行业。成本上涨可以由多种因素引起，如新厂商的进入造成生产要素的短缺，从而生产要素的价格上升等等。成本递增行业的长期供给曲线是一条随着产量的增加逐渐向右上方倾斜的曲线。图 5.7 说明了这种情况。

从图 5.7（a）可知，市场原先的均衡点在 *a* 点，P_1 和 Q_1 分别为原先的均衡价格和均衡产量，此时行业内的厂商经济利润为零。现假设市场需求由于人们的收入提高而增加了，需求曲线从 D_1 向右上方移到了 D_2，产品的市场价格也随之

提高到了 P_2。市场价格的提高使得完全竞争厂商又能获得超额利润，从而吸引着新厂商的进入，整个行业扩张。由于这是成本递增行业，所以致使图 5.7（b）的厂商平均成本曲线的上移。行业产量的增加使市场的供给曲线从 S_1 向右下方移至 S_2，在 b 点达到新的均衡，厂商只能得到正常利润。a、b 两点的连线即为长期供给曲线，显然，长期供给曲线是厂商长期平均成本最低点的轨迹。

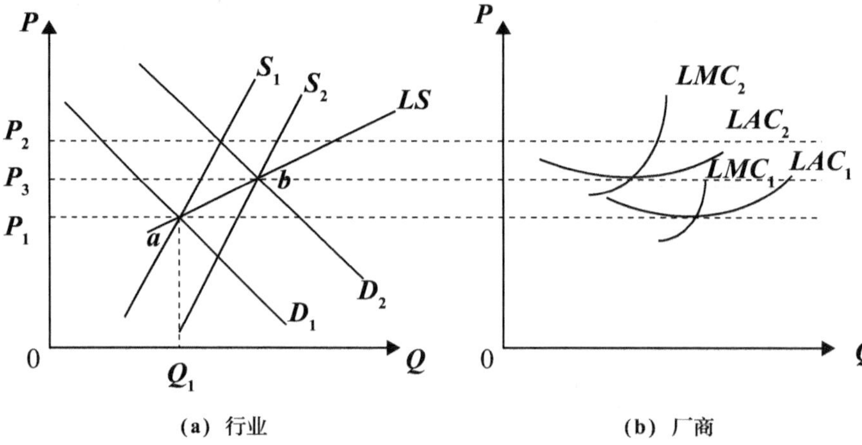

图 5.7 成本递增行业的长期供给曲线

第二，成本递减行业的长期供给曲线。

成本递减行业与成本递增行业相反，当行业的产量提高时，生产要素的价格下降，从而导致产品成本的下降。成本递减行业的长期供给曲线是一条随着产量的增加逐渐向右下方倾斜的曲线。见图 5.8，其具体的形成过程与成本递增行业正好相反。

第三，成本不变行业的长期供给曲线。

成本不变行业指行业的产量增加时，生产要素价格不变。行业内厂商的平均成本曲线并不随着行业产量的变化而移动。成本不变行业的长期供给曲线则为一条水平线，如图 5.9 所示。

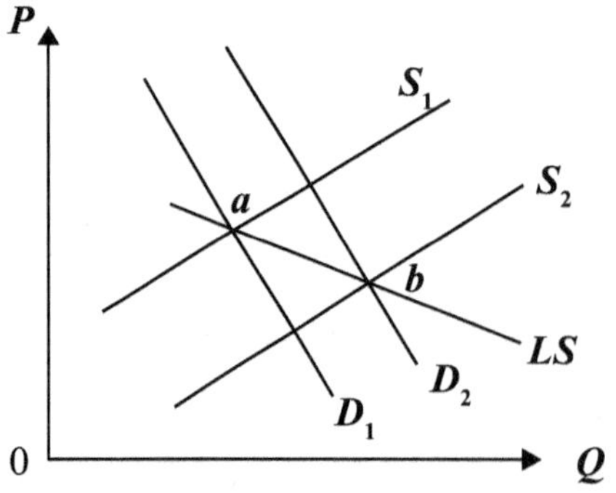

图 5.8 成本递减行业的长期供给曲线

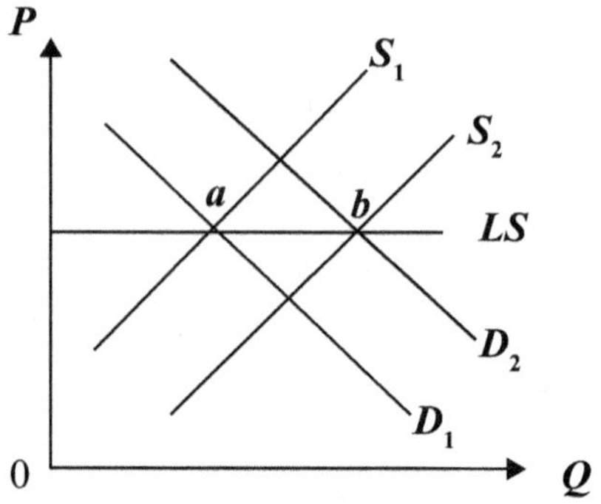

图 5.9 成本不变行业的长期供给曲线

三、对完全竞争市场的评价

从经济学的角度而言，完全竞争市场是最理想的市场结构，因为在这个市场结构下市场机制的作用发挥得最为充分，所以完全竞争市场具有最高的经济效率。

（一）完全竞争厂商按 $P=MC$ 进行生产使资源能够得到最优的配置

当价格高于边际成本时，意味着消费者为增加一单位产品消费愿意增加的支出大于生产者为增加一单位产品生产而增加的成本，消费者愿意支付的费用取决于消费单位产品而带来的效用，因此，价格大于边际成本就表明增加生产给消费者带来的收益大于生产单位产品的成本，厂商应该扩大产量。反之，厂商应该减少产量。只有价格和边际成本相等时，才达到竞争性均衡的效率。

（二）完全竞争厂商要降低成本才能增加利润

如前所述，完全竞争市场的厂商对产品的价格没有任何的操纵能力，只能接受由市场供求决定了的价格。因此，企业争取获得短期经济利润的唯一方法就是努力降低成本，成本的高低决定了厂商的命运。只有成本低的企业才能获得利润，才能继续生存下去。可以说“优胜劣汰”在完全竞争市场发挥得淋漓尽致。

（三）完全竞争厂商的长期均衡位于长期平均成本的最低点

完全竞争厂商的长期均衡位于长期平均成本的最低点，保证了整个行业能以成本最低的方式进行生产，保证了留存在完全竞争行业中的厂商都是最有效率的厂商。同时，对于消费者而言，所支付的价格也是最低的价格，无疑是最理想的情形。

当然，完全竞争市场也有不尽如人意的地方。第一，完全竞争市场与大规模经济不相宜，厂商的生产规模都很小，因此，厂商的研究开发创新能力缺少资金支持；第二，产品的高标准化导致产品品种过于单一，一方面不能满足消费者多层次、多样化的产品需求，另一方面也不利于厂商对新产品的开发。

专栏 5-1　洛克菲勒的故事

洛克菲勒是著名的美国石油大王。19 世纪 50 年代，洛克菲勒还是某商行的小职员。一次出差时，他与旅客在轮船上聊天，听说船上装着大量的火油。人们告诉他这批火油将在 X 城卸下，那里的居民正等着火油点灯。轮船快抵达某港口时，突然在海上爆炸了。死里逃生的旅客忙着日常生计时，洛克菲勒则租了一匹快马，长途跋涉来到了 X 城。

当时美国没有发电厂，也没有电话或电报，X 城无人知道轮船失事的消息。洛克菲勒走进一家杂货店，买下了全部库存火油，并对那里的老板说先存放在这里，两天之内来提货。接着，洛克菲勒把城里的所有火油全部都买下，都存放在店里。第二天中午，其他落水旅客带来了轮船失事的消息。居民问讯后立即去杂货店抢购火油，但已断货。这时洛克菲勒出现了，他说："我的火油可以不拿走，但要付双倍的钱。"所有老板都同意了，洛克菲勒辞去了商行的工作，拿赚来的钱开始从事石油交易。

X 城的火油市场，在洛克菲勒介入前基本属于完全竞争市场。这里有很多卖者和买者；火油同质无差别；杂货店资金很少，技术简单，资源进出不会有太大的障碍；市场信息可以比较自由地流动。因此，在洛克菲勒介入前，没有一个杂货店老板能控制火油价格，他们只能根据市场价格出售。

资料来源：萨缪尔森．萨缪尔森辞典 [M]. 陈迅，白远良，译释．北京：京华出版社，2001.

小思考 洛克菲勒介入后，火油市场发生了怎样的变化?

第二节　完全垄断市场

杭州钱塘江边的六和塔，位于钱塘江大桥的一侧，外形雍容华贵，气宇不凡。六和塔塔檐自下而上逐级缩小，塔檐翘角上挂了 104 只铁铃。檐上明亮，檐下阴暗，明暗相间，从远处观看，显得十分和谐。塔外看为 13 层，塔内实为 7 层，由螺旋式阶梯相连，壁上还有各种雕刻，构思奇妙，是我国古代建筑艺术的杰作。千百年来，众多的文人墨客登塔舒怀，留下许多赞美的诗篇。

大约在 1980 年，登六和塔的费用有内宾和外宾之分。国人登塔的门票为 4 元人民币，外宾的门票则为十几美金。为什么会出现价格的差异呢？如果它是中国到处可见相同的美景，还可能采取这样的价格差别吗？

显然，能进行差别定价的一个重要条件是杭州的六和塔在中国是独一无二的。

与完全竞争市场相反，完全垄断市场是市场结构中的另一个极端。垄断是指一家厂商控制或独占整个行业，不存在任何竞争的市场。实际上，垄断代表了一种市场控制力，在市场结构中，市场控制力越强则垄断性越强，反之竞争性越强。毫无疑问，垄断市场属于非完全竞争市场。

一、垄断市场的特征

第一，一个厂商占据了整个行业，厂商就是行业，两者合二为一。厂商是整个行业唯一的卖者，独此一家，别无分店。

第二，厂商生产的产品是唯一的，不存在任何替代品，也不存在竞争的威胁。

第三，厂商是价格的制定者，具有一定的价格决定权。因为垄断厂商是市场上唯一的卖者，所以它能控制产品的供给量，由此影响产品的价格。同时，垄断厂商还可以通过价格差别来获得超额利润。

第四，垄断市场存在着巨大的行业壁垒，由于各种法律、技术等障碍使得新厂商难以进入此行业与之竞争。

总之，垄断厂商是一种商品的唯一卖者，而面对垄断厂商的买者，除了考虑买或不买以外，没有任何其他的选择。现实中，如此严格意义的纯粹完全垄断几乎不存在，垄断厂商生产的产品尽管没有很强的替代品，但一定程度的替代品还是存在的。

应该说，严格意义上的完全垄断市场不常见。在现实中，我们往往把那种一家企业占支配地位的市场也归入垄断市场。微软就是因为占有软件市场的80%以上被认为是垄断者的。

二、垄断形成的原因

一个厂商垄断一个行业肯定有一定原因使得其他厂商不太可能进入这个行业，此即为进入壁垒。垄断市场存在着巨大的行业壁垒，壁垒的存在既是垄断市场的特征，也是形成垄断的重要原因。主要的进入壁垒包括法律保护的进入壁垒和自然的进入壁垒。

（一）法律保护的进入壁垒

法律保护的进入壁垒就是政府的立法限制，是政府用立法手段设置的进入壁垒，包括政府特许经营、许可证制度、专利制度等。特许经营指政府把一个行业的经营权以立法的形式授予一个企业，作为交换条件，企业的产量、定价等也受到政府的控制。许可证制度和专利制度在一定程度上限制了其他企业的进入，提高了企业的垄断程度，但不会导致真正的独家垄断。

（二）自然的进入壁垒

自然的进入壁垒不是人为的因素造成的，是一些无法克服的原因导致的，主要包括自然垄断和控制重要的生产资源两种情形。

1. 自然垄断

自然垄断是指某些行业的产品具有相当明显的规模经济性，一旦企业达到规模经济以后，一家厂商的产量足以满足整个市场的需求，哪怕多一个厂商都会使所有厂商亏损。因为高昂的固定成本只有在大规模生产时才能使成本下降，如果多家厂商争夺一个市场必将导致各自的固定投入使用不足，成本自然降不下来。公共事业如供水、供电、供气、通信、邮政等行业就被视为自然垄断的典型。

在一般情况下，垄断企业的高额垄断利润会吸引潜在竞争者的进入。但自然垄断不同，如果一个企业已经是自然垄断时，它不必担心其垄断地位的丧失。因为别人知道，他们达不到这样的低成本，哪怕真的进入了，结果只能是每个企业市场份额的减少。

2. 控制重要的生产资源

生产资源对于厂商的重要意义不言自明，如果某种重要的生产资源被一个厂商所控制的话，就可以阻止竞争者的进入。例如加拿大有个国际制镍公司成功垄断制镍行业，原因就在于加拿大拥有世界上 80% 左右的镍矿资源。

专栏 5-2 戴比尔斯的钻石垄断

有一则广告给人印象深刻，恋爱中的男女所佩戴的钻戒熠熠生辉，发出耀眼的光芒，结尾的广告词是："钻石恒久远，一颗永流传，De Beers。"

总部设在南非的戴比尔斯公司成立于 1888 年，世界上钻石毛坯销售的 80% 左右被它控制，使它几乎可以像垄断者一样行事。戴比尔斯每年的钻石交易会在英国伦敦舰队街的一座小楼上举行，受到特别邀请的买主必须接受其一口价，谁敢讨价还价，下次就不再邀请他参加交易会。

资料来源：张兵 . 与厂长经理谈微观经济学 [M]. 上海：立信会计出版社，2002.

小思考 既然戴比尔斯公司接近垄断了，又何必进行广告宣传呢？

三、垄断条件下的厂商均衡

和完全竞争厂商不同，垄断厂商对产品的价格具有一定的操纵能力。尽管垄断厂商是价格的制定者，但并不意味着他可随意定价，如果价格过高，需求量自然下降，反之，低价会导致比较高的需求量，因此垄断厂商的需求曲线与完全竞争厂商不一样，它呈左上方向右下方倾斜的形状。需求曲线的具体形状取决于需求价格弹性的大小，产品越缺乏替代品，需求价格弹性越小，需求曲线越陡直。

由于垄断厂商的需求曲线不再呈水平状，因此其平均收益曲线和边际收益曲线也不再如完全竞争厂商那样重合，两者相分离，边际收益曲线必定位于平均收益曲线的下方，如图 5.10 所示。

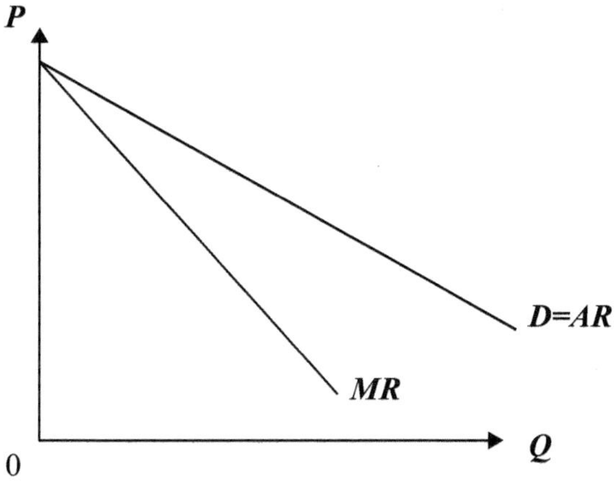

图 5.10 垄断厂商面临的需求曲线，平均收益，边际收益线

小思考 为什么边际收益线位于平均收益线的下方？

垄断厂商的需求情况影响厂商的收益水平，如图 5.11 所示。当总收益最大时边际收益为零，对应于需求曲线的中点，所以需求价格弹性为 1；总收益递增时边际收益大于零，对应的需求价格弹性大于 1；总收益下降时边际收益为负值，对应的需求价格弹性小于 1。显然，对于一个理性的垄断厂商来说，其生产的产量应该对应在需求价格富有弹性的区域。

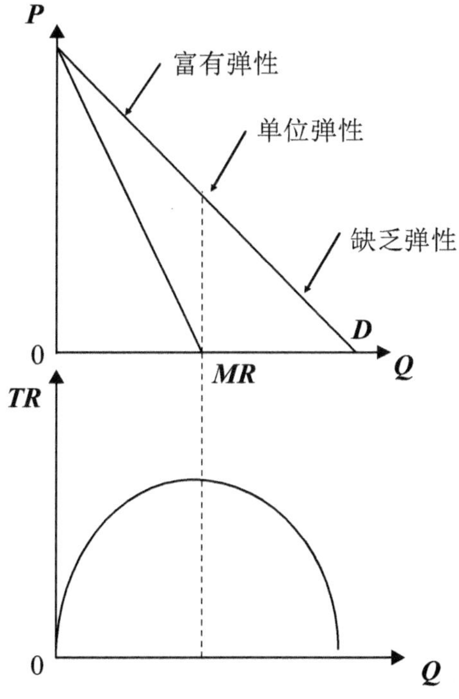

图 5.11 垄断厂商的收益

（一）垄断厂商的短期均衡

垄断厂商与其他市场结构的厂商一样，按利润最大化原则 $MR=MC$ 进行生产，如图 5.12 所示。

当厂商按利润最大化原则把产量定为 Q_0 时，价格为 P_0，平均成本为 P_1。厂商获得了最大利润，其利润总量为面积 P_0P_1BA。

当然垄断厂商在短期也可能出现亏损或只获得正常利润的情况，其图形如图 5.13 和图 5.14 所示。一旦存在亏损，是继续生产还是退出取决于价格和 AVC 的比较，由于这些原理与完全竞争相同，在此不再赘述。

垄断厂商的短期均衡条件为：$MR=MC$，以利润最大化的产量决定产品的价格。

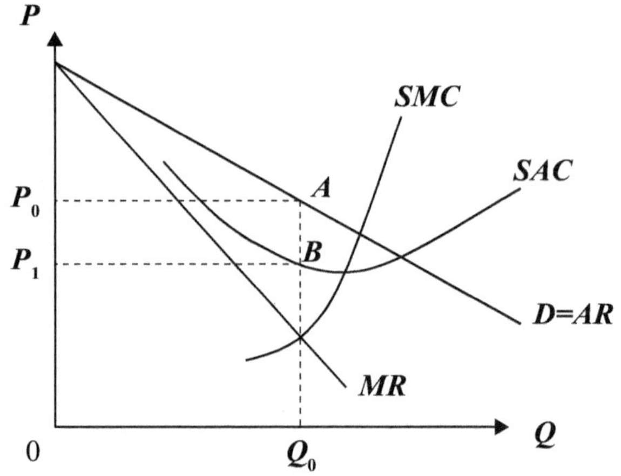

图 5.12 垄断厂商的短期均衡：经济利润

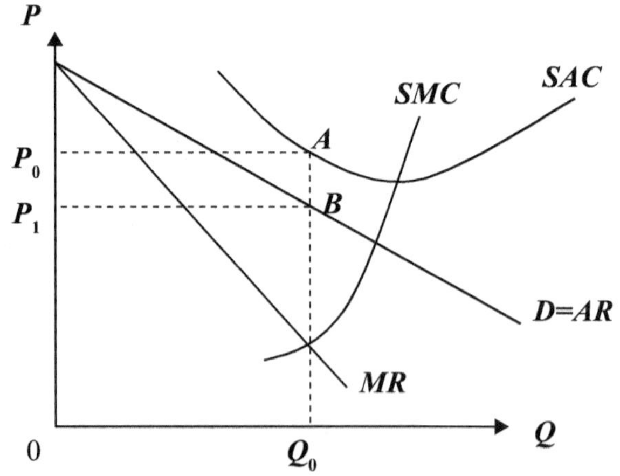

图 5.13 垄断厂商的短期均衡：亏损

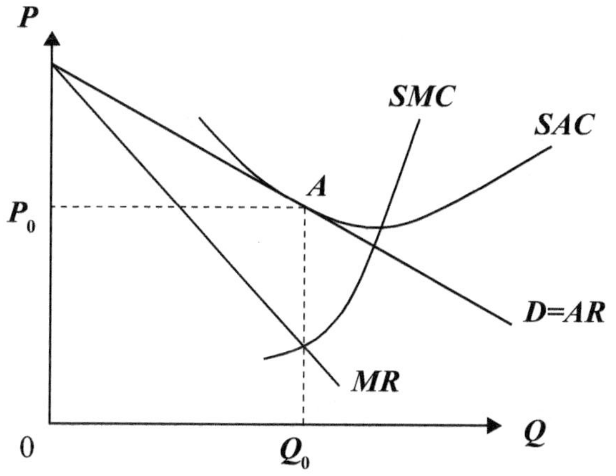

图 5.14 垄断厂商的短期均衡：正常利润

我们知道，完全竞争厂商的短期供给曲线是短期边际成本曲线高于平均可变成本的那部分，但这一结论并不适用于垄断厂商。在垄断市场上，因为价格高于边际成本，所以不存在价格和产量之间有规律的对应关系，因此垄断厂商不存在明确的具有某种规律的供给曲线。

（二）垄断厂商的长期均衡

从长期来看，为了获得更多的利润，垄断厂商将改变生产规模以降低其生产成本，尽可能用最低成本的要素组合来进行生产。如果价格低于平均可变成本，垄断厂商短期亏损还可以暂时忍受的话，那么如果长期处在亏损状态，垄断厂商就会退出这个行业。如果垄断厂商在短期有超额利润，那么鉴于其垄断市场的巨大行业壁垒，在长期中将维持垄断利润。由于垄断市场存在巨大的行业壁垒，其他厂商无法轻易地与垄断厂商进行竞争，因此，垄断厂商面临的市场需求曲线不会因为其他厂商的进入而发生改变。对应于特定的市场需求，垄断厂商在长期仍然按照利润最大化原则进行生产，所以其长期均衡的条件为：

$$MR = LMC \tag{5.3}$$

四、对完全垄断市场的评价

首先，与完全竞争相比，完全垄断市场在资源的配置上呈低效率的特征。

从图形上可以看出，在垄断厂商决定的均衡产量上，价格高于边际成本。而价格与边际成本相等时的产量被经济学认为是最优的生产水平。显然，垄断厂商为了维持高价而控制产量，其产量低于完全竞争厂商长期均衡时的水平，产量过少造成资源的极大浪费。同时，如果垄断厂商制定高价，消费者剩余将被剥夺，并且消费者剩余的损失超过了垄断厂商利润的增加，导致了社会净福利的下降。

其次，垄断厂商获得的超额利润显示了收入分配的不平等。巨大的行业壁垒排斥了竞争的存在。

从以上的分析可以说，垄断市场的存在既缺乏效率，又违背公平。因此，许多国家的政府通常对完全垄断市场进行干预和管制。

但任何事物总具有两重性，垄断厂商也具有别的市场所不具备的优势，如超额利润可支持较强的科研开发能力和技术创新能力、明显的规模经济等。垄断厂商也只有通过不断的技术创新才能保持自己的垄断优势，否则，高额的垄断利润会诱使竞争者的进入从而动摇垄断者的地位。

小思考 我国的垄断企业和西方的垄断企业相比有何不同？

五、价格歧视

价格歧视即为价格差别，是一种差别定价，指对成本相同的商品或劳务向买者索取不同的价格。采取价格歧视是垄断厂商的一个经营策略，目的是为了获得更多的垄断利润。

在一般情况下，价格歧视被分成 3 个等级：一级价格歧视、二级价格歧视和三级价格歧视。

一级价格歧视又被称为完全的价格歧视，指垄断厂商对不同的买者索取其愿意为商品或劳务支付的最高价。采用一级价格歧视，垄断者剥夺了消费者所有的消费者剩余，如图 5.15 所示。在统一价格为 P_1 的情况下，消费者剩余为图上部的三角形面积。一旦垄断厂商采取一级价格歧视，那么各消费者被索取的正是他们愿意付出的价格，则这块三角形的面积全部转化为垄断厂商的超额利润。在现实生活中，一级价格歧视并不常见，因为垄断厂商想了解每个买者的心理并非易事。

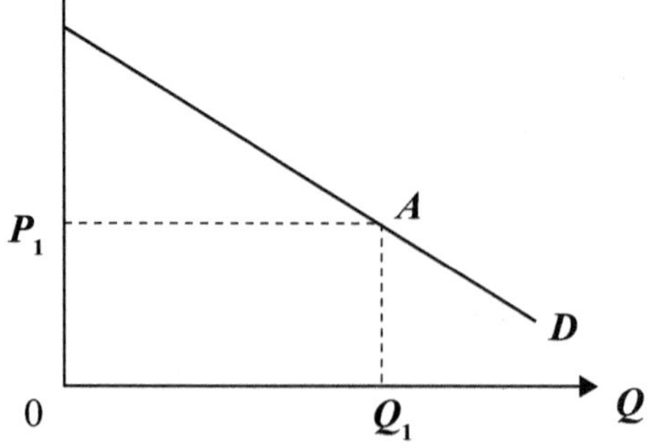

图 5.15 一级价格歧视

二级价格歧视指垄断厂商根据买者购买的不同数量区间确定不同的价格，厂商采用的是分段定价，购买的数量越多，则价格越便宜。假如某个企业存在规模经济，产量越大平均成本就越低，此时厂商采取二级价格歧视的目的在于鼓励买者多购买，这样既增加了消费者的福利，又使企业获得了更多的利润。与一级价格歧视相比，二级价格歧视剥夺了部分消费者剩余，厂商得到了更多的收益。在图 5.16 中，OQ_1、Q_1Q_2 和 Q_2Q_3 为等额的数量段，如果消费者购买 OQ_1，则价格是 P_1，继续购买下一个等额数量 Q_1Q_2，价格下降到 P_2，再买下一个等额数量段，价格继续下降到 P_3。如此消费者剩余为三角形 EP_1C、CcB 和 BbA 的面积之和。但与一级价格歧视相比，消费者并不厌恶这种价格策略。

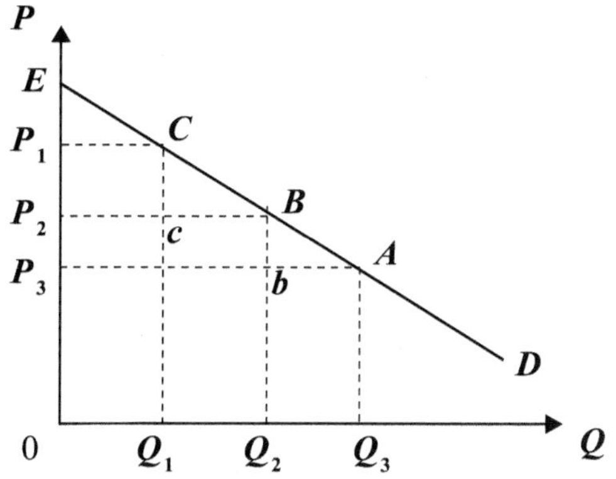

图 5.16 二级价格歧视

三级价格歧视是厂商在不同的市场上以不同的价格出售同种商品。这里当然要求厂商能够对市场进行区分，同时由于在不同市场上的需求弹性差异才使厂商有可能进行差别定价，对缺乏弹性的市场制定较高的价格，而对富有弹性的市场则收取相对较低的价格，目的还是获得最大的利润，如图 5.17 所示。假设某厂商在 A 和 B 两个独立的市场出售商品，厂商要获得最大利润，就得按利润最大化原则来确定产量。其总产量为 Q_{A+B}，这一产量必须在两个市场进行配置出售，每个市场上的出售量由 $MR_A + MR_B = MR_{A+B} = MC$ 决定。由此，市场 A 将出售 Q_A，市场 B 将出售 Q_B，市场 A 的价格为 P_A，而在市场 B 的价格则为 P_B。从图上可以看出，由于市场 A 的需求价格弹性比市场 B 的需求价格弹性要小，所以前者价格高于后者。

小思考 1. 登杭州“六和塔”的费用有内外之分是属于哪一类价格歧视？价格歧视存在的条件是什么？ 2. 举出两个价格歧视的例子。

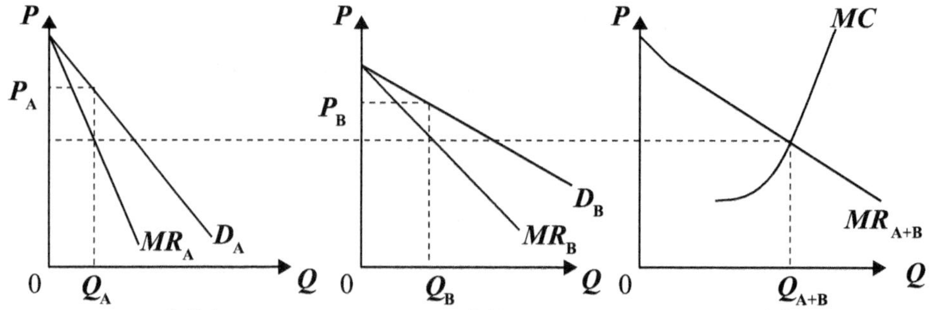

(a) 市场A (b) 市场B (c) 总市场

图 5.17 三级价格歧视

专栏 5-3 圆珠笔的垄断与竞争

圆珠笔最早由一对匈牙利兄弟发明，产品在二战期间由阿根廷进行生产。战后，美国商人雷诺兹从阿根廷带回了这种圆珠笔，也欲进行制造和销售。其实，早在 1888 年，美国人劳德就设计出了圆珠笔的构造并取得了相应的专利。匈牙利兄弟的圆珠笔是在劳德基础上的进一步创新和完善。雷诺兹与律师对圆珠笔及专利进行深入的研究和分析后，成功地制造出了靠重力输送墨水的圆珠笔。雷诺兹既没有侵犯别人的专利，又创造出了新颖的、使用更方便的圆珠笔。

1945 年，雷诺兹获得了圆珠笔的专利后成立了雷诺兹圆珠笔公司，把成本仅为每支 80 美分左右的圆珠笔卖到 12.5 美元，谋取高额的垄断利润。在生产初期的几个月中，公司的月利润高达 50 万美元。

高额的利润诱使其他厂商绕过专利限制参与圆珠笔生产和销售的竞争，一年以后，美国生产圆珠笔的厂商多达一百多家，激烈的市场竞争促使圆珠笔价格大大下跌。

圆珠笔的垄断与竞争引导人们进行以下的思考：专利和垄断的关系；垄断和竞争的关系；垄断和创新的关系。

资料来源：赵英军 . 西方经济学（微观部分）[M]. 北京：机械工业出版社，2012.

第三节 垄断竞争市场

未来的广告人小江现在从经济学的角度明白了为什么农产品不需要进行广告宣传，但为什么大量的广告是日化产品呢？和完全竞争市场相比，日化企业又该属于哪样的市场结构，又有什么特征呢？这就是垄断竞争市场。

垄断竞争是一个既存在垄断又存在竞争的市场结构，它是介于完全竞争和完全垄断之间但又相对接近完全竞争的市场。在我们日常的经济生活中，相当多的产品是由垄断竞争厂商提供的。

一、垄断竞争市场的特征

既然垄断竞争市场是一个既具垄断色彩又有竞争因素的市场，其特征也应包含这两方面的内容。

第一，行业中厂商的数目比较多，单个厂商的规模不大，对市场的影响力十分有限，厂商之间彼此独立，互不依赖，不太可能形成一致的某种协议来达到某种目的。

第二，厂商进出行业比较自由，与完全竞争相比，存在一定的行业壁垒，但作用较弱。

上述两个特征体现了垄断竞争市场的竞争性，与完全竞争市场的特性比较接近。垄断竞争市场与完全竞争市场最大的区别在于产品差别这一特征。

第三，垄断竞争行业的厂商生产相似的但又有差别的产品。同种产品意味着具有一定的替代性，厂商之间的竞争比较激烈，而产品差别使厂商又具有一定的控制产品价格的能力，可谓差别越大垄断能力越强。因此，这一特征最能显示垄断竞争市场的特性。

产品差异包含产品内在的和外在的差异，有产品品质的物质差异，也有商标、服务、销售条件、企业声誉等软性差异。

从厂商的角度而言，对市场的控制力量越强则其在市场中越具有主动性，可能获得的经济利润也越可观。垄断竞争中的厂商就得利用各种手段努力提高产品的差别程度，产品差别如果被消费者认可，则企业就能获得经济利润，但因为垄断竞争市场的行业壁垒不大，所以对于企业来说，要想长期获得经济利润就必须通过不断的产品创新来提高产品的差异度。

如前所述，垄断竞争厂商之间的竞争还是相当激烈的，因此，采取各种手段进行市场的争夺成了厂商重要的经济活动。其中最常见的手段为价格竞争和非价格竞争。价格竞争主要是厂商通过降低价格来争夺市场的份额，而非价格竞争则是通过非价格的形式进行的竞争，如加强销售服务、进行大量的广告宣传、提高产品的质量、开展促销活动等。随着社会经济的发展和人们收入水平的提高，非价格竞争的手段变得越来越重要。

此外，在所有的市场结构中，垄断竞争厂商尤其注重产品的广告宣传。目的有两个；第一，通过广告宣传向消费者传递产品的差异程度，力图影响消费者的偏好；第二，广告宣传是非价格竞争的一种不可或缺的手段。

小思考 广告宣传有助于资源的最优配置还是导致资源的浪费？

二、垄断竞争厂商的短期均衡

与其他市场相同，垄断竞争厂商的短期均衡条件还是 $MR=MC$，其图形与完全垄断厂商有些类似。只是与完全垄断厂商的需求曲线相比，垄断竞争厂商的需求曲线要平坦一些，因为垄断竞争厂商之间生产的是同种产品，其产品具有较大的替代性。如图 5.18 所示，D_1 为垄断竞争条件下的厂商需求曲线，D_2 为完全垄断条件下的需求曲线。

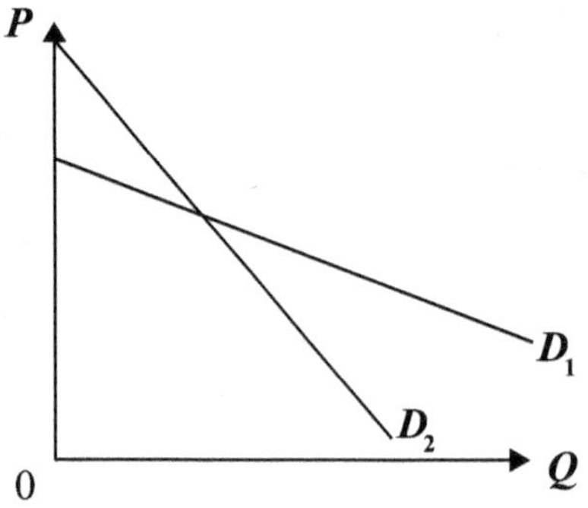

图 5.18 垄断竞争厂商的需求曲线

具体来看，垄断竞争厂商在短期可能出现以下几种情况：获得超额利润、获得正常利润、有亏损但继续生产、有亏损停产。在图 5.19（a）显示厂商有利可图，其利润额为 P_0ABP_1 的面积；图 5.19（b）则显示厂商的平均收益小于平均成本，按亏损最小化原则进行生产，其最小亏损额为 P_0ABP_1 的面积，在亏损时，只要价格高于平均可变成本，厂商就会选择继续生产，否则就选择停产，道理与完全竞争市场相同。如果按利润最大化原则进行生产的产量，其平均收益等于平均成本，那么垄断竞争厂商在短期只获得正常利润。

由此可知，垄断竞争厂商短期均衡条件为：$MR=MC$。

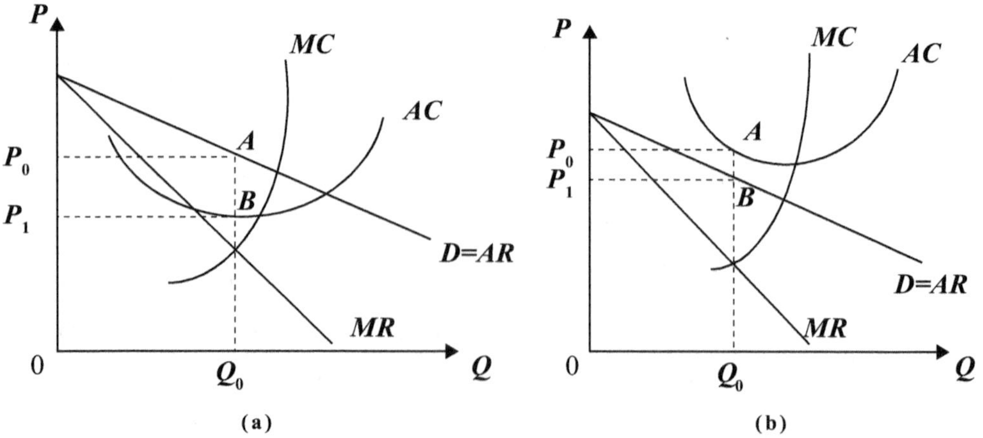

图 5.19 垄断竞争厂商的短期均衡

三、垄断竞争厂商的长期均衡

由于垄断竞争市场中厂商进出行业比较容易，所以当厂商获得超额利润时，其他行业的厂商就会进入以分享超额利润，如此，供给量的增加导致产品价格的下降，这一过程直至超额利润消失为止。反之，如果垄断竞争厂商短期存在亏损，则厂商会退出这个行业，供给量的下降导致产品价格的上升，同样这一过程直至亏损消失为止，如图 5.20 所示。总收益与总成本相等，总利润为零。

垄断竞争厂商长期均衡的条件为：

$$MR=MC\ ;\ AR=AC \tag{5.4}$$

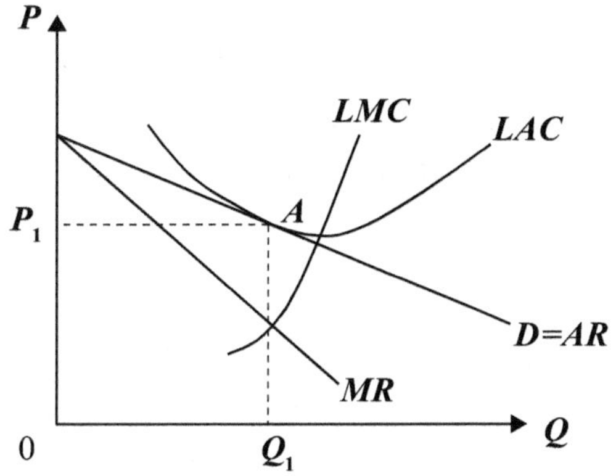

图 5.20 垄断竞争厂商的长期均衡

专栏 5-4 大排档的经营

如果你漫步国内每一个城镇的夜市，霓虹闪烁的街灯、流连忘返的居民与热闹非凡的大排档相映成趣。民以食为天，大排档作为简单随意的就餐场所，迎合了国人消费的自由。表面看来，同一条街上的大排档数量众多，有的生意红火，有的生意冷清。大排档经营具有典型的垄断竞争市场特征。

对于同一街道的大排档来说尽管饮食产品具有替代性，但每家经营者的营销手段不同。有的强调原料的新鲜，有的强调味道的独特，有的可以让消费者下厨制作，有的……可谓八仙过海、各显神通。大排档产品的多样化吻合了消费者多元化的需求。

资料来源：任志安，廖信林．经济学教学案例 [M]. 南京：南京大学出版社，2012.

小思考 为什么大排档是典型的垄断竞争市场？生意冷清的大排档是否会退出市场呢？

四、对垄断竞争市场的评价

总体而言，垄断竞争市场是利大于弊的市场结构。

首先，垄断竞争市场的资源配置效率高于完全垄断市场而低于完全竞争市场。

在垄断竞争厂商长期均衡的水平上，产量的价格高于边际成本，意味着低于社会要求的最优量。同时，因为垄断厂商的需求曲线或平均收益曲线是向右下方倾斜的，所以均衡点总是相切于平均成本曲线的左侧而不是最低点，由此决定的产量要低于 *LAC* 最低点的产量水平。这就是所谓的“生产能力过剩”。如图 5.21 所示，Q_0Q_1 便是过剩的生产能力，它导致资源配置的低效。

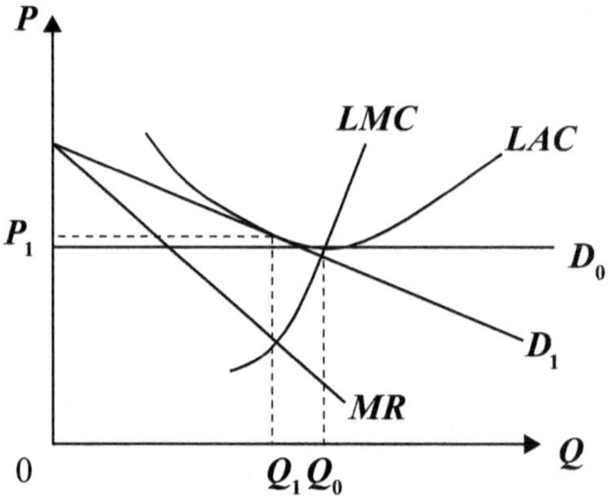

图 5.21 生产能力过剩

其次，产品差别对垄断竞争厂商的意义非常重要，因此厂商欲提升控制市场的能力就必须走创新的道路。而从消费者的角度看，尽管付出了比完全竞争市场高的价格，但得到了多样化的、有差别的产品，满足了消费者的不同偏好。

最后还应提及的是尽管广告宣传对于垄断竞争厂商必不可少，但推销成本大大增加。从经济学的角度出发，唯有真实的广告才有利于资源的最优配置，而虚假的广告无论对于厂商还是消费者，都是危害无穷。

第四节　寡头垄断市场

1983 年，在美国的美洲航空公司和布兰州尼夫航空公司被起诉的一件案子中，两位公司总裁之间的一段电话录音成了控方最有力的工具。在法庭上播放的录音内容如下：

A：情况真是糟透了。……如果我们互相争斗，都得完蛋。

B：你有什么好建议吗?

A：对，我是有一个建议。把你的该死的票价提高 20%，明天一早我也会这么做的。……那么你我就都可以赚大钱了。

B：我们大概不应该谈论价格问题。

A：我们当然可以谈论我们想谈的任何该死的问题。

这一段录音清楚地暗示两个公司曾经有过的企图。对话深刻反映了在寡头垄断市场上厂商的行为。

资料来源：萨缪尔森 . 萨缪尔森辞典 [M]. 陈讯，白远良，译释 . 北京：京华出版社，2001.

寡头垄断是介于完全垄断和垄断竞争之间的，但更接近于完全垄断的市场结构。现实生活中，寡头垄断的行业也很常见，汽车制造、电器等往往由几个大企业垄断了大部分市场。在经济学上，人们一般把垄断竞争和寡头都称为不完全竞争或非完全竞争。

一、寡头垄断市场的特征

第一，行业中厂商的数目很少，少数几家企业控制了大部分的市场份额。如果是两家寡头控制一个行业为“双头市场”，三家企业以上为“多头市场”。经济学中常用市场集中率的指标来衡量少数几家企业对市场的控制力，如 C4—四企业集中率、C5—五企业集中率、C8—八企业集中率等。在一般情况下，集中率越高，垄断程度越高。按美国的标准，如果一个行业 C4 在 0.6 以下，这个市场就是垄断竞争，超过 0.6 则是寡头。因此，区分垄断竞争和寡头的关键是市场集中程度。

第二，寡头厂商之间关系紧密，相互依赖。这是寡头市场与其他市场结构相比最大的特征。因为企业数量较少且规模巨大，单个厂商的决策对整个市场必将发生重要的影响，所以单个厂商会非常慎重地做出某项决策。也正由于这一特性，使得寡头市场中厂商的行为变得十分复杂，加大了理论分析的难度。

第三，寡头厂商生产的产品可以是同质的，也可以是有差别的，所以有相同寡头或纯粹寡头和差别寡头之分。如水泥、钢铁、石油等为相同的产品，而电器、香烟便是相似的但有差别的产品了。

第四，行业壁垒较大，厂商进出市场比较困难。究其原因与垄断市场的障碍因素比较相似。

二、寡头市场理论

寡头市场上厂商之间的关系非常复杂，每个厂商的行为决策并不是独立的，他们要充分考虑到决策对其他厂商的影响及其反应，因此每个厂商的行为都存在着极大的不确定因素。同时寡头市场的厂商之间既存在着竞争关系又有合作的动机。显然，寡头市场比其他市场结构都要复杂，理论上很难对其均衡问题做出简单明确的结论。为此，经济学家对寡头垄断市场提出了众多的模型和理论，有些分析借助于经济学的传统工具，有些分析则运用了现代的数学工具。下面我们选择一些重要的理论和模型进行介绍。

（一）古诺模型

古诺模型是法国经济学家古诺在 1838 年提出的一个双头垄断模型。此模型以矿泉水的生产为例，假定只有两个厂商 A 和 B 生产和销售矿泉水；矿泉水的生产成本为零，所有的收入均为经济利润；两个厂商之间没有勾结行为，每个厂商不仅明了对方的产出水平还据此确定自己的最优产出量。古诺模型的均衡过程用图 5.22 来说明。

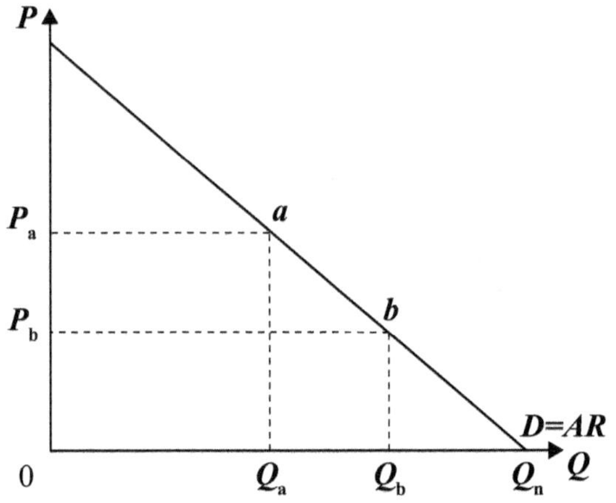

图 5.22 古诺模型

需求曲线 D 是两个厂商面对的线性的矿泉水市场需求曲线，假设厂商 A 先进入市场，其最优产量为市场总量 Q_n 的 1/2，即 Q_a，因为此时吻合利润最大化原则 $MR = MC = 0$，对应的价格为 P_a，厂商获得的超额利润为 P_aOQ_aa 的面积。B 厂商在得知 A 厂商生产的情况下也进入了市场，他最优的产量是 A 厂商剩下的市场份额的一半既 Q_aQ_b，价格下降到 P_b，由此 A 厂商的利润也下降。A 厂商又会根据 B 厂商的生产重新调整和确定自己的最优产出量，生产 B 厂商所剩下的市场份额的一半，这个过程一直持续下去，最后达到一个均衡点。在均衡点上，每个厂商的产量相等，均为市场总量的 1/3。由此可以推断，如果寡头市场有 n 个厂商，则每个厂商的均衡产量为市场容量的 $1/(n+1)$。古诺模型所涉及的是寡头厂商之间的非合作均衡。

（二）斯威齐模型

斯威齐模型是美国经济学家斯威齐在 1939 年提出的一种理论模型，这一模型又被称为弯折的需求曲线模型。该模型的假设条件为：寡头市场中某厂商降价，其他厂商也跟着降价；如果某厂商提价，其他厂商并不随之提价，如图 5.23 所示。

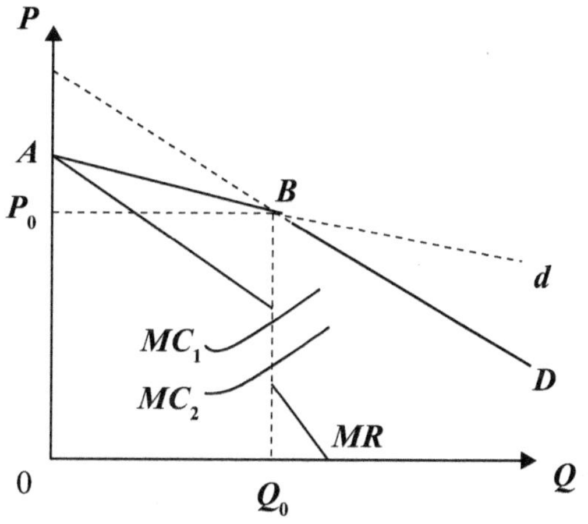

图 5.23 斯威齐模型

寡头厂商面临着两条需求曲线：一条比较平坦的 d，另一条比较陡峭的 D。较平坦的需求曲线 d 意味着如果该厂商改变价格，而行业内的其他厂商不跟着改变价格的需求曲线。例如该厂商降价，别的厂商不降价，那么对该厂商产品的需求量会急剧增加，很重要的原因在于其他厂商产品的价格高了。同样的道理，如果该厂商提价，其他厂商也无动于衷，那么对该厂商产品的需求量会急剧下降。另一条比较陡峭的需求曲线 D 则为厂商改变价格，行业中的其他厂商也同时改变价格的情形。假设该厂商降低产品价格，对该厂商产品的需求量会上升，但由于行业内的其他厂商也跟着降价，因此需求量的增加仅仅是降价引起的收入效应和替代效应的作用，并没有把其他厂商的客户吸引过来而增加的需求量。

现假设寡头厂商的初始点在 B 点，对应的价格为 P_0，如果厂商提高价格，行业内的其他厂商不提价，如果厂商降价，别的厂商为了在竞争中取胜也随之降价。因此，当价格高于 P_0，寡头厂商面对的是平坦的需求曲线 d，当价格低于 P_0，面对的则是陡峭的需求曲线 D，最终形成一条弯折的需求曲线 ABD。

弯折的需求曲线导致了一条独特的边际收益曲线。因为两条需求曲线有各自对应的边际收益曲线，所以与弯折的需求曲线相对应的必然是一条不连续的“断开”了的边际收益曲线。如果产量小于 Q_0，边际收益线是与需求曲线 d 相对应的那一段；如果产量大于 Q_0，边际收益线则是与需求曲线 D 相对应的那段。

寡头厂商的均衡条件还是利润最大化原则 $MR=MC$。只要边际成本曲线与间断的边际收益线相交，利润最大化的产量便是 Q_0，价格为 P_0。在这一区域范围之间，无论厂商的成本发生怎样的变化，并不能改变产量和价格的决策。

斯威齐模型描述了寡头市场价格刚性的特征。

（三）公开的合谋：卡特尔

寡头厂商之间的相互依赖、相互影响使他们有可能进行合谋，其目的在于限制竞争，共享垄断带来的超额利润。卡特尔就是一种公开的合谋。

卡特尔指的是寡头市场中，同行业的少数厂商在价格和产量等方面形成的正式、公开的联合协议。其主要职能是确定价格和瓜分市场，主要目的是获得共同利润最大化。在图 5.24 中，曲线 *MC*、*AR*、*MR* 均为行业的曲线。这时卡特尔可以被看成一个由几家厂商合并在一起的大厂商。显然，Q_0 是行业利润最大化的产量，市场价格为 P_0。在确定了全部的产量和价格后，寡头厂商之间需要瓜分市场的份额。从理论而言，要使卡特尔获得最大的利润，它的分配方式应为所有厂商的边际成本相等，如果厂商之间的边际成本不等，则厂商之间可以通过调整产量提高总利润。但现实情况要复杂得多，现实中不同的卡特尔有不同的分配原则，可以按经济实力瓜分，也可以按地理位置进行，还可以根据厂商过去的销售能力进行瓜分等。

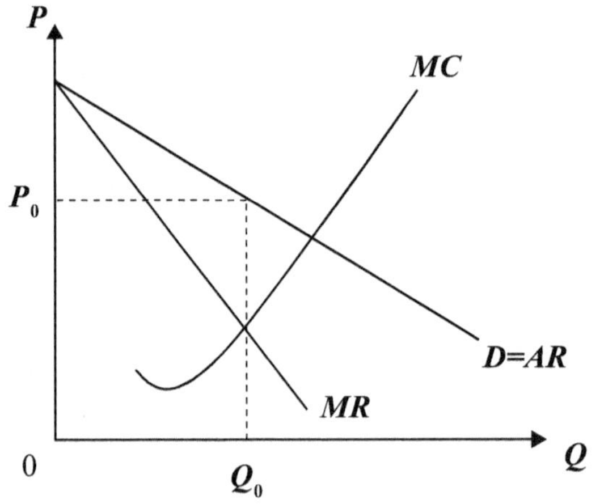

图 5.24 卡特尔

现实生活中成功的卡特尔并不多见，原因在于厂商为了获得更多的利润，总是力图突破按协议的市场份额，而卡特尔的协议又不是由法律来维持和监督的。谋求自身利益的最大、缺乏法律的限制导致卡特尔非常不稳定，比较容易引起最终的解体，有些卡特尔只维持了两年就瓦解了。在美国和许多国家，公开合谋组成卡特尔被认为是违法行为。正因为此，国际性的卡特尔更为常见，目的就是规避国内的反垄断法。

于 20 世纪 60 年代初成立的欧佩克即石油输出国组织在国际上算是比较成功的卡特尔了，即便如此，还是存在着不稳定的情况。从 1973 年至 1985 年，欧佩克较好地进行了合作。但到了 80 年代中期，成员国受到增加生产取得更多利润的诱惑，私下违背协议，相互合作渐渐变得无效率了。

专栏 5-5　欧佩克和世界石油市场

世界石油的大部分生产国家形成了一个卡特尔，称为世界石油输出国组织（OPEC）。在 1960 年最初成立时，欧佩克包括伊朗、伊拉克、科威特、沙特阿拉伯和委内瑞拉。到 1973 年，又有其他 8 个国家加入：卡塔尔、印度尼西亚、利比亚、阿联酋、阿尔及利亚、尼日利亚、厄瓜多尔和加蓬。这些国家控制了世界石油储藏量的 3/4。与任何一个卡特尔一样，欧佩克力图通过协调减少产量来提高其产品的价格。欧佩克努力确定每个成员国的生产水平。

欧佩克想维持石油的高价格。但是，卡特尔的每个成员都受到增加生产以得到更大总利润份额的诱惑。欧佩克成员常常就减少产量达成协议，然后又私下各自违背协议。

1973—1985 年，欧佩克最成功地维持了合作和高价格。原油价格从 1972 年的每桶 2.64 美元上升到 1974 年的 11.17 美元，然后在 1981 年又上升到 35.1 美元。但在 20 世纪 80 年代，各成员国开始扩大生产水平，欧佩克在维持合作方面变得无效率了。到了 1986 年，原油价格回落到 12.52 美元。

资料来源：曼昆．经济学原理 [M]. 梁小民，译．北京：机械工业出版社，2006.

（四）非公开的合谋：价格领袖制

价格领袖制是寡头厂商常用的一种策略，它指行业中通常由一家厂商制定价格，然后别的厂商也追随这一价格。这种策略往往是通过寡头厂商之间相互协调而达成的默契，是一种不公开的、没有任何协议的合谋行为。

价格领导者可以是行业中占统治地位的厂商，可以是最有效率的厂商，也可以是对市场的反映最灵敏的晴雨表型的厂商，还可以由行业中成本最低的厂商来担当。有时为了防止潜在竞争者的进入，寡头厂商制定的价格不一定能保证获得最大的利润。

除上述模型之外，还有许多有关寡头垄断的理论模型，如斯塔克尔伯格模型、伯特兰模型等，这些模型有的是针对产量的竞争，有的是针对价格的竞争，有的是针对空间地理位置的竞争进行的理论分析。

三、博弈论

博弈论也称对策论，是一种分析战略行为的方法。2005 年诺贝尔经济学奖获得者罗伯特·奥曼教授认为：所谓博弈，就是策略性的互动决策。它可以用来理解当每个人的行为会严重影响他人时，人们是如何相互影响，如何做出决策的。在每一次博弈中，局中人的目标都是力图获得最大的利益。实际上，在日常经济生活中，我们时时在进行着各种博弈。

由于寡头厂商之间关系的紧密性，所以与其他市场结构相比，策略性的互动决策显得更为重要。所以博弈论有助于我们理解寡头的行为。为了解决寡头市场复杂的现象，经济学往往假定在对手的行为设定的情况下，厂商总是采取最有利于自身利益的行为。

纳什均衡指的就是上述的这种假设，如果其他参与者不改变策略，任何一个参与者都没有改变策略的动机。在纳什均衡中，每个参与者的策略选择都是对其他参与者策略的最佳反应。例如有甲和乙两个厂商，当甲的行为设定，乙采取了最优的行为，在甲不改变策略的前提下，乙也没有改变策略的积极性，当甲改变了策略，乙也相应改变策略。反过来，当乙的行为设定时，甲也采取了最好的行为，在乙不改变策略的前提下，甲也没有改变策略的积极性，当乙改变了策略，甲也相应改变策略。纳什均衡属于非合作均衡，前面介绍的古诺模型，最终达到的均衡为纳什均衡。古诺均衡就是纳什均衡的一个特例。

与纳什均衡有一定关联的还有一个概念为占优均衡，指不论其他参与者做何种策略选择，每个参与者的最佳策略都是唯一的，其结果为占优均衡。“囚徒的困境”就能说明占优均衡问题。

“囚徒的困境”是经济学家塔克在 1950 年提出的一个非常经典的非合作博弈的例子。说的是两个嫌疑犯作案后被警方逮捕，由于警方缺乏充分的证据来定罪，因此分别对两人进行审讯，不允许他们相互通报信息，目的是获得相应的证据。

警方对两位嫌疑犯交代了相应的政策：如果两人都坦白供认，各判刑 5 年；如果一方坦白另一方不坦白，坦白者从轻，判刑 3 个月，不坦白者从重，要判刑 10 年；如果两人都不坦白，则从警方现在掌握的证据来看，只能各判刑 1 年。囚徒困境的支付情况如下表所示：

		囚徒 A	
		坦白	不坦白
囚徒 B	坦白	5 年，5 年	3 个月，10 年
	不坦白	10 年，3 个月	1 年，1 年

显然，由于不存在窜通和合谋，两人的最优选择都为坦白。囚徒 A 的思考如下：假如 B 坦白我不坦白，那我要坐 10 年的牢，我的最优选择应是坦白，这样只需坐牢 5 年；假如 B 不坦白我坦白，我要判 3 个月，而我也不坦白的话就得坐牢 1 年，无疑我的最优选择还是坦白。反之，这一思考过程对于囚徒 B 也同样。因此，最后的结果只能是两人都选择坦白。（坦白，坦白）不仅是纳什均衡，而且还是占优均衡。

囚徒的困境揭示了一个深刻的问题：个人理性和集体理性的矛盾。在上述一次性博弈中，理性的个人显然做出了有利于自身的最佳选择，但结果却并不圆满，因为如果两人都选择不坦白的话，结果要比两人都坦白好得多。

小思考 如何能走出“囚徒的困境”？举例说明现实中的“囚徒的困境”。

占优均衡一定是纳什均衡。在“囚徒的困境”中，不论囚徒B坦白还是不坦白，囚徒A的最优选择都是坦白；同样对于囚徒B来说，不论囚徒A坦白还是不坦白，他的最优策略是坦白。因此（坦白，坦白）的策略组合是占优均衡，同时这一策略组合又一定是纳什均衡。因为一个参与者的占优策略是对于其他参与者任何设定策略的最优选择。

纳什均衡不一定是占优均衡。因为构成纳什均衡的条件是：在其他参与者行为设定的前提下，参与者的最优策略组合。在有些博弈中，并不存在占优策略，但还是有纳什均衡的存在。例如A、B两人在独木桥上迎面相遇，对任何一个人来说，不存在占优策略，只能根据对方的情况做出最优的选择。A进则B退，A退则B进，这两个组合都是纳什均衡。

应该提醒的是博弈论在现实中的用途非常广泛，既可用于寡头的理论分析，也可用于其他领域的分析。

四、对寡头垄断市场的评价

因为寡头市场接近完全垄断市场，所以上面对垄断市场的评价完全可以套用到寡头市场上。虽然寡头市场比较复杂，但在现实中，寡头市场的价格一旦决定之后往往比较稳定，厂商不会轻易改变价格和产量。因此寡头厂商之间的竞争，通常集中在非价格竞争，不断进行创新以提高产品的差别程度。

人物介绍

约翰·纳什

传奇性的数学天才

——约翰·纳什

约翰·纳什（1928—2015），1994年诺贝尔经济学奖获得者之一，美国普林斯顿大学教授，著名的经济学家和天才数学家。

纳什出生在一个美国中产阶级家庭，父亲是电气工程师，母亲是英语和拉丁语教师。在纳什进入幼儿园以前，母亲就教育、辅导他。尽管纳什从小就显得比较内向和孤僻，但他聪明好奇，热爱阅读和学习。纳什的父亲则喜欢和孩子们分享自己在科学技术上面的兴趣，能够耐心地回答纳什提出的各种自然和技术的问题，并且给了他很多的科普书籍。少年时期的纳什还特别热衷于做电学和化学的实验，也爱在其他孩子面前表演。

纳什 17 岁进入卡耐基梅隆大学时原专业是化学工程，但由于对机构制图等课程的死板性反感而转向化学专业。后来在一位慧眼识珠的数学老师建议下转行专攻数学。

由于在数学方面取得的突出成绩，纳什 20 岁毕业时，学校在给他理学学士之外，同时还给了硕士学位，并且推荐他到普林斯顿大学攻读数学系的博士。在普林斯顿，纳什对许多数学学科都表现出兴趣，如拓扑学、代数学、几何学、博弈论等。在大师如云的校园里，纳什坚持不懈地研究博弈论，显示出了他独特的自信和自负。在准备博士论文时，他决心独创一个属于他自己的崭新课题：非合作型博弈论问题。1949 年，21 岁的纳什写下论文《多人博弈的均衡点》，提出了纳什均衡的概念和解法，奠定了他后来获得诺贝尔经济学奖的基础。1950 年，纳什以论文《非合作型博弈》获得数学博士学位。

1944 年，数学家冯・诺伊曼与同在普林斯顿大学的经济学家摩根斯坦的合著《博弈论与经济行为》出版，标志着现代系统博弈理论的形成，但由于理论过于抽象，影响力受到一定的限制。纳什的关于非合作博弈的博士论文和其他两篇相关论文的发表对博弈理论做出了划时代的贡献，纳什的思路比冯・诺伊曼的合作博弈更能反映现实。纳什证明了非合作博弈及其均衡解，并证明了均衡解的存在即著名的纳什均衡，从而奠定了现代非合作博弈论的基础。

1958 年纳什因在数学领域的优异表现被美国《财富》杂志评为新一代天才数学家中最杰出的人物，也在那一年纳什患上了妄想型精神分裂症。

早在 1985 年，诺贝尔评奖委员会就考虑给纳什颁奖，但由于纳什的病情一直没有缓解，考虑到他的病情，这项经济学领域至高无上的奖项整整迟到了 10 年。在社会的关爱下，20 世纪 90 年代，纳什终于痊愈，继续其一生挚爱的数学研究。

世界上最著名的女经济学家

——琼·罗宾逊

琼·罗宾逊

琼·罗宾逊（1903—1983），英国著名经济学家，新剑桥学派的代表人物。她是迄今为止所有伟大经济学家中唯一的女性，她是伟大的经济学家中应该获得而没能获得诺贝尔经济学奖的人。

罗宾逊出生于英国萨里的一个中上等家庭，她很早就为自己制定了严格的求学目标。1922 年进入剑桥大学戈登学院，学习经济学课程时其指导老师是马歇尔的得意门生和继承者庇古。

在剑桥获得硕士学位后，罗宾逊走上了职业经济学家的道路。1929 年的大萧条彻底摧毁了正统经济学家的信条，西方经济原理发生动摇。罗宾逊在斯拉法等人的启发下，开始重塑厂商理论。1932 年她在《经济学杂志》上发表了重要论文《不完全竞争和下降的供给价格》，1933 年出版了《不完全竞争经济学》，罗宾逊由此赢得了经济学家的声誉。

不完全竞争理论是罗宾逊主要的经济理论之一，为了建立这个理论，罗宾逊准备了一箱全新的分析工具，包括边际收益曲线、平均收益曲线、边际成本曲线、平均成本曲线和边际的均衡分析方法，她分析了垄断厂商的均衡条件，以不完全竞争为前提提出了剥削理论。由于不完全竞争理论是新古典理论的继承和补充，澄清了马歇尔著作中含糊其辞的地方，因此，不完全竞争理论成为新古典厂商理论的重要组成部分。

20 世纪 30 年代以后，罗宾逊将研究的重心转向宏观经济学，开始写作宏观经济方面的论文，《就业理论论文集》就是收集了这个时期的大部分论文，这些论文在运用凯恩斯的原理来分析失业等问题的同时，还冲破了传统理论的某些环节，罗宾逊成为了世界著名的经济学家。

在 20 世纪 40 年代，罗宾逊发表了一系列关于马克思主义经济学的文章。她从马克思那里得到的主要内容是用历史的方法思考，而不是用均衡的方法。罗宾逊对马克思的研究使她遭到了左右两派的同时攻击，罗宾逊受到了西方主流经济学的冷落。

20 世纪 50 年代，罗宾逊一方面频繁地访问一些社会主义国家，另一方面参与“两个剑桥之争”。在争论中，罗宾逊显示出创立不同经济学说的禀赋。由于争论所涉及的内容非常广泛，因此，60 年代又是罗宾逊论著比较多的年代，她发表了 100 多篇论文和专著，成为新剑桥学派的领袖。

最后值得一提的是罗宾逊对马克思主义经济学有一定研究，对社会主义国家的建设非常感兴趣。她用比较研究的方法，试图沟通凯恩斯和马克思的理论。

1971 年罗宾逊退休，但她并没有中断学术活动，一直在不停地思考、提出高深的问题且努力寻求答案。

本章小结

本章研究厂商在不同的市场结构中如何决定最优产量和价格。在不同的市场上，尽管厂商的行为有所不同，但追求利润最大化的厂商都会按照边际收益等于边际成本这一利润最大化原则确定产量，平均收益则决定了价格水平。市场结构的差别影响着市场中生产厂商的定价与生产决策。

本章对完全竞争市场、完全垄断市场、垄断竞争市场、寡头垄断市场的特征进行了介绍，它们之间的主要差别在于市场竞争程度的强弱。完全竞争市场和完全垄断市场是两个极端，垄断竞争市场和寡头垄断市场是日常经济生活中常见的市场结构。

完全竞争市场是一种不存在任何垄断因素的、不受任何阻碍、干扰的市场结构。它是一种高度抽象的市场模式。在完全竞争市场条件下，需求曲线呈水平状且 $MR=AR=D$。厂商短期均衡的条件为 $P=MR=MC$，厂商可能获得超额利润，可能获得正常利润，可能亏损。当价格小于平均可变成本时，厂商就退出行业。长期均衡的条件为 $MR=LMC=LAC$，厂商只能获得正常利润。

垄断是指一家厂商控制或独占整个行业，不存在任何竞争的市场。垄断厂商是某种商品的唯一卖者。形成垄断主要有两大原因：成本优势和进入壁垒。垄断厂商的长期、短期均衡条件为 $MR=MC$。短期垄断厂商可以获得超额利润、获得正常利润，也有可能亏损，长期一般能获得比短期更多的超额利润。本章对垄断下的 3 种价格歧视类型进行了分析。

垄断竞争市场的最大特征在于产品差别。此特征也决定了厂商在进行价格竞争的同时有必要进行非价格竞争。垄断竞争厂商短期均衡的条件为 $MR=MC$，可能有超额利润、正常利润、亏损 3 种情况。长期均衡条件为 $MR=MC$；$AR=AC$，厂商只能获得正常利润。

寡头是介于完全垄断和完全竞争之间的但更接近于完全垄断的市场结构。寡头厂商之间相互影响相互依赖是这一市场最大的特点。寡头厂商在有着共同利益的同时也是竞争对手，因此他们既存在着彼此合作的动机，又存在不合作的可能。

本章主要介绍了古诺模型、斯威齐模型、卡特尔、价格领袖制和纳什均衡。

本章还对4种市场结构进行了评价，基于经济学意义的评价，基于其他方面的评价。

本章重点：各种市场结构的特征比较；各种市场结构下厂商短期和长期的均衡条件；各种市场结构的比较和评价。

本章难点：完全竞争厂商的短期供给曲线推导；完全竞争市场行业长期供给曲线的推导；各种市场结构下的均衡图形及分析。

参考文献

[1] 亚当·斯密．国民财富的性质和原因的研究[M]. 郭大力，王亚南，译．北京：商务印书馆，1981.

[2] 平狄克，鲁宾费尔德．微观经济学[M]. 张军，罗汉，等，译．北京：中国人民大学出版社，1997.

[3] 宋承先．现代西方经济学：微观经济学[M]. 上海：复旦大学出版社，1994.

[4] 赵英军．西方经济学：微观部分[M]. 北京：机械工业出版社，2012.

[5] 梁小民．西方经济学教程[M]. 北京：中国统计出版社，1993.

[6] 张兵．与厂长经理谈微观经济学[M]. 上海：立信会计出版社，2002.

[7] 熊诗平，徐边．经济学家之路：第六辑[M]. 上海：上海财经大学出版社，2007.

[8] 梁小民．写给企业家的经济学[M]. 北京：中信出版社，2006.

练　　习

一、名词解释

完全竞争市场　竞争　完全垄断　自然垄断　价格歧视　一级价格歧视　二级价格歧视　三级价格歧视　寡头　卡特尔价格领袖制　占优均衡

二、选择题

1．根据完全竞争市场的条件，下列哪个行业最接近完全竞争行业（　）

A. 自行车行业

B. 玉米行业

C. 糖果行业

D. 服装行业

2．在 $MR=MC$ 的均衡产量上，企业（　）

A. 必然得到最大的利润

B. 不可能亏损

C. 必然得到最小的亏损

D. 若获利润，则利润最大；若亏损，则亏损最小

3．如果在厂商的短期均衡产量上，*AR* 小于 *SAC*，但大于 *AVC*，则厂商（ ）

A. 亏损，立即停产

B. 亏损，但继续生产

C. 亏损、生产或不生产都可以

D. 获得正常利润，继续生产

4．在厂商的停止营业点上，应该有（ ）

A. *AR*=*AVC*

B. 总亏损等于 *TFC*

C. *P*=*AVC*

D. 以上说法都对

5．完全竞争厂商的短期供给曲线应该是（ ）

A. *SMC* 曲线上超过停止营业点的部分

B. *SMC* 曲线上超过收支相抵点的部分

C. *SMC* 曲线上的停止营业点和超过停止营业点以上的部分

D. *SMC* 曲线上的收点相抵点和超过收支相抵点以上的部分

6．对于一个垄断企业而言，它的边际收益（ ）

A. 大于价格

B. 等于价格

C. 小于价格

D. 都有可能

7．完全竞争市场和垄断竞争市场的最主要区别是（ ）

A. 市场中的厂商数量

B. 厂商长期均衡时获得的利润大小

C. 长期中厂商能否退出市场

D. 产品的差异程度

8．假如某厂商的平均收益曲线从水平线变为向右下方倾斜的曲线，这说明（ ）

A. 既有厂商进入也有厂商退出该行业

B. 完全竞争被不完全竞争所取代

C. 新的厂商进入了该行业

D. 原有厂商退出了该行业。

9．行业的组织形式被称为（ ）

A. 市场结构

B. 管理机构

C. 集中度

D. 需求于供给

10．假定完全竞争行业内某厂商在目前产量水平上的边际成本 = 平均成本 = 平均收益 =1 美元，则这家厂商（ ）

A. 肯定只得到正常利润

B. 肯定没得到最大利润

C. 他是否得到最大利润无法确定

D. 一定亏损

11．在完全竞争市场中行业的长期供给曲线取决于（ ）

A. *SAC* 曲线最低点的轨迹

B. *SMC* 曲线最低点的轨迹

C. *LAC* 曲线最低点的轨迹

D. *LMC* 曲线最低点的轨迹

12．如果以利润最大化为目标的企业的边际收益大于边际成本，那么，该企业（ ）

A. 应增加其产量

B. 应减少其产量

C. 必然获得经济利润

D. 必然处于亏损状态

13. 垄断企业能够成为价格的制定者，原因在于 ( )

A. 该行业有许多企业

B. 垄断企业生产了该行业的全部产品

C. 垄断企业的需求曲线弹性无穷大

D. 存在一定行业壁垒

14. 正式勾结在一起共同运作的寡头企业被称为 ( )

A. 卡特尔

B. 价格领袖制

C. 管制的企业

D. 完全竞争企业

15. 在短期中，垄断竞争企业所能出现的最大经济亏损是 ( )

A. 零

B. 其总成本

C. 其可变总成本

D. 其固定总成本

16. 如果价格高于平均可变成本，一个完全竞争企业的供给曲线就是 ( )

A. 在市场价格时的水平线

B. 在零产量时的垂线

C. 和边际成本曲线一样

D. 和平均成本曲线一样

17. 下列关于垄断企业描述正确的是 ( )

A. 垄断厂商由于其在行业中的垄断地位，因而不可能出现亏损

B. 垄断厂商的短期供给曲线就是其边际成本曲线

C. 垄断厂商的边际收益线位于平均收益线的下方

D. 垄断厂商的长期均衡条件为 $MR=LMC$；$AR=AC$

18. 最需要进行广告宣传的是 ( )

A. 完全竞争厂商

B. 完全垄断厂商

C. 垄断竞争厂商

D. 寡头垄断厂商

19. 寡头垄断和垄断竞争的主要区别是 ( )

A. 厂商之间相互影响的程度不同。

B. 产品差异程度不同

C. 广告开支不同

D. 非价格竞争的数量不同

20. 某景点针对外宾和内宾设置不同的门票价格，属于 ( )

A. 一级价格歧视

B. 二级价格歧视

C. 三级价格歧视

D. 以上都不对

三、判断题

1．对于任何厂商来说，在长期均衡时都必然实现 $TR > TC$。 ( )

2．市场竞争程度的强弱是微观经济学划分市场类型的标准。 ( )

3．寡头厂商只能被动地接受既定的市场价格。 ( )

4．在完全垄断市场中，资源可自由流动。 ( )

5．任何市场结构中，厂商在短期均衡时都实现利润最大化。 ( )

6．完全竞争条件下，厂商的需求曲线是一条水平线。 ( )

7. 寡头厂商的短期供给曲线是其短期边际成本曲线上等于和高于停止营业点的部分。 ( )

8. 在任何市场中，均存在 $AR=P=MR$。 ( )

9. 若企业经济利润为零，就是收支相抵。 ( )

10. 垄断厂商可以任意制定价格。 ( )

11. 完全竞争市场中厂商数目众多，因而厂商的行为目标是产量最大化。( )

12. 完全垄断厂商的产品需求价格弹性为1时，总收益最大。 ( )

13. 完全竞争行业长期均衡时，行业内每个企业都实现了正常利润，且经济利润都为零。 ( )

14. 企业实行价格歧视需要满足一定的实施条件。 ( )

15. 自然垄断就是对自然资源的垄断。 ( )

16. 完全竞争厂商实现短期均衡时，SMC 曲线与 AVC 曲线的交点称为停止营业点。 ( )

17. 厂商间关系最密切的是完全竞争市场。 ( )

18. 垄断厂商由于其垄断地位，不需要进行创新。 ( )

19. 一个完全竞争行业的长期供给曲线是该行业中每个厂商供给曲线的水平相加。 ( )

20. 成本递减行业的长期供给曲线是自左向右下倾斜。 ( )

四、简答题

1. 比较四个市场的特征、短期均衡条件和长期均衡条件。

2. 完全竞争条件下，厂商实现长期均衡时的价格为什么难以保持在 LAC 最低点的水平之上？

3. 简析完全竞争厂商的需求曲线、平均收益曲线和边际收益曲线的特征及关系。

4. 为什么完全竞争厂商是价格接受者？

5. 请举例说明生活中的垄断竞争市场，垄断竞争厂商在市场竞争中应该比较关注哪些问题，为什么？

6. 请思考，我们生活中常见的市场结构是什么？如果服装行业不是垄断竞争市场，而是完全竞争市场，那么生活会发生怎样的变化？

7. 请具体分析比较3种价格歧视的形式。

五、计算题

1. 某垄断厂商的短期总成本函数为 $TC=Q^2-60Q+1950$，需求函数为 $P=96-2Q$，试求：

   (1) 该厂商短期均衡时的均衡产量和均衡价格。

   (2) 此时厂商是否具有超额经济利润？若存在，利润额为多少？

2．假设在完全竞争行业中有许多相同的厂商，代表性厂商 *LAC* 曲线的最低点的值为 6 美元，产量为 500 单位。当工厂产量为 550 单位的产品时，各厂商的 *SAC* 为 7 美元。市场需求函数与供给函数分别是：

Q_D=80000−5000P，Q_S=35000+2500P。

（1）求市场均衡价格，并判断该行业是长期还是在短期处于均衡？为什么？

（2）在长期均衡时，该行业有多少家厂商？

（3）如果市场需求函数发生变动，变为 Q_D =95000−5000P，试求行业和厂商的新的短期的均衡价格及产量，厂商在新的均衡点上，盈亏状况如何？

3．已知某完全竞争行业中的单个厂商的短期成本函数为：

$STC=0.1Q^3-2Q^2+15Q+10$。试求：

（1）当市场上产品的价格为 P=55 时，厂商的短期均衡产量和利润；

（2）当市场价格下降为多少时，厂商必须停产；

（3）厂商的短期供给函数。

六、作图题

1．作图说明完全竞争厂商、垄断竞争厂商的短期均衡和长期均衡。

2．推导完全竞争厂商的短期供给曲线。

3．推导完全竞争行业的长期供给曲线。

4．作图说明斯威齐模型。

七、案例讨论

假设印刷行业是完全竞争的，且处于长期均衡中。现在一家高科技印书公司发明了一种全新的印书流程，可以极大地降低印书成本。该公司为这种技术申请了专利，因此阻止了其他公司使用这项新技术。请问在短期这家高科技印书公司的图书价格和利润会发生什么变化？在长期，当专利到期后，其他公司也能自由使用这项新技术时，该公司的图书价格和利润又会发生什么变化？

第六章 完全竞争市场下的生产要素理论

春节期间，许多城市出现了这样的场景：保姆、钟点工难找，其工资急剧上扬；医院护工价格翻番，病人直呼“请不起”；开工的企业或高薪招聘一线生产工人，或开出非常优厚的条件力挽欲回乡过年的职工……为什么会出现这样的现象呢？是什么决定了工作的报酬呢？

要回答这些问题我们必须考察生产要素市场，这就是本章的内容。

在经济学中，生产要素理论又被称为“收入分配理论”。本章通过生产要素的供给和需求分析，阐明各种生产要素收入的决定即收入在各要素之间的分配。由于企业家才能的不可测量性，我们主要研究劳动、资本、土地这 3 种要素的供求市场及其收入的决定。

我们知道，产品市场可分为完全竞争市场和不完全竞争市场。同样，要素市场也可分为完全竞争要素市场和不完全竞争要素市场。为了研究的简便，本章考察的是完全竞争的要素市场，同时假设要素所生产的产品也属完全竞争市场。

与完全竞争的产品市场一样，完全竞争的要素市场同样要满足 4 个条件：市场上有数量众多的要素需求者和要素供给者，他们都是要素价格的接受者；生产要素是同质的；要素可以完全自由流动；要素的需求者和供给者具有完全的信息。

本章的基本概念：引致需求　边际生产力　边际收益产品　边际要素成本　地租　洛伦兹曲线　基尼系数

本章的学习目标：掌握要素市场的特征；要素需求理论；要素边际生产力理论以及要素供给原理；理解收入分配的基本原理。

第一节　完全竞争市场下的要素需求

小苏喜欢吃比萨饼，老王是比萨饼店的老板。小苏是消费者，老王是生产者。作为消费者的小苏肚子饿了对比萨饼有需求，作为生产者的老王力图制作出美味的比萨饼吸引消费者前来消费。显然，他们两人的需求是不一样的，老王的需求是能制作出美味比萨饼的各种要素，包括店员的劳动、面粉、鸡蛋、黄油、烤炉、水、电以及场地等。那么，与产品的需求相比，要素的需求呈现出怎样的特征呢？要素需求理论有哪些独到之处呢？

一、要素收入的构成

要素市场是指要素的需求者和要素的供给者进行要素交易的一个场所。生产要素通常分为劳动、土地、资本和企业家才能 4 类，其对应的要素收入分别为工资、地租、利息和正常利润 4 种。其中大部分人的收入主要为劳动收入，其形式为工资、薪金和福利等。同一个人往往可以拥有多种收入，比如某人有一份工作，每月获得工资收入，他有一些储蓄，可以获得利息收入，他还拥有某企业的一些股份，可以获得企业利润的分红，还有一套用于出租的房产，可以获得租金收入。所以他收入的总额等于他所提供的要素数量乘以每种要素价格的总和。我们首先讨论一般要素的需求和供给如何决定要素的价格，再讨论具体的劳动、资本及土地的价格决定。

二、要素需求的特征

生产要素的需求者是厂商，它与消费者对产品的需求不同，要素的需求具有如下两个特征：

（一）生产要素的需求是一种派生需求

派生需求又称引致需求，指对某种生产要素的需求是由对它所生产的产品的需求所决定的。

小苏对比萨饼的需求是一种直接需求，比萨饼能直接满足人们的欲望，饿的时候需要食物充饥，这是人类生存的直接需要。而比萨饼店老板老王对生产比萨饼的要素的需求则是从消费者对比萨饼的直接需求中所派生出来的。换句话说，只有消费者对比萨饼店里的比萨饼有需求时，比萨饼店才会对能生产比萨饼的要素有需求。同样，人们对衣服的需求会派生出对生产衣服所需的机器、原材料、劳动力等要素的需求。既然小苏对比萨饼是一种直接需求，那老王对生产要素可称为一种间接需求。因此，派生需求是引致需求，也是间接需求。

（二）生产要素的需求是一种联合需求

厂商对于生产要素的需求是一种联合的需求，而消费者对于产品的需求是一种单一的需求。还是以比萨店的要素需求为例，比萨店的生产和销售所需要的生产要素不只是店员，还需要生产比萨的原料、烤炉，存放比萨的食品柜以及开店的场所等，必须是多种生产要素的共同作用才能最终提供消费者所需要的比萨饼。在生产过程中，各种生产要素之间是互补的，任何单一的生产要素都无法单独完成生产过程。在一定的范围内，各种生产要素还可以互相替代。

正是由于土地、劳动和资本品在生产中是相互依赖、相互补充的，这使得收入的分配成为一个非常复杂的问题。为了寻求答案，我们需要用一个新的理论，即要素的边际生产力理论。

小思考 生产要素的需求变化由哪些因素决定?

三、边际生产力理论

边际生产力指的是在其他条件不变的前提下，每增加一单位某种生产要素的投入所带来的产量的增加量。边际生产力有两种表现形式：实物表现形式和价值或货币表现形式。实物表现形式为边际物质产品（*MPP*），即增加一单位生产要素所引起的物质产品总量的增量；价值表现形式有边际产品价值（*VMP*）或边际收益产品（*MRP*）。边际产品价值是边际产品和产品价格的乘积，边际收益产品是边际产品和边际收益的乘积。即：

$$VMP = MPP \times P \quad (6.1)$$

$$MRP = MPP \times MR \quad (6.2)$$

在完全竞争产品市场条件下，边际收益等于产品的价格，所以 $VMP = MRP$。

我们知道，由于边际收益递减规律的作用，边际物质产品是递减的，而产品的边际收益在完全竞争市场条件下就是产品的价格，它不随产量的变化而变化，为一固定值，所以随着一种要素的投入不断增加，其边际收益产品是不断递减的，如图 6.1 所示。

边际生产力理论最先由美国经济学家克拉克提出。他认为生产要素都会创造产品的价值，在其他条件不变和边际生产力递减的前提下，一种生产要素的价格取决于其边际生产力。为了说明这一点，我们需要从厂商对生产要素的需求说起。

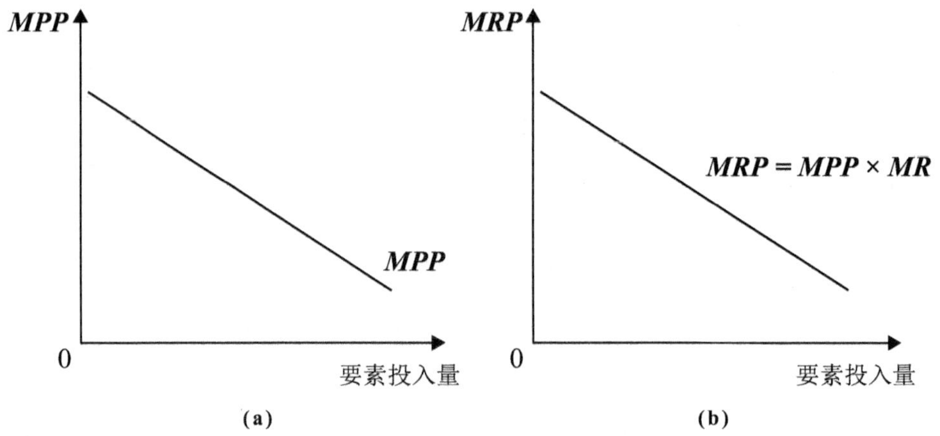

图 6.1 边际物质产品和边际收益产品

小思考 说明边际收益产品和边际收益的差别。

四、生产要素的需求

在完全竞争条件下，追求利润最大化的厂商是如何决定要素的最优投入的？下面将分别就单个厂商和整个市场对生产要素的需求状况作出说明。

（一）单个厂商对生产要素的需求

比萨饼店老板老王已选好店址进行了装修，购买了材料，安装了设备，准备雇用店员开工了。为了获得最大利润的老王会雇用几个店员呢？

假设比萨饼店员的工资是一年 2 万元，用这个工资你可以雇到你所要的全部店员，经过调查测算，每雇一个店员对比萨饼店产量及收益影响如表 6.1 所示。

表 6.1 完全竞争条件下的边际收益产品

店员投入量 L	总产量 TPP	边际物质产品 MPP	产品价格 P 边际收益 MR	要素的边际收益产品 MRP	边际要素成本 MFC 要素价格 W
0	0	–			
1	800	800	50	40000	20000
2	1500	700	50	35000	20000
3	2100	600	50	30000	20000
4	2600	500	50	25000	20000
5*	3000	400	50	20000	20000

根据本章的研究假设这是一个完全竞争的产品市场，所以表中的产品价格与边际收益相等。

边际要素成本（MFC）指厂商增加一单位要素所耗费的成本。由于我们涉及的是完全竞争的劳动力市场，因此，边际要素成本和工资相等。

当老王雇用第一个店员时，可以增加收益 4 万元，雇用这个店员的工资支出是 2 万元，所以可获得 2 万元的利润；雇用第二个店员时，增加的收益是 3.5 万元，每个雇员的工资都是 2 万元，故雇用第二个店员可获得 1.5 万元 的利润；同理，雇用第三个店员的利润是 1 万元，雇用第四个店员的利润是 5 千元，雇用第五个店员的利润正好等于 0，而雇用第六个店员已无利可图，反而会亏损 5 千元，所以追求利润最大化的老王绝不会雇用第六个店员。

据此，我们可以得出厂商使用要素的利润最大化原则。在生产者行为理论的分析中我们知道，厂商利润最大化的条件是 $MR=MC$，即生产最后一单位产量的边际收益必须等于生产这一单位产量的边际成本。厂商在使用生产要素时的利润最大化原则和前述的生产产品时的利润最大化原则在本质上是完全一致的，即厂商使用最后一单位要素的边际收益等于厂商使用这一单位要素的边际成本。厂商使用要素的边际收益即该要素的边际收益产品 *MRP*，而厂商使用要素的边际成本为边际要素成本，在完全竞争条件下，*MFC* 就是要素的价格。

因此，厂商使用要素的利润最大化条件可表示为：

$$MRP=MFC \tag{6.3}$$

小思考 当要素分别为劳动力、资本、土地时，厂商使用要素的利润最大化条件如何表示?

为什么当 $MRP=MFC$ 时，厂商达到了最优的要素需求呢? 如果 $MRP>MFC$，那么增加一单位要素的投入所产生的额外收益超过了额外成本，厂商是有利可图的，为了获得更多的利润，他会进一步增加要素的投入，而随着要素投入的增加，*MRP* 不断递减；反之，如果 $MRP<MFC$，则厂商增加一单位要素投入产生的额外收益小于其带来的额外成本，投入这一单位要素会造成亏损，企业一定会减少要素的投入。通过要素投入的调整，最终会达到 $MRP=MFC$，而只有在 $MRP=MFC$ 时，厂商想得到的利润都得到了，是最优的要素投入量。

我们可以从厂商使用要素的利润最大化原则得出厂商对要素的需求曲线，如图 6.2 所示。

图 6.2（a）是一种生产要素如劳动力投入量的边际收益产品线，服从边际收益递减规律。对于任意给定的生产要素价格 W_1，厂商雇用的最优劳动数量为 L_1，因为此时符合厂商使用要素的利润最大化原则：$MRP_L=W_1$。如果在 W_1 时，厂商雇用的人数小于 L_1，那么 $MRP_L>W_1$，为了获得更多利润，厂商会增加劳动力的投入量；如果厂商雇用的人数大于 L_1，那么 $MRP_L<W_1$，厂商会减少劳动力

的投入量。同理，当要素价格下降到 W_2 时，厂商雇用的最优劳动数量为 L_2。W_1 与 L_1 的组合点、W_2 与 L_2 的组合点都在 *MRP* 线上，因此，厂商对于要素的需求曲线与要素的 *MRP* 曲线重合，如图 6.2（b）所示。

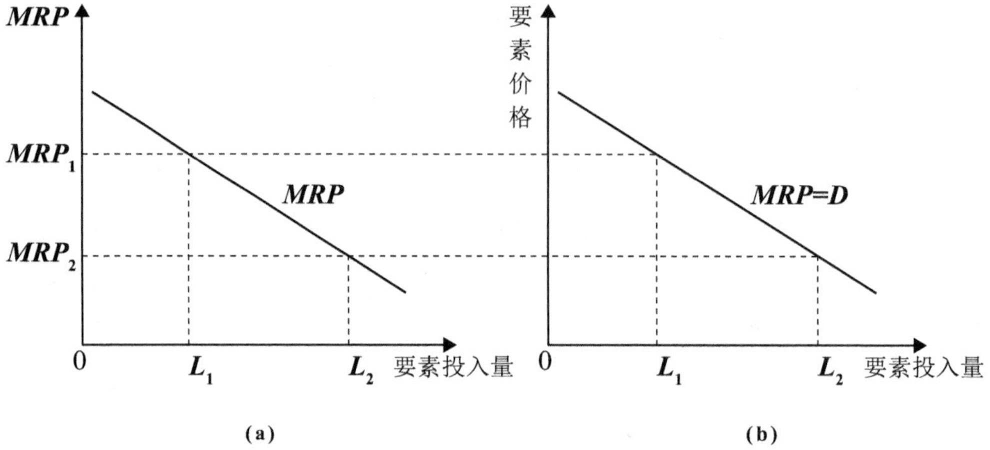

图 6.2 要素的边际收益产品曲线与需求曲线

小思考 回忆前面所学过的合二为一的曲线有哪些？它们推导的思路有相似之处吗？

（二）整个市场对要素的需求

从前面的分析我们得知，完全竞争市场下单个厂商对要素的需求曲线就是要素的边际收益产品曲线。现在进一步讨论整个完全竞争市场的要素需求曲线。我们知道整个市场对产品的需求曲线是单个消费者对产品的需求曲线的水平加总，这一原则同样适用于生产要素的市场需求曲线的推导，但不同的是市场的要素需求曲线并不是每个厂商的边际收益产品曲线的简单加总，因为我们必须考虑到市场上价格的变化。需要说明的是，前面推导完全竞争条件下单个厂商的要素需求曲线等于其边际收益产品曲线是有一定条件的：即要素价格发生变化时，单个厂商会调整对要素的需求量，但同时假定其他厂商均不进行调整，以此才能确保完全竞争市场的产品价格即边际收益是不变的。当我们从单个厂商转到研究整个市场时，这个条件显然不再满足，因而，单个厂商的边际收益产品曲线不再代表其要素需求曲线，它们的简单加总也不再代表整个市场的要素需求曲线。

显然，当要素价格发生变化时，完全竞争市场中的所有厂商都会对要素的最优使用量进行调整。这样做的结果是整个市场的产品供给会发生改变，从而改变产品的价格。产品价格的改变又会使每一个厂商的边际产品收益曲线发生改变，于是厂商的要素需求曲线不再是原来那条边际收益产品曲线。

我们用图 6.3 来推导多个厂商同时调整情况下单个厂商的要素需求曲线。

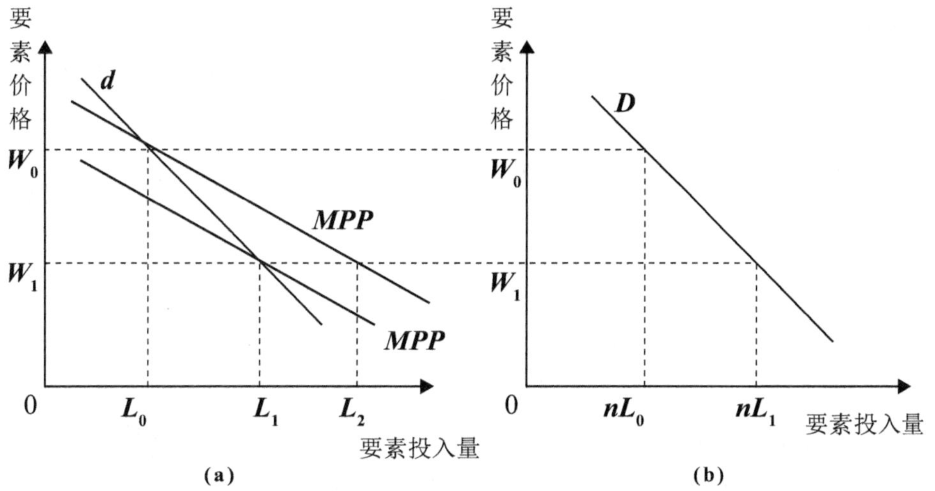

图 6.3 单个厂商的要素需求曲线和整个市场的要素需求曲线

先看图 6.3（a），假设初始情况是要素价格为 W_0，产品价格为 P_0，边际收益产品曲线 MRP_0。根据 MRP_0 曲线，厂商对要素的需求量为 L_0，则（W_0，L_0）是要素需求曲线上的一个点。现在要素价格下降到 W_1，如果不考虑其他厂商的调整，则单个厂商会根据他的边际收益产品曲线 MRP_0 将要素的需求量调整为 L_2，但因为市场中所有厂商都会由于要素价格的下降而增加对要素的需求量，从而导致整个市场的产品供给增加，产品价格下降，致使每一个厂商的边际产品收益曲线都向下调整，如 MRP_1，于是在要素价格为 W_1 时，厂商对要素的最优需求量不再是 L_2，而是比 L_2 少一些的 L_1，则（W_1，L_1）又是要素需求曲线上的一个点。重复这个过程，找出更多的需求曲线上的点并将它们联成一条线，即可得到多个厂商同时调整下的单个厂商的要素需求曲线 d，这条需求曲线仍然是向右下方倾斜的，但比边际收益产品曲线更陡一些。将每个厂商的这条更陡一些的要素需求曲线水平加总，即得到整个市场的要素需求曲线。再看图 6.3（b），假设市场中有 n 家厂商，每家厂商都有相同的要素需求曲线 d，则整个市场的要素需求曲线就是将每家的要素需求曲线 d 加总起来，即图 6.3（b）中的曲线 D。

专栏 6-1　什么是资本的收入

劳动收入是一个容易理解的概念，它是工人从其雇主那里得到的工资支票，但资本赚到的收入并不明显。

在我们的分析中，我们一直暗含着假设家庭拥有经济的资本存量——梯子、钻床、仓库等——并租给使用资本的企业。在这种情况下，资本收入是家庭为其资本的使用得到的租金。这种假设使我们对资本所有者如何得到报酬的分析简单化，但这并不完全是现实的。实际上，企业通常拥有它们所用的资本，因此，它们从这种资本中得到了收入。

但是，资本的这些收入最终要支付给家庭。一些是以利息的形式支付给借给企业钱的家庭。债券持有者和银行储户是获得利息者的两个例子。因此，当你从你的隐含账户上得到利息时，那种收入是经济中资本收入的一部分。

此外，一些资本收入以红利的形式支付给家庭。红利是企业支付给企业股东的。股东是购买了部分企业所有权，从而有权分享企业利润的人。

企业并不一定要以利息和红利的形式把收入全支付给家庭。它也可以在企业内保留一部分收入，用于购买增加的资本。虽然这些保留的收入没有支付给企业股东，但股东仍然可以从中获益。由于保留收入增加了企业拥有的资本量，它们往往会增加未来的收入，从而提高了企业股票的价值。

资料来源：曼昆．经济学原理[M]．梁小民，译．北京：机械工业出版社，2006.

第二节　生产要素的供给与均衡价格的决定

餐馆的洗碗工整天洗着油腻腻的盘子，一天下来疲惫不堪；服务生端盘子、擦桌子、倒茶水，忙得不可开交。红火的餐饮业给他们带来的只是超负荷的工作和微薄的收入。而一个当红明星仅仅在公开场合露一下脸就可能获得几万甚至更多的收入。收入差异为何如此之大?

要回答这个问题就需要进一步了解要素的供给，因为要素的价格是由要素的市场需求和市场供给共同决定的。

一、单个厂商面临的要素供给曲线

完全竞争的要素市场上有众多的要素需求者和要素供给者，单个厂商作为要素的需求者，其对要素的需求量只占整个要素市场需求中很小的份额，所以在他有限的需求范围内，无论怎样调整对要素的需求都不会影响整个要素市场上要素的价格。因此，单个厂商可以在既定的要素价格水平下购买到任意数量（受限于其本身的规模）的要素。所以，要素供给对于单个厂商来说具有完全弹性，即单个厂商面临一条水平的要素供给曲线，也是要素的市场价格曲线或者要素边际成本 *MFC* 曲线，如图 6.4 所示。

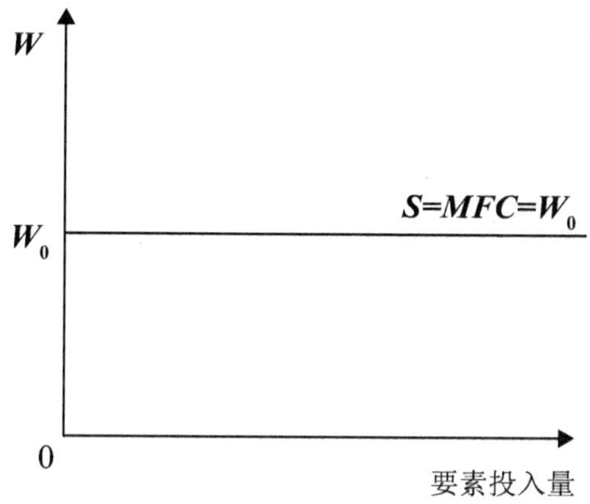

图 6.4 单个厂商面临的要素供给曲线

二、市场的要素供给曲线

在市场经济中，大多数生产要素是私人拥有的，在要素市场上供求双方的交易通常针对的是要素的使用权而非要素的所有权，即要素的交易通常是租借而不是买卖。市场的要素供给曲线与单个厂商面临的完全弹性的要素供给曲线是不同的，要素的供给通常会随着要素价格的上升而增加，是一条向右上方倾斜的正斜率曲线，如图 6.5（a）所示。在特殊情况下，要素的供给可以是完全无弹性的，不论价格上升多少，供给量总是固定不变的，比如土地的供给，其供给曲线是一条垂直线，如图 6.5（b）所示。在有的情况下，要素的供给曲线还可以是负斜率的，当一种要素的价格上升时，要素的供给量会增加，但增加到一定程度后可能随着要素价格的上升，要素的供给量反而减少了，如图 6.5（c）所示。比如当工资上升时，人们感觉到他们可以工作更少的时间，更多地享受生活，所以在工资高的时候，劳动的供给曲线就有可能向后弯曲，而不是继续向上倾斜。

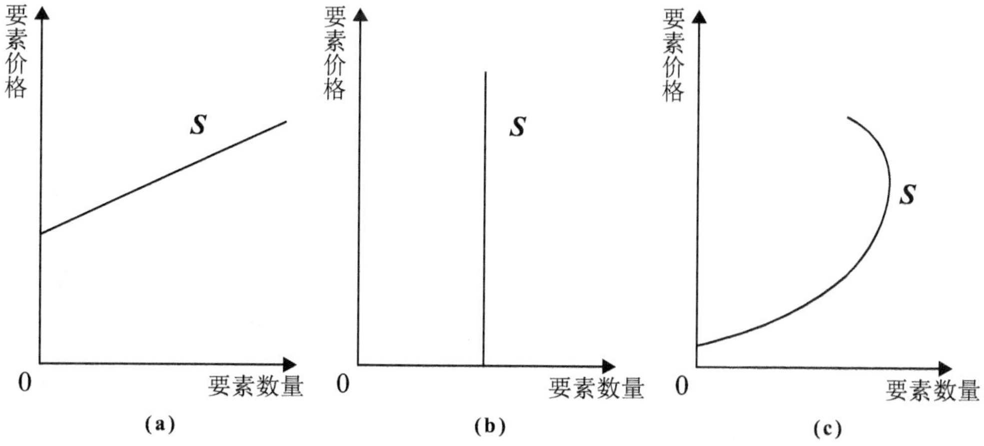

图 6.5 不同弹性的要素供给曲线

三、要素均衡价格的决定

要素的均衡价格取决于要素的市场需求和市场供给。完全竞争市场中要素的均衡价格就是要素市场上需求量和供给量相等时的那个价格水平。反映在图上就是要素的需求曲线和供给曲线相交时的价格。如图 6.6 所示，E 点对应的价格 W_e 即为均衡价格。

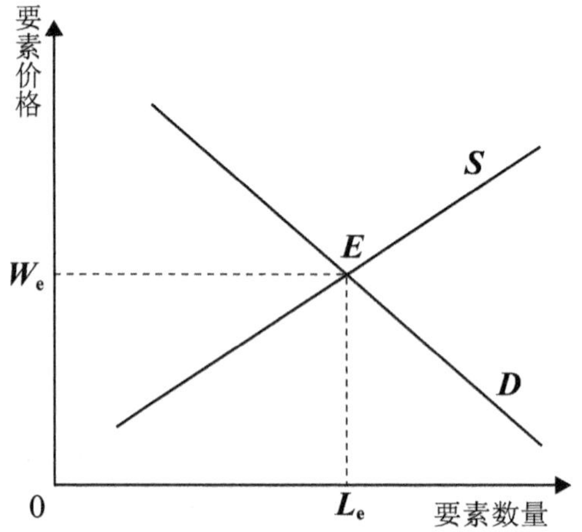

图 6.6 要素均衡价格的决定

小思考 服务生的工资为什么这么低？是被老板剥削了吗？

第三节 劳动供给曲线和工资的决定

大学毕业刚入职场的年轻人工作很勤奋，他们常常愿意放弃节假日的休息时间去加班加点地工作。经过多年的职场打拼，奠定了一定的经济基础后，这些当年的工作狂可能更愿意享受闲暇的时光。如何从经济学的角度来解释这种现象呢？这就必须涉及劳动的供给曲线了。

一、劳动和闲暇

劳动供给涉及消费者对其拥有的既定时间资源的分配。每个消费者每天只有固定的 24 小时，这是不会改变的。在这 24 小时之中，有一部分必须用于正常的生理需求，这也称为劳动力的再生产，假设这个时间为每天 10 小时。那么消费者可以自由支配的时间资源每天固定为 14 小时。消费者可以用这 14 个小时提供劳动，也可以用于享受闲暇，但劳动和闲暇的总计每天不能超过 14 小时，换句话说，消费者要将每天 14 小时的时间资源分配在劳动和闲暇上。当消费者将一部分时间用于提供劳动，他将获得劳动收入，这些收入可用于消费并增加消费者的效用；当消费者将剩余的一部分时间用于享受闲暇，即可直接增加消费者的效用。劳动本身是劳动者体力和脑力的消耗，会使人产生痛苦和不愉快的感觉，即劳动会给消费者带来负效用，所以必须有工资即劳动收入作为补偿。闲暇虽然能直接增加消费者的效用，但消费者选择闲暇就不能提供劳动，他所放弃的劳动收入就是选择闲暇的机会成本。劳动和闲暇之间是相互替代的，消费者又会如何选择呢?

二、单个劳动者的劳动供给

消费者在考虑劳动和闲暇的选择时必然会涉及工资这个概念，即劳动的价格。单个劳动者的劳动供给是指单个的劳动要素所有者在不同的工资水平上愿意并且能够提供的劳动数量，它取决于劳动要素所有者对劳动收入和闲暇之间的比较。随着工资的提高，劳动收入增加，它一方面会增加闲暇的机会成本，即闲暇的价格上升而减少闲暇，另一方面又会提高消费者享受闲暇的能力。因此工资的提高对劳动供给或闲暇的需求会产生两种效应：替代效应和收入效应。

我们在第二章讨论需求曲线的形状时学过替代效应和收入效应，当正常品的价格上升时，由于替代效应，消费者会转而消费相对便宜的替代品，减少该商品的消费；同时由于收入效应，消费者的实际收入下降了，又减少了该商品的消费。因此，对于一般的正常品而言，替代效应和收入效应共同作用使其需求曲线向右下方倾斜。

对闲暇商品的需求同样受到替代效应和收入效应两个方面的影响。一方面，随着工资的上涨，即闲暇商品的价格上升，相对于其他商品来说，闲暇这个商品现在变得更加“昂贵”了，由于替代效应的作用，消费者减少对闲暇的需求而转向其他替代商品的消费。因此劳动的替代效应是指，随着工资的提高，消费者愿意以更多的劳动收入来替代闲暇，即提供更多的劳动。另一方面，随着工资的上涨，消费者的实际收入在提高，对闲暇这种正常商品的需求也随之增加，但因为闲暇和劳动之间的替代关系，消费者在增加对闲暇商品的需求同时必然减少劳动的供给。所以劳动的收入效应是指随着工资的提高，消费者更富有了，可以享受更多的闲暇，即减少对劳动的供给。

工资提高的替代效应和收入效应共同决定了劳动的供给，当替代效应大于收入效应时，劳动供给会随着工资的提高而提高，即劳动供给曲线斜率为正；当收入效应大于替代效应时，劳动供给会随着工资的提高而下降，即劳动供给曲线斜率为负。一般来说，工资在比较低的水平时，劳动的替代效应大于收入效应，劳动供给曲线向右上方倾斜，当工资上涨到一定程度以后，劳动的收入效应大于替代效应，劳动供给曲线向左上方倾斜。所以随着工资由低到高的变动，劳动供给曲线先向右上方倾斜，慢慢转变为向左上方倾斜，形成了向后弯曲的劳动供给曲线，如图 6.7 所示。

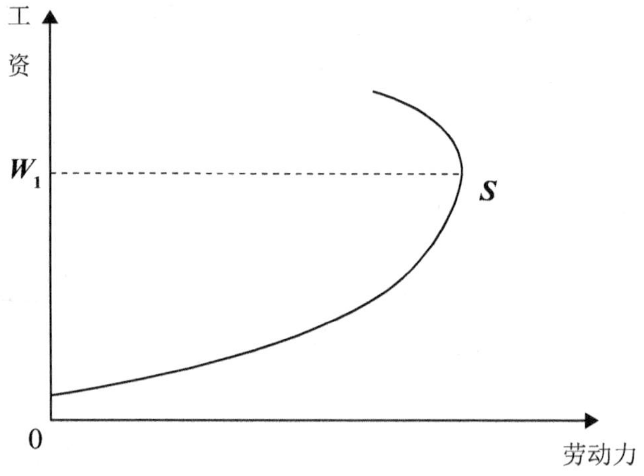

图 6.7 向后弯曲的劳动供给曲线

专栏 6-3 单收入和双收入家庭的劳动供给

20 世纪劳动市场最大的变化之一是妇女不断加入劳动大军。在 1950 年，只有 34% 的妇女进入劳动大军，而到 2010 年，这一比例已接近 60%。在这一增长中，已婚妇女占了很大的比重。妇女在劳动市场上增长的作用还对住宅市场产生了重大影响：在哪里生活和工作越来越成为丈夫和妻子的共同决定。

一项研究分析了工作选择的复杂地，它比较了 94 个未婚妇女的工作决定和 397 个家庭户主及其配偶的工作决定。描述各种不同家庭级别工作决定的一个方法是计算劳动供给弹性。每种弹性都把工作小时数与家庭户主得到的工资联系起来，也与双收入家庭中另一个成员的工资相联系。下表概括了其结果。

组别	户主的工作小时与户主工资的相关度	配偶的工作小时与配偶工资的相关度	户主的工作小时与配偶工资的相关度
未婚男子（没有孩子）	0.026		
未婚女子（有孩子）	0.106		
未婚女子（没有孩子）	0.011		
单收入家庭（有孩子）	–0.078		
单收入家庭（没有孩子）	0.007		
双收入家庭（有孩子）	–0.002	–0.086	–0.004

当较高的工资率导致较少的工作时间时，劳动供给曲线是向后弯曲的，因为鼓励更多闲暇的收入效应大于鼓励更多工作的替代效应。这时的劳动供给弹性是负的。上表显示，有孩子的单收入家庭的户主和双收入家庭（有孩子或没有孩子）

都有向后弯曲的劳动供给曲线，其弹性在 −0.002~−0.078 之间。大多数单收入家庭的户主处在劳动供给曲线的向上倾斜部分，其中有孩子的未婚女子的弹性最大，为 0.106。已婚妇女(列为家庭户主的配偶)也处在劳动供给曲线的向后弯曲部分，其弹性在 −0.028~−0.086 之间。

资料来源：平狄克，鲁宾费尔德．微观经济学 [M]. 张军，罗汉，等，译．北京：中国人民大学出版社，2013.

小思考 劳动供给弹性的正负号说明了什么？

三、市场的劳动供给曲线和均衡工资的决定

将所有单个消费者的劳动供给曲线水平相加，即得到整个市场的劳动供给曲线。虽然许多消费者的劳动供给曲线可能会向后弯曲，但劳动的市场供给曲线却不一定向后弯曲，因为，在较高的工资水平上，现有的工人也许提供更少的劳动，但高工资会吸引更多的新工人进入该劳动力市场，因而总的市场供给一般还是随着工资的上升而增加，从而市场的劳动供给曲线是向右上方倾斜的。

将市场的劳动供给曲线与市场的劳动需求曲线结合在一起即可决定劳动的均衡工资水平，如图 6.8 所示。

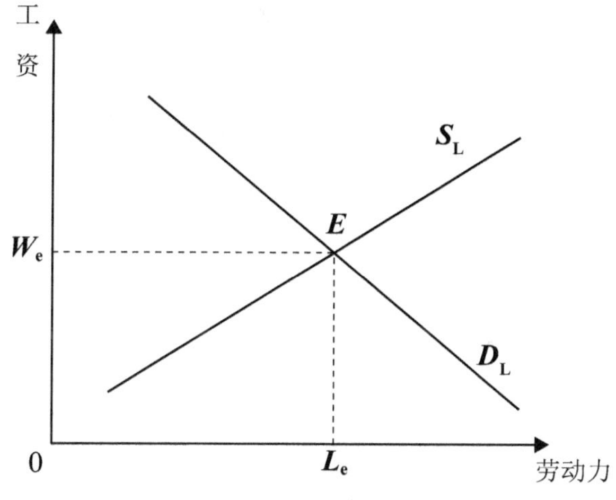

图 6.8 均衡工资的决定

在要素需求确定的情况下，要素的价格就取决于要素供给曲线的形状，我们分析两种不同形状的劳动供给曲线，以便看出为什么劳动收入差距会这么大。图 6.9 是两种劳动（建造师和建筑工人）的要素市场。由于建造师需要执业资格证书，而且成为一名建造师所需要接受的教育和训练时间长，成本高，因而其供给相当有限，结果就是建造师的劳动供给曲线是竖直型的，其收入也比较高。另一种收入模式是建筑工人，建筑工人的工作对于技术或教育没有多少要求，几乎每

个有体力的人都能做，劳动供给很有弹性，劳动者想要进入这个市场很容易，导致建筑工人的劳动供给曲线是扁平型的，建筑工人的工资就较低。可见，建造师和建筑工人收入悬殊的主要原因在于劳动质量的差别，而不是工作时间的差别。

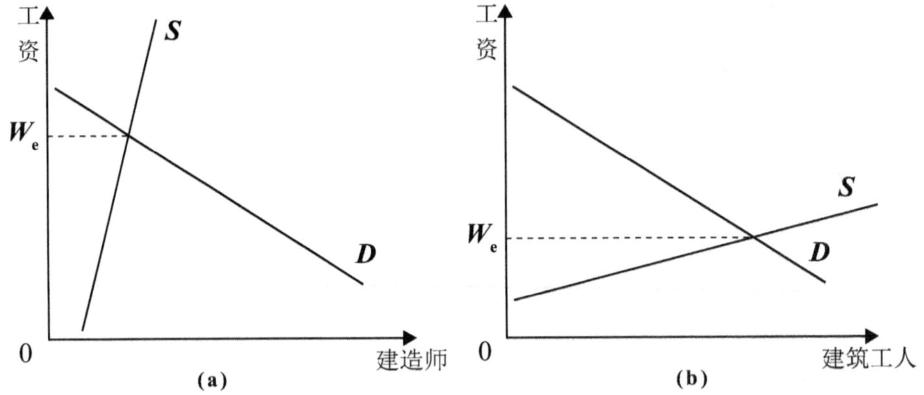

图 6.9 建造师与建筑工人的工资差异

小思考 如何才能成为高收入的劳动者？

专栏 6-4 "民工荒"与"就业难"

当今中国的劳动力市场一方面出现了"民工荒"，某些行业的用工需求出现了很大的缺口，如熟练工人和技能工人；另一方面大量的大学毕业生找不到工作，处于一种失业的状态，"就业难"现象的确存在。为什么会出现这种比较矛盾的现象呢？

国内不缺少劳动力，而是市场用工需求和供给之间出现了严重的矛盾。从经济发展形态来看，工业领域对就业岗位的需求很旺盛，特别是熟练工人和技能工人，由于数量有限，工厂愿意为他们支付更高的工资。而在供给端，目前有较为稳定输出的有两类：刚毕业的大学生，不断涌向城市的农民工。前者更适合去第三产业工作，后者又缺乏足够的技能培训和工作经验。

资料来源：梁应杰. 解决新增就业问题要靠发展服务业 [N]. 都市快报，2014-02-25（C03）.

小思考 如何解决"民工荒"与"就业难"的矛盾？

第四节 资本、土地的供给和利息、地租的决定

19 世纪后期，由于大量的移民涌向美国，美国的人口不断增长。随着人口的增长和铁路延伸到美国西部，西部地租飞涨，为土地所有者带来了丰厚的利润。地租又是由什么决定的呢？

要素市场除了劳动力市场外，还包括非人力的要素市场，那就是资本和土地

市场。从总体上来说，这两个市场的均衡价格决定与劳动力市场的均衡价格决定非常类似。

一、资本的供给和利息的决定

（一）资本和利率的概念

资本是由人们的经济活动创造出来的并被用作投入要素以生产出更多的商品和劳务的物品。资本包括厂房、机器、生产工具等。

资本所提供劳务的价格就是利率，或者说，利率是厂商使用资本的价格。

资本所有者在生产中提供了资本，得到的报酬就是利息。利息与工资的计算方法不同，利息不是用货币的绝对数量来表示，而是用相对数量——利率来表示。利率是指在单位时间内利息数额占资本总额的比率。

（二）资本的供给及均衡利率的决定

一个经济社会当前的储蓄是形成未来资本的重要来源，因此，资本的供给主要取决于人们的储蓄意愿，而人们的储蓄意愿又与利率水平相关，当利率越高，人们越愿意牺牲当前的消费来储蓄，可供的资本数量就越多。因此资本的供给量与利率成正比。资本的供给曲线向右上方倾斜，资本的需求曲线同样向右下方倾斜，通常用投资曲线来表示资本的需求曲线。资本的市场供给和市场需求之间的相互作用决定了均衡的利率水平，如图 6.10 所示。

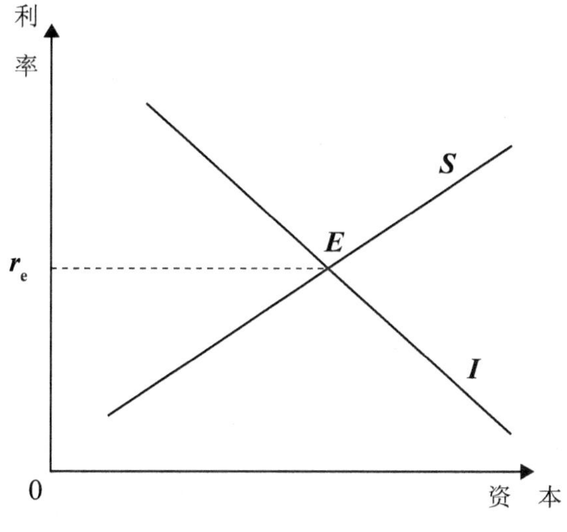

图 6.10 均衡利率的决定

二、土地的供给和地租的决定

（一）土地和地租的概念

经济学上的土地，泛指一切自然资源，土地的自然供给是固定不变的，即土地的供给弹性为零，它不会随着土地价格的变化而变化。

地租是土地这种生产要素的价格，土地所有者提供了土地，提到的报酬就是地租。因为土地是一个广义的概念，它泛指一切自然资源，所以地租也可以理解为自然资源使用者付给其所有者的报酬，这时候称为租金。

（二）地租的决定

地租是使用土地的价格，它同样由土地的需求和供给共同决定。土地的需求与对其他生产要素的需求一样，取决于土地的边际生产力，即土地的边际产品收益。由于土地的边际产品收益是递减的，所以土地的需求曲线是一条向右下方倾斜的曲线。由于土地的供给完全无弹性，其供给曲线是一条与横轴垂直的线。

由于土地的供给完全无弹性，所以对土地的需求成为决定地租的唯一因素，地租的决定如图 6.11 所示。

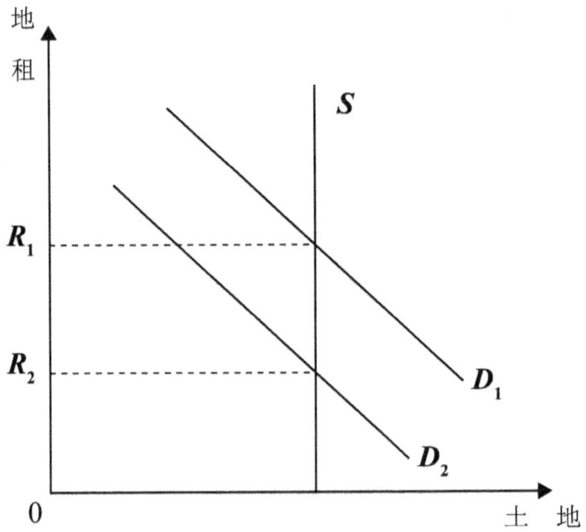

图 6.11　均衡地租的决定

从图中可以看出，地租的高低完全由厂商对土地的需求所决定，需求越大，地租越高。

专栏 6-5　级差地租

由于土地的肥沃程度、雨量光照等气候条件、地理位置、交通方便程度上的不同，在同样面积的土地上投入同样多的生产要素所得到的产量和收益是不同的，因此生产者对土地的需求也不一样。用不同等级土地的差别报酬来说明地租决定的理论，就是级差地租理论。

一般说来，对土地的利用会根据对产品的需求大小，从优等到劣等的顺序依次进行，而产品的价格由边际土地决定，边际土地就是用于生产的最劣等的土地。除边际土地以外的土地平均成本较低，这一较低的平均成本与边际土地的成本之间的差额，就是较优等的级差地租。所以从整体经济活动看，地租可以看成是一种差别报酬，但从个别生产者看，地租则是生产者的一项成本。如果土地是租来的，必须支付地租，如果土地是自己的，作为隐性成本，地租是自己应得的收入。

资料来源：萨缪尔森 . 萨缪尔森辞典 [M]. 陈迅，白远良，译释 . 北京：京华出版社，2001.

小思考 假设杭州西湖周边的土地可以出租的话，你认为地租的高低由哪些因素决定？

（三）经济租与准地租

由于土地供给是固定的，所以土地所有者在出租土地时可以索取地租。这样的分析可以延伸到具有固定供给量的其他生产要素的价格决定。当其他生产要素也具有供给固定这一特征时，就产生了租金的概念。

租金泛指具有固定供给的生产要素的价格，即支付给各种供给不变的生产要素的报酬。实际上，地租、利息都是一种租金。

经济租指对某一生产要素的支付额超过其维持目前用途所需支付的最低报酬，或者说是生产要素所有者所得到的实际收入高于他们所希望得到的最低收入，则超过的部分为经济租。例如，小苏即将大学毕业，正在积极落实工作单位。他希望得到的最低报酬是年薪 5 万，结果用人单位根据小苏的具体情况，开出了年薪 7 万，那么 2 万便是小苏获得的经济租。

小思考 对于人力要素而言，怎样才能获得比较高的经济租？

准地租指短期内固定不变的生产要素所获得的收益。在短期内，固定资产是不变的，固定资产的报酬就是准地租。

小思考 准地租在长期存在吗？

第五节　收入分配的衡量

“朱门酒肉臭，路有冻死骨”，杜甫几千年前的著名诗句生动刻画了社会的贫富差距。我国改革开放以后，人们的生活水平有了很大的提升，但收入分配差距也越来越大。社会收入分配是否合理一直是公众关注的热点问题。那么，怎样来衡量一个行业或社会的收入分配是否平等呢？考量社会收入分配差距的指标是什么呢？

要素价格决定理论是收入分配理论的一个重要部分，但并不是收入分配理论的全部内容。收入分配理论还包括对收入分配平等程度的衡量，通常使用洛伦兹曲线和基尼系数。

一、洛伦兹曲线

为了研究国民收入在国民之间的分配，美国统计学家洛伦兹提出了著名的洛伦兹曲线。洛伦兹曲线是一条反映社会收入分配平均程度的曲线。洛伦兹首先将一国总人口按收入由低到高排队，然后分成若干等级，计算每个等级的人口占总人口的百分比、累计百分比，以及每个等级人口的收入占社会总收入的百分比、累计百分比。假设把社会上的人口按收入从低到高分成 5 个等级，各占总人口的 20%，他们占总收入的百分比分别为 3%，10%，20%，27%，40%，如表 6.2 所示。

表 6.2 收入分配资料数据

按收入水平高低分组	占总人口比重（%）	累计人口比重（%）	占总收入比重（%）	累计收入比重（%）
最低收入者	20	20	3	3
较低收入者	20	40	10	13
中等收入者	20	60	20	33
较高收入者	20	80	27	60
最高收入者	20	100	40	100

根据上表可以画出洛伦兹曲线，见图 6.12，在图中，横轴 *OP* 代表人口百分比，纵轴代表收入百分比，将人口累计百分比和收入累计百分比的对应关系描绘在图形上并联成一条线，即得到洛伦兹曲线 *ODY*。图中的直线 *OY* 为 45 度线，在这条线上，每 20% 的人口得到 20% 的收入，表明收入分配是绝对平均的，称为绝对平均线。折线 *OPY* 表示收入分配绝对不平均，称为绝对不平均线。在这条线的 *OP* 段表示低收入等级的人群没有任何收入，占收入比重为 0，而最高收入者掌握了全部的收入，表现在 *PY* 段，最高收入者加入后收入比重达到 100%。

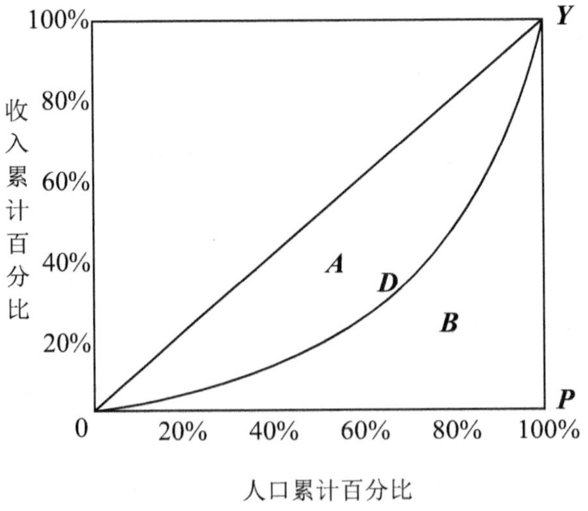

图 6.12 洛伦兹曲线

一般来说，一个国家的收入分配既不会是绝对平等的，也不会是绝对不平等的，而是介于两者之间。相应的洛伦兹曲线既不会是直线 *OY*，也不会是折线 *OPY*，而是像 *ODY* 那样向折线凸出。洛伦兹曲线的位置反映了收入分配平等的状况。洛伦兹曲线越接近直线 *OY*，说明收入分配越平等；洛伦兹曲线越接近于折线 *OPY*，说明收入分配越不平等。

二、基尼系数

基尼系数是根据洛伦兹曲线计算出来的，反映社会收入分配平均的指标。1921 年意大利经济学家基尼，根据洛伦兹曲线提出了判断收入分配平等程度的指标，在图 6.12 中，设收入分配的绝对平均线 *OY* 与洛伦兹曲线 *ODY* 之间构成的面积为 *A*，洛伦兹曲线与收入分配的绝对不平均线 *OPY* 之间构成的面积为 *B*，然后将 *A* 除以（*A*+*B*）的商表示不平等程度，即基尼系数。

$$\text{基尼系数} = \frac{A}{A+B} \tag{6.4}$$

当洛伦兹曲线越接近于绝对平等线，则 *A* 的值越小，基尼系数越小，表明收入分配越平均；当洛伦兹曲线与绝对平均线重合，即收入分配绝对平均时，*A* 为 0，基尼系数等于 0；曲线越接近于绝对不平均线，则 *A* 的越大，基尼系数越大，表明收入分配越不平均；当洛伦兹曲线与绝对不平均线重合，即收入分配绝对不平均时，*B* 的值为 0，基尼系数等于 1。所以基尼系数的取值范围在 0~1 之间，基尼系数的值越小，表明收入分配越平等；基尼系数的值越大，表明收入分配越不平均。联合国有关组织规定：基尼系数若低于 0.2，则表示收入绝对平均；0.2~0.3 表示比较平均；0.3~0.4 表示相对合理；0.4~0.5 表示收入差距较大；0.5 以上表示收入差距悬殊。基尼系数 0.4 是收入分配合理到不合理的一个转变，所以基尼系数 0.4 被认为是一个警戒标准。发达国家的基尼系数通常较低，德国、法国、日本等国家的基尼系数低于 0.3，发展中国家的基尼系数通常较高，巴西、阿根廷等国的基尼系数超过了 0.5。

2013 年，中国国家统计局公布了自 2003 年以来 10 年的全国居民的基尼系数。2003 年 0.479，2004 年 0.473，2005 年 0.485，2006 年 0.487，2007 年 0.484，2008 年 0.491，2009 年 0.490，2010 年 0.481，2011 年 0.477，2012 年 0.474，2013 年 0.473。我国经济发展过程中收入差距过大是不争的事实，政府必须加大力度缩小贫富差距，促使社会和谐稳定地发展。

小思考 为什么发达国家的基尼系数比较低呢？你认为基尼系数是否适合在我国使用？我国基尼系数变化的趋势说明了什么问题？政府应该如何解决这个问题？

专栏 6-6 贫困定义的微妙之处

“贫困”一词对不同的人有不同的含义。显然，贫困是一种人们没有足够收入的状况。但是，要在穷人与富人之间划一条明确的界线却很困难。经济学家因此设计了一些具体标准以供官方定义贫困。

20 世纪 60 年代，美国将贫困正式定义为一种收入水平，它低于所估算的维持生存的基本生活水平所需的费用。其计算依据家庭的预算，还有家庭食品花费在支出中的比例。自那时起，随着政府消费者价格指数的更新，这种计算所反映的是生活费用的变化。按照标准定义，2004 年 4 口之家的年最低生活费用是 18850 美元。这个数据被当作“贫困线”，用于区分贫困家庭和非贫困家庭。贫困线的数值随着家庭规模的大小而变化。

尽管确定贫困的具体数字是有帮助的，但专家们认识到“贫困”是个相对概念。生活预算中包括了偏好和社会习俗等主观因素。今天，贫困标准以下的住房通常也包括家用设施和管道设备，这些在早期，即使在百万富翁家庭中也是不可能拥有的。

鉴于此，国家科学院的专家小组在 1995 年建议，将贫困的概念变为相对收入。专家组建议当某家庭的消费还不到平均家庭在食品、服装、住房上的消费水平的 50% 时，该家庭即可被定义为贫困。相对收入意义上的贫困在不公平现象缓解时会减少；当经济增长而收入和消费的分配没有变化时，贫困现象也不会有变化。在这个新的世界里，涨潮会让所有的小船升高，但不会改变仍有一部分人口被认为是穷人这一事实。政府正在审慎地考虑这一新的方法。

资料来源：萨缪尔森，诺德豪斯 . 经济学：第 19 版 [M]. 萧琛，译 . 北京：商务印书馆，2013.

小思考 考虑到中国的实际情况，如何定义“贫困”更为合理？

人物介绍

边际生产力论创始人
——约翰·贝茨·克拉克

约翰·贝茨·克拉克

约翰·贝茨·克拉克（1847—1938），美国经济学家，美国经济协会创始人，协会第三任会长，边际效用学派在美国的主要代表。

克拉克出生于美国一个新英格兰世家，家境并不富裕。上大学后曾两度辍学，25岁毕业于美国安默尔斯特学院。随后赴德国和瑞士留学3年。回国后，一直在大学任教。1893年后任美国哥伦比亚大学经济学教授直至1923年退休。

克拉克最早把政治经济学分为一般经济规律、静态经济学和动态经济学3个自然部分，以代替萨伊关于政治经济学对象的“三分法”（生产、分配、消费）。克拉克认为，政治经济学的第一部分包括财富的一般现象，凡有关取得和使用财富的过程，不管在什么社会条件下发生，都属于这个部分的研究范围。第二部分包括静态的社会经济，它说明如果社会是有组织的，如果社会的组织形式和活动方式毫无变化，财富将会有什么变动。第三部分包括动态的社会经济，它说明由于社会的组织形式和活动方式不断变化，社会财富和社会福利会发生什么变化。所谓“一般经济规律”是指效用递减规律、特殊（资本、劳动）生产力规律和生产力递减规律，并在此基础上形成其“边际生产力论”。克拉克把一般经济规律看作静态经济学和动态经济学的前提，把静态模式下说明资本主义分配问题的“边际生产力论”作为其理论的核心，企图说明资本主义社会收入的分配“受着一个自然规律的支配”，工人和资本家都得到了自己所创造的产品，公正合理，不存在任何剥削。

在分析工资和利息时，克拉克从生产要素论和生产力递减规律出发，认为在资本数量不变的情况下，如果继续增加工人，每增加一单位的工人，则平均每一个工人分摊到的装备就会减少，每一单位劳动生产出来的产品也会比原来的少。最后增加的那一单位工人的劳动生产力最低，这就是所谓“劳动边际生产力”。“劳动边际生产力”不仅决定边际劳动的工资，而且还决定所有与其相同的熟练程度工人的工资。同样，最后追加的那一单位资本的生产力称为“资本边际生产力”。“资本边际生产力”不仅决定边际资本的利息，而且决定其他部分资本的利息。

克拉克的主要著作有：《财富的哲学》（1886）、《财富的分配》（1899）、《经济学要义》（1907）。其中，《财富的分配》是其代表作。

美国经济协会于 1947 年在克拉克诞辰 100 周年之际设立了克拉克奖，目的在于纪念克拉克提出的边际生产力理论与生产耗竭理论，以及研究出根植于边际效用的需求理论。该奖简称“克拉克奖”，俗称“小诺贝尔经济学奖”，它是经济学界除诺贝尔经济学奖外的另一项殊荣。首届克拉克奖获得者萨缪尔森正好是荣获诺贝尔经济学奖的首位美国经济学家。

法国政治经济学的创始人

——让·巴蒂斯特·萨伊

让·巴蒂斯特·萨伊

让·巴蒂斯特·萨伊（1767—1832）是法国经济学家，与李嘉图是同时代人。

萨伊出生于里昂一个大商人的家庭，早年经商，后来去英国接受教育，开始接触和研究斯密的经济学说。在法国大资产阶级执政时，他热烈拥护革命，积极参加政治活动。当雅各宾派上台后，就成为革命的反对者。

萨伊从 1790 年开始著作，主要经济学著作有：《政治经济学概论》（1803），《政治经济学问题》（1817）和《政治经济学教程》（1828—1830）。《政治经济学概论》是其代表作，此书奠定了他在学术界、思想界的巨人地位。

萨伊在《政治经济学概论》中提出了著名的关于经济学的三分法，即财富的生产、消费和分配 3 部分，而且这三者在逻辑上是有着密切联系的。把社会经济活动划分为生产、消费和分配，这在西方经济学说史上还是第一次。

生产论是萨伊全部理论的基础，他认为财富的生产就是效用的生产，生产的内容就是创造效用，因此价值的本质就是效用。萨伊用效用价值论代替了斯密的劳动价值论。在分析生产条件时，萨伊从他的“三分法”引出生产的“三要素”论。他认为进行财富生产必须同时具备劳动、资本和土地，三者相互协调，缺一不可。

萨伊的分配论以他的生产三要素和效用价值论为基础。他认为既然价值来源于三要素，那么每一要素的所有者都应得到相应的收入，劳动—工资、资本—利润、土地—地租，这就是“三位一体”公式。这个公式否定斯密关于利润、利息和地租是劳动所创造的价值的扣除部分的观点。

萨伊是经济学说史上把消费正式纳入政治经济学理论体系的第一人。他认为消费即效用的消灭，消费唯一的研究对象是消费行为本身所产生的满足的程度，唯一的目的是在于对比消费者的消费对他所引起的损失和给他所提供的满足。所以消费者所做的损益估算的正确程度决定消费是否适宜。

萨伊在答复马尔萨斯、西斯蒙第关于生产和销售脱节从而导致经济危机问题时提出了著名的萨伊定律，即生产能创造自身的需求，供求相等，货币只起到瞬间的媒介作用。萨伊定律在当时就遭到马克思等人的反对，但在凯恩斯革命以前，一直为西方的主流所接受。

本章小结

本章从对产品市场的分析转入对生产要素市场的分析，讨论生产要素市场的价格决定问题，也为收入分配问题。与产品价格一样，要素价格也由需求和供给两部分决定。因此，本章首先分析要素的需求，再分析要素的供给，最后把要素的供求结合在一起讨论要素市场的均衡。

与对产品的需求不同，厂商对要素的需求是一种派生需求或引致需求。厂商对生产要素的需求数量取决于要素市场的利润最大化原则，即要素的边际收益等于要素的边际成本。要素的边际收益取决于该要素的边际生产力，在完全竞争的产品市场条件下，要素的边际收益可表示为边际收益产品或边际产品价值，而在完全竞争的要素市场条件下，要素的边际成本可表示为要素的价格。通过分析厂商的利润最大化原则可得到要素需求。

因为不同的生产要素特点不同，所以它们的供给也呈现出不同的特点。自然资源的供给是固定的；资本品的供给与价格同方向变动；劳动的供给有其特殊性，劳动力的供给曲线呈弓型。当工资率上升的替代效应超过收入效应时，劳动的供给量随工资率增加而增加，当收入效应超过替代效应时，劳动的供给量随着工资率的增加而减少。

要素需求和供给的均衡决定要素均衡价格和数量。

本章最后从社会的角度出发，介绍衡量社会收入分配平均程度的标准，即洛伦兹曲线和基尼系数。基尼系数越小，收入分配越平均，反之，收入分配越不平均。

通过本章的学习，希望同学们能够理解经济社会中收入分配的本质，明白收入分配不平等的原因，有意识地去考虑如何能够提高个人的收入以及如何缩小整个社会的收入分配差距。

本章重点：边际生产力理论；生产要素需求的特征；各种生产要素的需求和供给；洛伦兹曲线和基尼系数。

本章难点：劳动供给曲线的形状及其原因；厂商对要素的需求曲线和市场对要素的需求曲线。

参考文献

[1] 萨缪尔森，诺德豪斯．经济学：第 19 版 [M]. 萧琛，译．北京：商务印书馆，2013.

[2] 高鸿业．西方经济学：名师导读版 微观部分 [M]. 北京：中国人民大学出版社，2012.

[3] 吴虹．西方经济学：微观部分 [M]. 武汉：湖北科学技术出版社，2012.

[4] 茅于轼．生活中的经济学 [M]. 北京：群言出版社，2009.

[5] 曼昆．经济学原理：第 5 版 微观经济学分册 [M]. 梁小民，译．北京：北京大学出版社，2009.

[6] 平狄克，鲁宾费尔德．微观经济学：第 8 版 [M]. 张军，译．北京：中国人民大学出版社，2013.

[7] 蒋自强．简明西方经济学史 [M]. 沈阳：辽宁人民出版社，1989.

练　　习

一、名词解释

要素市场　引致需求　边际生产力　边际收益产品　边际产品价值　边际要素成本　地租　洛伦兹曲线　基尼系数

二、选择题

1．一个厂商在产品市场上是完全竞争的，要素 A 是其唯一的可变要素，则该厂商对要素 A 的需求曲线由以下何者给出？（　）

A. VMP_A 线

B. MP_A 曲线

C. MC_A 曲线

D. 以上都不是

2．生产要素的需求曲线之所以右下方倾斜，是因为（　）

A. 要素生产的产品的边际效用递减

B. 要素的边际产值递减

C. 生产的规模报酬递减

D. 以上都不是

3．工资率的上升所导致的替代效应系指（　）

A. 工作同样长的时间可以得到更多的收入

B. 工作较短的时间也可以得到同样的收入

C. 工人宁愿工作更长的时间，用收入带来的享受替代闲暇带来的享受；

D. 以上均对

4．某工人在工资率为每小时2美元的时候每周挣80美元，每小时3美元的时候每周挣105美元，由此可以断定（　）

A. 收入效应起着主要作用

B. 替代效应起着主要作用

C. 收入效应和替代效应都没有发生作用

D. 无法确定

5．如果政府大力提倡用先进的机器来替代劳动，这将导致（　）

A. 劳动的供给曲线向右移动

B. 劳动的需求曲线向右移动

C. 劳动的供给曲线向左移动

D. 劳动的需求曲线向左移动

6．既要提高工资又要避免失业增加，在下列哪一种情况下比较容易实现?（　）

A. 劳动的需求富有弹性

B. 劳动的供给富有弹性

C. 劳动产品的需求富有弹性

D. 劳动产品的需求缺乏弹性

7．劳动供给决策包括（　）之间的选择。

A. 工作和睡眠

B. 收入和消费

C. 消费和睡眠

D. 收入和闲暇

8．劳动供给决策的预算约束为（　）

A. 效用约束

B. 时间约束

C. 成本约束

D. 收入约束

9．当要素A供给价格弹性为零时（　）

A. 该要素的供给量是固定的且与该要素价格无关

B. 该要素的需求曲线单独决定均衡价格

C. 要素A的全部支付都为租金

D. 以上全对

10．完全竞争条件下，厂商使用要素的边际收益是指（　）

A. 边际产品价值

B. 边际产品

C. 产品价格

D. 边际产品与要素价格之积

11．洛伦兹曲线越是弯曲则（　）

A. 基尼系数越大，收入越不平等

B. 基尼系数越大，收入越平等

C. 基尼系数越小，收入越不平等

D. 基尼系数越小，收入越平等

12．准租金与厂商的总利润相比（　）

A. 两者相等

B. 准租金大

C. 总利润大

D. 以上都有可能

13．设甲、乙两类工人，甲类工人要求的工资率为250元/月，乙类工人要求的工资率为200元/月。某厂商为了实现最大利润，必须雇用所有甲、乙两类工人，并支付每个工人250元/月的工资。由此可知，甲、乙两类工人得到的月经济租金（　）

A. 分别为250元、200元

B. 均为250元

C. 分别为0元、50元

D. 均为50元

14. 在以下基尼系数中，哪一个说明了收入分配最不平均 （ ）

A. 0.11

B. 0.5

C. 0.25

D. 0.8

15. 地租不断上升的原因是 （ ）

A. 土地边际产量递增

B. 土地的供给不变，而需求日益增多

C. 土地的需求与供给同时增加

D. A、B和C

16. 在完全竞争的市场上，某厂商的生产函数为 $Q = 10L - 0.5L^2$，假定产品市场上的价格为5，劳动的工资率为10，则厂商利润最大化的劳动使用量为 （ ）

A. 5

B. 8

C. 10

D. 40

17. 利润被定义为 （ ）

A. 总收入与总成本的差异

B. 均衡时边际收益与边际成本的差异

C. 分配给股东的红利

D. 企业再投资于生产的现金量

18. 下列判断不正确的是 （ ）

A. 厂商存在经济利润，则其要素存在经济地租

B. 经济租金使用于长期分析，而准租金属于短期分析

C. 一种要素在短期内存在准租金不意味着长期中存在经济利润

D. 经济地租对特定要素而言，而经济利润是对厂商而言的

19. 当基尼系数等于（ ）时，社会财富是完全平等分配的？

A. 0

B. 0.5

C. 1

D. 2

20. 有时，企业对一种生产要素的需求为 （ ）

A. 投资需求

B. 反需求

C. 中间环节需求

D. 引致需求

三、判断题

1．厂商的要素使用原则是要素的边际收益等于要素的边际成本。 （ ）

2．工资率上升的收入效应导致闲暇消费的减少，而其替代效应导致工作时间的增加。 （ ）

3．边际产品价值（*VMP*）或边际收益产品（*MRP*）度量的是一单位的生产要素投入对产出增长的贡献。 （ ）

4．边际收益产品是指不完全竞争产品市场上厂商使用要素的边际收益，用*MRP*表示。 （ ）

5．边际产品价值是指完全竞争产品市场上厂商使用要素的边际收益，用*VMP*表示。 （ ）

6．行业的要素需求曲线就是将同行业厂商的*VMP*曲线相加。 （ ）

7．当某完全竞争厂商使用劳动要素达一定量时的 VMP=500 元，而 w=450 元，该厂商应减少劳动的使用量。（ ）

8．劳动的市场供给曲线是一条向右上方倾斜的曲线。（ ）

9．所谓准租金就是对供给量暂时固定的生产要素的支付，即固定生产要素的收益。（ ）

10．随着工资的提高，单个劳动者提供的劳动越来越多。（ ）

11．如果仅考虑劳动的替代效应劳动供给曲线向右上方倾斜。（ ）

12．如果一个竞争性厂商最后雇用的那个工人所创造的产值大于其雇用的全部工人的平均产值，它一定没有实现最大利润。（ ）

13．森林、矿藏、河流等自然资源不是生产要素。（ ）

14．任意一种资源，如果只能用于某种用途，而无其他用途，则该资源对该用途的供给曲线就一定是垂直的。（ ）

15．资本包括建筑物、设备、产成品和投入的存货。（ ）

16．在短期内，厂商所面临的资本供给曲线是向右上方倾斜。（ ）

17．当资本的边际效率大于利息率时，厂商继续借款进行投资仍有利可图。（ ）

18．利息是对人们牺牲当前的消费而将其用于未来的生产的报酬。（ ）

19．基尼系数的增大将表明收入平均程度增加。（ ）

20．如果收入是平均分配的，则洛伦兹曲线将会与 45° 对角线重合。（ ）

四、思考题

1．完全竞争的要素市场上要素价格是如何决定的？

2．为什么单个劳动者的劳动供给曲线是向后弯曲的？

3．解释垂直的土地供给曲线的经济学含义。

4．请用经济学原理解释企业管理层的工资收入为什么高于基层的企业员工。

5．比较产品市场需求于要素市场需求。

6．在生产要素市场下，厂商使用生产要素的利润最大化原则是什么？具体说明。

五、计算题

1．设一厂商使用的可变要素为劳动 L，其生产函数为

$$Q=-0.01L^3+L^2+38L$$

其中，Q 为每日产量，L 是每日投入的劳动小时数，所有市场（劳动市场及产品市场）都是完全竞争的，单位产品价格为 0.10 美元，小时工资为 5 美元，厂商要求利润最大化。问厂商每天要雇用多少小时劳动？

2．某劳动市场的供求曲线分别为

$D_L=4\,000-50W$；$S_L=50W$。请问：

（1）均衡工资为多少？

（2）假如政府对工人提供的每单位劳动征税 10 美元，则新的均衡工资为多少？

（3）实际上对单位劳动征收的10美元税收由谁支付？

（4）政府征收到的税收总额为多少？

六、作图题

1．作图说明完全竞争厂商对要素的需求曲线。

2．作图说明完全竞争市场对要素的需求曲线。

七、案例讨论

在过去10年中，拥有大学学位的工人和未受过大学教育的工人之间的收入差距在逐渐缩小。假定新的信息技术提高了高学历工人的边际产品，但是并不影响低学历工人的边际产品，试分析这两类工人之间的收入差距会发生什么变化？

第七章　市场失灵与微观经济政策

小苏这段时间碰到了烦心的事，因为白天上班比较忙，没有多余的时间用于学习，为了准备建造师的执业资格考试，只能利用业余时间来复习。可是小苏租住的小区一到晚上大妈们就集中在公共区域跳广场舞，那开放式音响刺耳的噪音不到九十点钟是不会停的，这让小苏完全无法静下心来学习。显然，跳广场舞的大妈们的行为影响了其他人的利益，长此以往，可能会引发一些纠纷或冲突。

我们前面的理论都是假设在其他条件不变的前提下来分析消费者或生产者的行为，没有涉及消费者之间或生产者之间的相互影响。而在现实中，消费者的行为或生产者的行为会对其他人产生一定影响：好的影响或坏的影响。如何从经济学的角度分析这种影响呢？如何消除由此可能引发的矛盾呢？这就是本章要阐述的内容。

现实和理想有很大的差距，市场机制这只“看不见的手”的确在资源的最优配置中发挥了相当重要的作用，但它也不是万能的。在某些领域或某些情况下，市场机制也显得无能为力，这种情况被经济学家称为“市场失灵”。

本章要讨论的是导致市场失灵的原因及出现市场失灵后政府这只“看得见的手”进行的干预，目的在于纠正失灵的市场。

本章的基本概念：帕累托最优　市场失灵　外部性　外部收益　外部成本　公共物品　逆向选择　道德风险

本章的学习目标：理解帕累托最优；了解市场失灵的原因；掌握市场失灵时政府采取的措施。

第一节　资源配置效率和市场失灵

斯密在《国富论》中指出，许多人在市场上相互交易，每个人在追逐自身利益的同时也有效地增加了整个社会的利益。他们仿佛被一只“看不见的手”所指引，最终实现了整个社会福利的最大化。言下之意就是，市场机制的运行最终带来的是社会整体福利的最大化。那么评价社会福利最大化的标准是什么呢？市场机制的运行真的如此神奇吗？

一、资源配置效率

由于经济资源是稀缺的，所以人类不得不有效地配置资源。资源配置效率指的就是人们配置稀缺增加的经济资源而达到的最大效益。如果所有的资源都得到了最优的配置，从而实现了社会整体的福利最大化，就达到了资源配置效率。这种效率又称为帕累托最优或帕累托效率，它是由意大利经济学家帕累托提出来的。

二、帕累托最优

帕累托最优作为评价社会整体资源配置的基本标准，指的是这样一种状态：没有人可以在不使得他人境况变坏的条件下使得自身境况得到改善。如果某种经济达到了这样一种状态，以至于一个人的境况不可能变得更好，除非使其他人的境况变得更坏时，就达到了帕累托最优。此时的经济运行是符合资源配置效率的。

没有达到帕累托最优的状态称为“帕累托改进”，意味着一个经济还可能在不降低别人福利的情况下通过重新配置资源，提高某些人（至少一个人）的福利水平。

三、帕累托最优的条件

我们知道，从个人利益出发，私人效率达到最大的标准是边际收益与边际成本相等，如果边际收益大于边际成本，为了获得更多的利益，理性的个人会扩大其活动规模；反之则减少。当个人作为消费者时，其最优的消费行为是边际效用（相当于边际收益）等于物品的价格（相当于边际成本），此时消费者剩余达到最大；当个人是生产者时，其利润最大化条件是 $MR=MC$。由此我们可以得出，从整个社会的经济活动而言，当社会边际收益与社会边际成本相等，即 $MSB=MSC$ 时，就达到社会总福利最大。如果 $MSB>MSC$，则扩大经济活动规模可以增加社会福利；反之应缩小经济活动规模，只有当两者相等时才达到帕累托最优。

在完全竞争且无外部性的条件下，社会经济能实现帕累托最优。下面就帕累托最优的实现条件进行具体的说明。

（一）交换的帕累托最优条件

假设一个经济社会里只有两个消费者（甲和乙），交换 X 和 Y 两种商品，在交换之初两人各持有一定数量的 X 和 Y。如果甲、乙消费 X 和 Y 的边际替代率不等，则还有帕累托改进的余地，他们会通过互相交换，直到边际替代率相等为止，此时达到了帕累托最优，即：

$$MRS_{XY(甲)} = MRS_{XY(乙)} \tag{7.1}$$

例如 $MRS_{XY(甲)} = 5$，$MRS_{XY(乙)} = 2$。对于甲而言，1 单位 X 的效用相当于 5 单位 Y 的效用；对于乙来说，1 单位 X 的效用相当于 2 单位 Y 的效用。甲用 2 单位 Y 和乙交换 1 单位 X 时，乙的福利水平没有降低，但甲的福利水平提高了，与交换前相比甲增加了相当于 3 单位 Y 的效用。同样，如果甲用 5 单位 Y 与乙交换 1 单位 X，则甲的福利水平没有发生改变，而乙的福利水平提高了，乙比交换前增加了相当于 3 单位 Y 的效用。

显然，在边际替代率不等的情况下，甲、乙两人都能通过交换增进自己的福利水平。所以，式（7.1）为交换的帕累托最优条件。

我们知道，消费者消费两种商品的最优条件是 $MU_X/MU_Y = P_X/P_Y$，而 $MRS_{XY} = MU_X/MU_Y$。如果是在完全竞争市场，所有消费者都面临同样的价格，所以面临同样的 P_X/P_Y。由于不存在外部性，因此，社会边际收益等于私人边际收益（边际效用），社会边际成本等于私人成本（所购买的商品价格），因此不存在外部性的完全竞争市场符合交换的帕累托最优。

（二）生产的帕累托最优条件

与交换的帕累托最优条件类似，符合生产的帕累托最优条件是任意两种要素用于任意两种产品生产时的边际技术替代率相等。即：

$$MRTS_{LK(X)} = MRTS_{LK(Y)} \tag{7.2}$$

同理，不存在外部性的完全竞争市场符合生产的帕累托最优。

小思考 请自己推导上述结论。

（三）生产与交换的帕累托最优条件

如果资源既可以用于生产又可以用于消费，则生产与交换的帕累托最优条件为消费者关于这两种商品的边际替代率等于这两种商品之间的转换率，即：

$$MRS_{XY} = MRT_{XY} \tag{7.3}$$

所谓边际转换率是生产可能性曲线的斜率，即在生产可能性曲线上，要增加产量 X 就必须减少的 Y 产量，边际转换率等于两种商品的边际成本之比。

如果 $MRT_{XY}=3$，$MRS_{XY}=2$，意味着生产者少生产 1 单位 X 可以多生产 3 单位 Y；少给消费者 1 单位 X，但可以在多增加的 3 单位 Y 中拿出 2 单位给消费者，使得消费者的满足程度不变，而社会净福利增加了 1 单位的 Y。假设不存在外部性，则社会边际替代率和私人边际替代率相等，社会边际转换率与私人边际转换率相等；假设是完全竞争市场，$MC_X=P_X$，$MC_Y=P_Y$，最终的结果符合式（7.3）。

综上所述，在不存在外部性的完全竞争市场条件下，能够达到帕累托最优。

四、市场失灵

市场机制不是万能的，当市场机制不能有效地配置资源，即不能达到帕累托最优时，经济学把这种现象称为市场失灵。在现实经济中，导致市场失灵的原因有很多，主要有外部性、垄断、公共物品及不完全信息等。

对于市场失灵，就得借助市场机制以外的力量对之进行校正和弥补。

第二节　外部性

如果一家养蜂场和一个苹果园相邻，那会呈现出一幅美好的场景：一方面养蜂场的蜜蜂为苹果园的果树传播花粉，提高了苹果的产量；另一方面，苹果园的果树花也为养蜂场提供蜜源，会增加蜂蜜的产量。养蜂场和苹果园相互提高了经济效益。

跳广场舞的大妈们为了锻炼身体本无可厚非，但是高分贝的音响显然干扰了周边居民的正常生活。

上述例子均属于外部性问题。

一、外部性和市场失灵

外部性是指生产者或消费者的行为对社会上其他人产生有利或不利的影响，却没有获得相应的回报或承担相应的成本。外部性又称为外部影响或外部效应。

外部性可分为外部收益和外部成本，外部收益指生产者或消费者的行为对社会上其他人产生有利的影响，包括生产的外部收益和消费的外部收益；外部成本指生产者或消费者的行为对其他人产生了有害的影响，包括生产的外部成本和消费的外部成本。无论是外部成本还是外部收益，都会造成市场对资源的配置缺乏效率，导致市场失灵。

（一）生产的外部成本

当企业的生产行为给他人带来损害，但企业不需要为此对受害者做出赔偿，便产生了生产的外部成本。比如一家化工厂在生产过程中排放废水、废气等污染物，就会给其他生产者与消费者造成损害，但该化工厂并没有给这些污染的受害者相应的赔偿，即没有承担污染造成的成本。因此，当存在生产的外部成本时，生产的全部社会成本将大于企业承担的私人成本。所谓私人成本指生产者在生产产品时所投入的费用，如果不存在外部成本，私人成本和社会成本相等。但如果存在外部成本，则必须追加一定的成本支出来整治环境等，这种支出并非由企业来承担。因此，社会成本是私人成本和外部成本的加总。

图 7.1 显示的是完全竞争市场下存在外部成本的情况。企业根据利润最大化原则确定的最优产量为 Q_2。由于存在外部成本（其大小为社会边际成本和私人边际成本之间的垂直距离），所以社会边际成本（MC_S）大于私人边际成本（MC_P）。因此，社会要求企业达到的最优产量不是 Q_2，而是 Q_1。

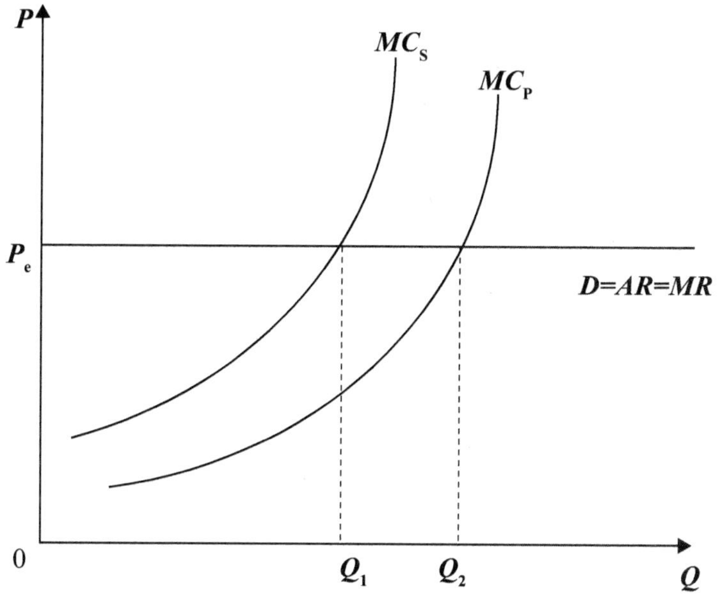

图 7.1 生产的外部成本

显然，生产的外部成本导致企业过量生产。对社会来说，Q_2 的产量水平太高，造成的外部成本（如污染）太大，但由于没有哪个受害者能阻止企业生产 Q_2 这么多的产量，因此社会效率无法自主地达到。

生产的外部成本的其他例子还有把污水排放到河流中的造纸厂、向长江倾倒垃圾的游轮和产生的核废料的核电厂等。

专栏 7-1 全球变暖

许多生产外部性的问题在性质上都是地区性的，如一条小河的污染或有毒废物的堆放主要影响附近的居民。但某些环境危害却可能影响整个地球，这就需要国际间的合作。今天，最严重的全球环境问题莫过于全球变暖，即由于诸如二氧化碳等温室气体的累积就像温室一样储存太阳的能量，使地球的温度上升。许多有力的危害性的证据显示这些气体在不断积累，而且关于温室气体累积后果的证据越来越多。一系列国际专家在相关会议上都指出，其影响是巨大的，而且可能产生十分严重的后果，比如极地冰帽的融化和海平面的上升，将淹没世界上地势较低的地区。在 1992 年里约热内卢的国际会议上，世界各国政府签署了一项协定，承诺控制温室气体排放。1997 年，在京都签订了进一步的协议，旨在使温室气体的排放的减少更有约束力。2001 年，乔治 · W. 布什总统宣布，虽然美国签订了这一协议，但它不会执行。美国的这一单边行动引起了世界其他国家的强烈愤慨，因为美国是最大的排放国。美国认为，如果其他国家不限制排放，它限制排放也没有意义，而依据《京都议定书》，发展中国家必定不会减少它们的排放。它还指出，发展中国家的排放很快就会超过发达国家。另外，布什总统声称，相对于可能产生的危害，减少排放的成本太高。而发展中国家反驳说，这是一个公平问题：按人均计算，它们的排放量远远低于美国的排放量。它们注意到，全球变暖对美国的影响可能是有限的，对美国的有些地区甚至可能是有益的，但是，我们都生活在同一个地球上，美国不能也不应该只从自己的观点看问题。许多发展中国家极端贫穷，为什么在美国声称负担不起减少排放的成本时，要它们做出经济上的牺牲呢？世界在这问题上陷入了僵局，同时，温室气体在继续累积，并可能使未来控制全球变暖的进程变得更为困难。

资料来源：斯蒂格利茨 . 经济学：上册 [M]. 梁小民，等，译 . 北京：中国人民大学出版社，2005.

小思考 应对全球变暖这样的问题应该由谁来做出决策？

（二）生产的外部收益

当企业的生产行为给他人带来利益，但企业并不能因此而获得补偿，便产生了生产的外部收益。比如上述案例中的养蜂场在养蜜蜂的过程中帮助果树传授花粉，使果园主获得了利益，但果园主并不需要为此向养蜂场支付报酬。即相当于养蜂场主为果园主承担了一部分成本，因此当存在生产的外部收益时，生产者的私人成本大于社会成本，如图 7.2 所示，社会边际成本低于私人边际成本。

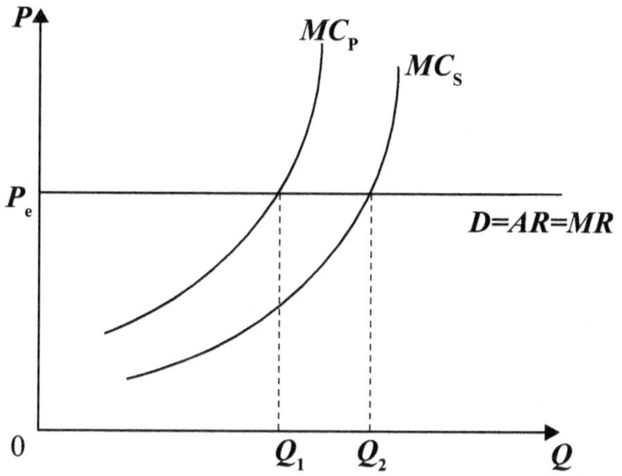

图 7.2 生产的外部收益

在图 7.2 中，社会边际成本 MC_S 小于私人边际成本 MC_P，它们之间的垂直距离就是边际外部收益。从图 7.2 中还可以看出，当存在外部收益时，生产者倾向于减少生产。因为从社会的角度来看，社会边际成本等于社会边际收益时的最优产量为 Q_2；而从企业利益出发，私人的边际成本等于边际收益时的最优产量为 Q_1。对社会来说，Q_1 的产量水平太低，社会资源没有达到最优的配置，但由于没有哪个受益者能要求企业生产 Q_2 这么多的产量，因此社会效率还是无法自主地达到的。

（三） **消费的外部成本**

当个人的消费行为给他人带来损害而不需要承担相应的责任，便产生了消费的外部成本。比如在公共场所随意抽烟的行为，使其身边的人呼吸了有害的烟雾，但抽烟者不需要给身边的人赔偿。抽烟者从抽烟的行为中获得满足，但他人却因此得到了负效用。即该消费者的私人收益大于总的社会收益，如图 7.3 所示，私人边际收益（MB_P）大于社会边际收益（MB_S）。

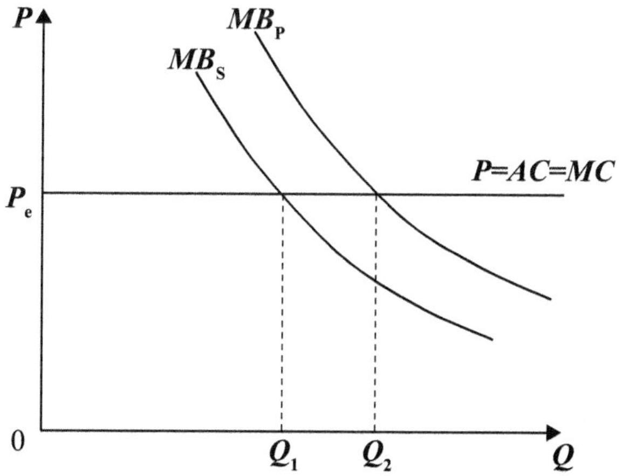

图 7.3 消费的外部成本

在图 7.3 中，私人的边际收益 MB_P 大于社会的边际收益 MB_S，它们之间的垂直距离就是边际外部成本。从图 7.3 中还可以看出，当存在外部成本时，消费者倾向于增加消费。从社会的角度来看，社会边际成本等于社会边际收益时的最优的消费量为 Q_1；而从消费者利益出发，私人边际成本等于私人边际收益时的最优消费量为 Q_2。对社会来说，Q_2 的消费量水平太高，但由于没有哪个受害者能要求消费者仅消费 Q_1 这么多的数量，因此出现市场失灵。

（四）消费的外部收益

当个人的消费行为给他人带来利益，而消费者本人并没有因此而得到补偿，便产生了消费的外部收益。比如当消费者接种传染病疫苗，对于其周围的人来说也就减少了被感染的风险，即他人也获得了收益，这种消费的社会总收益大于消费者自己得到的私人收益，如图 7.4 所示。

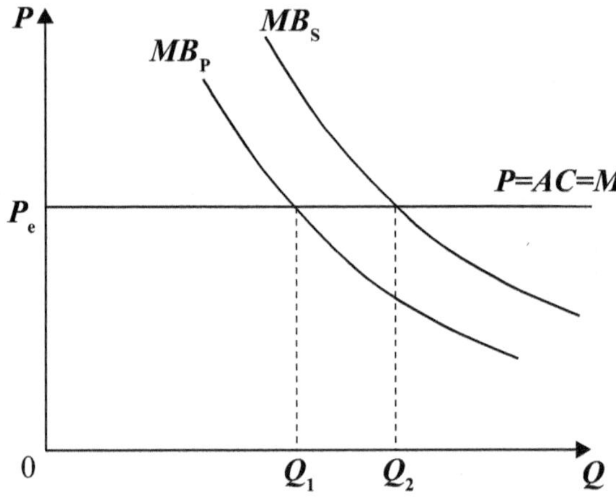

图 7.4 消费的外部收益

在图 7.4 中，社会边际收益 MB_S 大于私人边际收益 MB_P，它们之间的垂直距离就是边际外部收益。从图 7.4 中还可以看出，当存在消费的外部收益时，消费者倾向于减少消费。从社会的角度来看，社会边际成本等于社会边际收益时的最优消费量为 Q_2；而从消费者利益出发，私人边际成本等于私人边际收益时的最优消费量为 Q_1。对社会来说，Q_1 的消费量水平太低，但由于没有哪个受益者能要求消费者消费 Q_2 这么多的数量，因此出现市场失灵。

总结以上外部性的 4 种情况，无论是生产的外部性还是消费的外部性，也无论是外部成本还是外部收益，只要存在外部性，私人效率就无法等同资源配置效率，从而出现市场失灵。

小思考 现在你还认为完全竞争市场符合帕累托最优吗？为什么？

二、解决外部性的对策

由于外部性的存在，私人成本和私人收益与社会成本和社会收益相背离，生产者和消费者在决策时虽然都达到了私人的最高效率，但不能达到社会的最高效率。解决外部性问题的基本思路是让外部性内部化，即通过制度安排将经济主体的经济活动所形成的外部收益或外部成本，转化为私人收益或私人成本，主要通过税收、补贴和界定产权等间接干预的方法及对外部性直接管制的方法来实现。

（一）税收用于解决生产的外部成本

英国经济学家庇古提出：如果要达到社会总福利的极大化，任何经济活动的社会边际收益与社会边际成本必须相等。因此，存在外部成本的情况下，政府应该对带来外部成本的经济主体征税，单位税额等于边际外部成本。通过税收的调节，使私人的边际成本与社会的边际成本相等，此时私人的最优产量即社会的最优产量。以工厂排污造成外部性社会成本为例，政府可以把污水排放造成的社会成本转换为适当水平的税费，向排放企业征收，从而消除外部性。如图 7.5 所示，税收使厂商的私人边际成本曲线向左上方移动到社会边际成本曲线的位置，企业的最优产量从 Q_2 下降至 Q_1，达到社会的最优产量。可见，通过收税可以使外部成本内部化，从而解决污染的外部性问题。

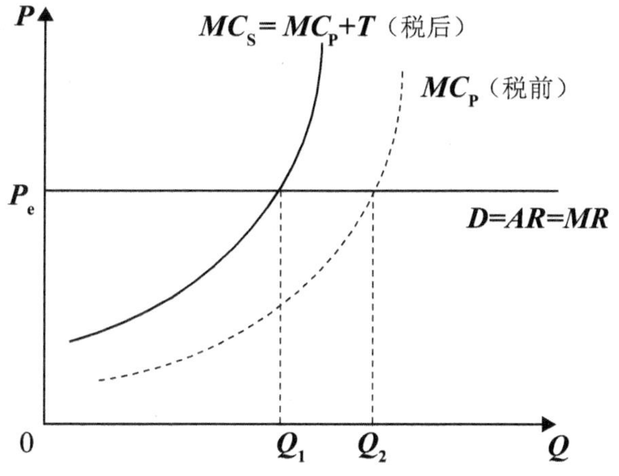

图 7.5 税收使存在外部成本的产品减少

（二）税收用于解决消费的外部成本

当存在消费的外部成本时，私人的边际收益大于社会的边际收益，消费者的选择倾向于增加这种消费行为。为了解决这一外部成本问题，政府同样应该向带来外部成本的消费行为征税。通过征收消费税提高消费者消费行为的边际成本，征收的税额应该等于该消费行为带来的边际外部成本，最终减少这种带来外部成本的消费行为，使私人的最优选择与社会的最优选择一致，如图 7.6 所示。

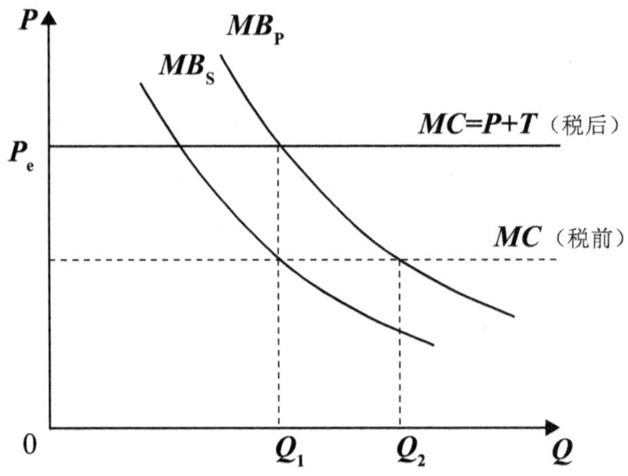

图 7.6 税收使存在外部成本的消费行为减少

从图 7.6 可以看到，政府通过对带来外部成本的消费行为征税，使得该商品的价格上升。比如针对抽烟这种能带来外部成本的消费行为，在征税前，消费者的最优选择是 Q_2，而社会的最优选择是 Q_1；通过征税，使得香烟的价格上升，此时消费者的最优选择降低到了 Q_1，正是社会的最优选择，即通过税收降低了产生外部成本的消费行为。

（三）补贴用于解决生产的外部收益

与税收的作用机理相同，当存在外部收益的情况下，政府应该对带来外部收益的经济主体给予补贴，单位补贴额正好等于边际外部收益。通过补贴可使私人的边际收益与社会的边际收益相等，此时私人的最优产量即是社会的最优产量。例如生产绿色环保餐具的成本较高，但可以给整个社会带来收益，如果由市场决策，该产品的产量必定小于社会的最优产量。而通过政府给予生产企业的补贴，使企业的成本下降，就可以达到社会的最优产量。如图 7.7 所示，企业的产量水平从补贴前的 Q_1 增加到补贴后的 Q_2。

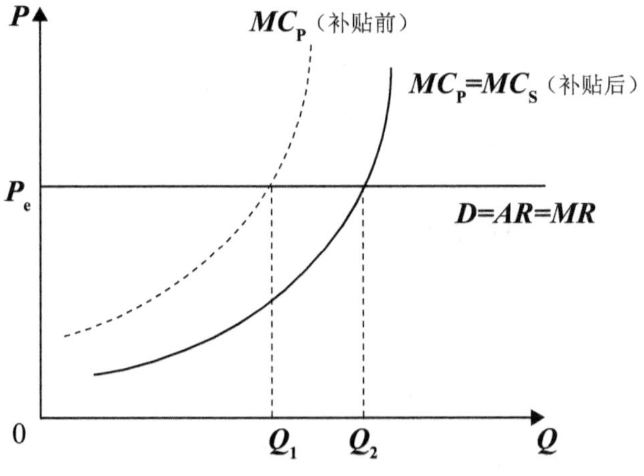

图 7.7 补贴使存在外部收益的产品产量增加

（四）补贴用于解决消费的外部收益

当存在消费的外部收益时，私人的边际收益小于社会的边际收益，消费者的选择倾向于减少这种消费行为。为了解决这一外部性问题，政府应该对带来外部收益的这种消费行为进行补贴。通过补贴降低消费者这种消费行为的边际成本，单位补贴额应等于这种消费行为带来的边际外部收益，由此，私人的边际成本下降，这种能带来外部收益的消费行为增加，私人的最优选择与社会的最优选择一致，如图 7.8 所示。

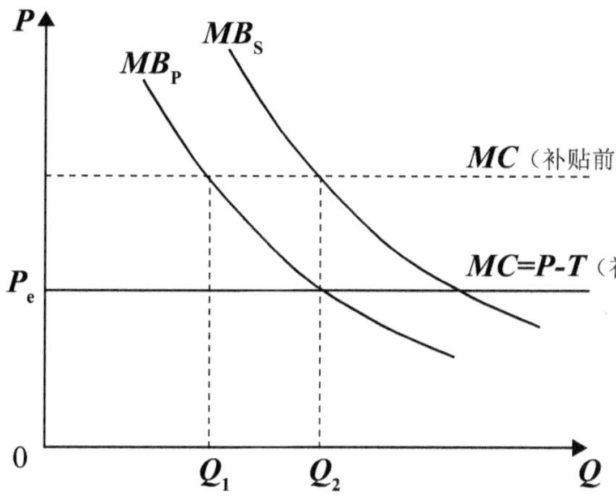

图 7.8 补贴使存在外部收益的消费行为增加

从图 7.8 可以看出，政府通过对带来外部收益的消费行为进行补贴，使得该商品的价格下降（补贴可看作负税收）。比如针对接种传染病疫苗这种能带来外部收益的消费行为，在政府补贴前，消费者的最优选择是 Q_1，而社会的最优选择是 Q_2；通过补贴，使得疫苗的价格下降，此时消费者的最优选择上升到了 Q_2，正好是社会的最优选择，即通过补贴增加了产生外部收益的消费行为。

（五）界定产权

外部性引起市场失灵的一个重要原因是产权的不明确，比如造纸企业随意向河流中排放污水，而受害者无法阻止，主要原因是这条河的产权不明确。没有哪个企业会向私人领地倾倒垃圾。因为那样做必须付出代价。因此，如果产权是明确的并且得到充分的保障，就不存在外部性。英国经济学家科斯认为，解决外部性问题的关键在于把环境的使用权作为一种财产权，并且把这种财产权明晰化。只要交易成本为零，产权明确，则私人市场就能解决外部性问题，并且能有效地配置资源。至于法定产权的最初分配情况并不妨碍资源达到最有效的配置。这些观点被人们称为“科斯定律”。

我们用一个例子来说明科斯定律，假设一家化工厂的旁边有一条河，河边有个小村庄，村里有 10 户人家，村里的人以河水为饮用水。现在化工厂要向河中排放污水，这种行为会使河水变质，无法饮用。假如河边的这些住户因此受到的损失为每户 12 万元，则 10 户人家总共损失 120 万元。要避免这 120 万元的损失可以有两种方法：一是在化工厂安装污水处理系统，需要 25 万元；二是在每户安装河水净化器，每台 3.5 万元，总共 35 万元。可见，最有效的方法应该是在化工厂安装污水处理系统。

根据科斯定理，不管这条河的产权属于谁，只要交易成本为零，市场机制就会找到最有效的处理方法。如果这条河的产权属于化工厂，则化工厂有权向河里排放污水，它不会自己投入成本安装污水处理系统。而村民的选择是要么忍受每户 12 万元的损失，要么每户花 3.5 万元安装净水器，或者每户承担 2.5 万元为造纸厂安装污水处理系统，最终的选择显而易见，每户承担 2.5 万元是最低的成本。反之，如果这条河的产权是属于村民的，那么化工厂要向河中排放污水必须承担由此造成的损失，化工厂的选择是要么赔偿每户 12 万元的损失，要么为每户村民安装 3.5 万元的净水器，或者花 25 万元自己安装污水处理系统，显然，化工厂最理性的选择是花 25 万元安装污水处理系统。

科斯定律中的另一个条件是交易成本为零。交易成本是达成协议所耗费的时间和努力，如 10 户村民之间相互商量、村民与化工厂之间的谈判都需要时间、精力和费用。现实生活中的交易成本往往比较高，因此市场机制不能自动地找到最有效率的解决方案。

小思考 举例说明产权界定的重要性。

（六）对外部性的直接管制

政府直接管制主要是对产生外部成本的情况加以管制，上面提出的通过征税的方法是要企业将他们行为的成本和利益进行权衡而做出决策的间接管制方式，其效果取决于企业对税收激励所做出的反应。但在一些生产的外部成本非常高的情况下，间接管制无法奏效，就需要政府进行直接的管制。由政府制定标准与法规对污染者加以取缔与惩罚。这就必须知道把污染控制在什么程度才是合适的，所谓合适即经济学中的最优均衡点。

那最优的均衡点是不是绝对没有污染呢？从理论上讲，零污染是最优的方案，但在现实情况下是不可能达到的，有些企业只要进行生产就会不可避免地造成污染。有研究数据表明，在对空气和水污染影响中，低水平的污染没有多少损害，但随着污染水平的提高，损害的程度会急剧上升，因此最优的污染程度应该是较轻程度的污染。对于整个社会而言，最优的污染标准应该是治理污染造成的社会成本等于治理污染带来的社会收益。

图 7.9 最优污染标准

在不同程度的污染情况下，治理污染所花费的边际成本是不同的，随着污染程度的加强，治理污染所花费的边际成本是越来越低的，如图 7.9 中的 MC_W 线。而在不同程度的污染情况下，治理污染所带来的社会收益也是不同的，随着污染程度的加强，治理污染所带来的社会收益是越来越大的，如图 7.9 中的 MR_W 线。可见，当污染较严重时（污染程度超过图 7.9 中的 W_e），治理污染带来的社会收益大于治理污染所造成的社会成本，此时，治理污染对整个社会来说是合算的。但随着污染程度的降低，治理污染的边际成本不断上升，而治理污染的社会收益则下降，当污染程度较轻时（污染程度低于图 7.9 中的 W_e），此时治理污染的社会成本高于由此带来的社会收益，即治理污染对整个社会来说是得不偿失的，继续治理污染会降低效率。因此，图 7.9 中的 W_e 是最优的污染标准。

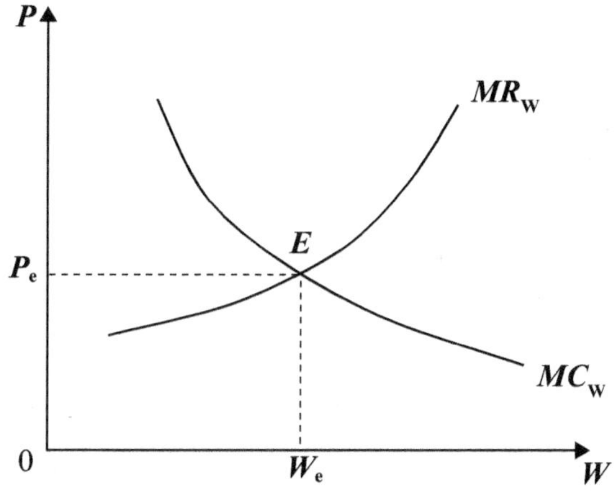

最优污染标准的确定可以使政府以此为依据，来制定控制污染的标准。凡是超过这一污染标准的厂商将要上交高额的罚金，甚至受到法律的处罚；而符合这一标准的厂商，则可以进行正常的生产。这一标准的实施可以迫使不符合标准的企业安装治理污染的设备，使其污染符合社会的最优污染标准。

小思考 解决外部性还有其他什么可行的对策吗？

专栏 7-2 限制汽车进入雅典是解决大气污染的一种措施吗？

雅典位于碗状山谷中，那里微风轻拂，空气湿润，阳光充足，可就是在这里，大气污染程度急剧上升，达到了很危险的境地。导致这种化学烟雾产生的主要原因就是汽车尾气的排放。

希腊政府采取的解决措施是限制在该城市使用汽车。这种限制措施的严厉程度分为两级。如果发生了化学烟雾紧急情况，则从星期一至星期五适用较严厉的限制，一般每个月两至三次；在其他情况下，星期一至星期五则适用不太严厉的限制。

这个城市分成内区和外区。城市管理部门对各种污染程度（例如二氧化碳和臭氧）进行连续监测，当它们达到一定程度，就会通过广播、电视和报纸等宣布发生了烟雾紧急情况。在紧急情况发生期间，所有的车辆和一半的出租车禁止在内区行驶。在双日，只有车牌号为偶数的出租车才能在内区行驶；单日则只有车牌号为奇数的出租车才可以在内区行驶。在外区，所有出租车都可以行驶，但对于其他小汽车，在双日只有车牌号为偶数的可以行驶，而车牌号为奇数的则只能在单日行驶。警察对进入这些区域的汽车进行检查，并把不允许进入的汽车驱逐出去。在这些区域违法驾驶汽车的司机将被罚款。

如果紧急情况消失了，则限制措施只适用于内区。奇数和偶数牌照号的限制只适用于出租车以外的小汽车。

这些措施在一些方面还是比较成功的：在这些区域很少有车辆违章行驶（而且，同一辆车不可能同时拥有两个车牌号）。但是，许多驾车者采取了相应的应对措施，那就是拥有两辆车：一辆车为双号，另一辆车为单号。管理部门甚至帮助人们申请一个单号和一个双号！

资料来源：斯罗曼．经济学：第 4 版 [M]. 郭庆旺，译．北京：经济科学出版社，2001.

小思考 面对越来越严重的大气污染，我们该做些什么？

第三节 垄断

美国于 1890 年通过的《谢尔曼反托拉斯法》指出：任何垄断或试图垄断国内贸易与商业任何部分的个人或与外国联合垄断的个人，都将被判以重罪。20 世纪 90 年代，美国司法部控告微软利用垄断力量阻碍竞争。

由于垄断导致低效率，所以政府要通过一定的手段控制垄断，促进竞争。我们在厂商理论中已涉及完全垄断市场，对于这个市场的低效率也有一定的分析。那么在经济学中如何衡量垄断对社会福利的影响呢？政府可以采取怎样的措施阻止反竞争行为呢？

一、垄断导致的福利损失

垄断的低效率可以用社会福利的损失来说明。社会福利是消费者剩余和生产者剩余的总和，如图 7.10 所示，在垄断条件下，垄断厂商的最优产量为 Q_1，产品价格为 P_1，此时消费者剩余是图中 a 的面积，生产者剩余是图中 $b+d$ 的面积。社会福利即 $a+b+d$。而如果该行业是完全竞争的，则会满足价格等于边际成本，即均衡的价格为 P_2，均衡的产量为 Q_2，此时消费者剩余为 $a+b+c$，生产者剩余

为 $d+e$，社会福利为 $a+b+c+d+e$ 的面积。垄断与竞争相比较，社会福利损失了 $c+e$ 的面积。可见，在垄断的市场条件下导致了社会福利的损失，同时消费者剩余更是大大下降。

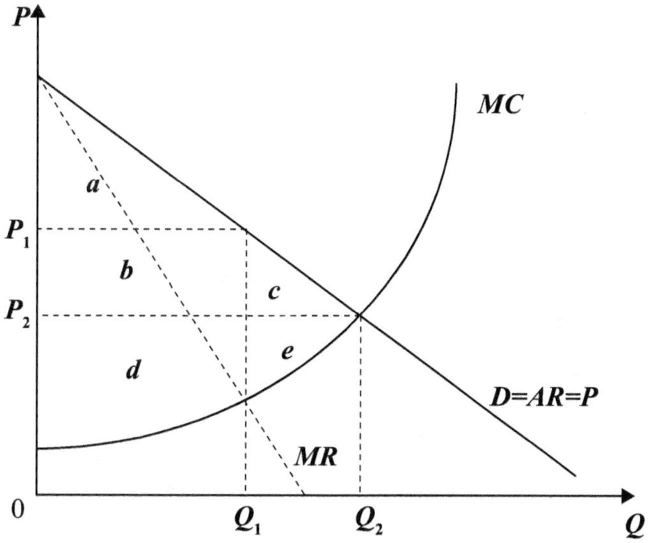

图 7.10 垄断的社会福利损失

注：各部位的面积不考虑边际收益曲线 MR 对图形的影响。

二、垄断引起的寻租行为

所谓寻租行为是指获得超额利润的企业为保持其超额利润而采取的各种非正规的行为。从图 7.10 的分析中可以得知，垄断使得社会福利损失了 $c+e$，同时使消费者剩余 b 转化成了生产者剩余。现在的问题是这一部分从消费者剩余转化来的生产者剩余 b 也有可能最终成为寻租行为的成本而损失。

图 7.10 中 b 的面积代表了垄断者的超额利润。如果其他企业可以自由地进入该市场，并引入竞争，那么这些超额利润会很快地消失，所以赚取了超额利润的企业会尽量防止其他企业的进入。为了防止其他企业的进入，垄断者愿意为此支付的金额小于或等于 b 的面积，对于这一潜在的垄断者来说，无论这次支付后能留下多少利润，都比引入竞争后没有任何超额利润要好。

潜在垄断者的寻租行为有很多种，可以是要求政府出面来限制竞争，或者通过其他方法建立行业的进入障碍，从而维持高价格、高利润。但这种寻租行为不是没有成本的，它们会消耗资源，事实上，超额利润有可能在寻租行为中被全部消耗掉。可见，寻租行为首先会导致资源配置偏离最优状态，而资源配置不合理及其造成的资源浪费使产量下降，从而减少社会福利。其次，寻租行为导致人们把大量经济资源从生产性用途转移到非生产性用途上，这类活动只能给个人或特殊利益集团带来收益，而不能增加社会的商品或劳务供给，属于利益再分配。

小思考 有什么办法可以避免寻租行为？

专栏 7-3 寻租

经营一个垄断企业比经营一个完全竞争行业中的企业更有利，这就刺激了创造垄断的企图，经济学中称创造垄断的活动为寻租。寻租也是一种要花成本的活动，为了得到垄断权，就必须使用资源，此外，每一个人都想得到垄断权，因此为争夺垄断权也会有竞争。

人们竞争垄断权的方法有两种：购买已有的垄断权和创造新的垄断权。但是，现有的垄断权也是在过去某个时期被创造出来的，所以，归根结底，对垄断权的竞争是一个用生产性资源去建立垄断权的过程。一个人用于获得垄断权的资源价值应该小于凭借这种权力所得到的垄断利润，如果用于获得垄断权的资源的价值大于垄断利润，结果就是净损失。

尽管有许多寻租活动寻求可以有利地购买现有的垄断权，但更多的寻租活动还是去创造垄断。这种寻租活动采用了游说和力图影响政治过程的形式，诸如竞选捐款、通过宣传媒介产生间接影响、直接与政治家和官僚接触等。

资料来源：萨缪尔森 . 萨缪尔森辞典 [M]. 陈迅，白远良，译 . 北京：京华出版社，2001.

三、对垄断的干预

垄断存在的问题主要有 3 个方面：一是缺乏效率，当企业的边际成本等于边际收益时，产品价格高于边际成本；二是缺乏公平，垄断企业通常凭借垄断地位获取超额利润；三是与完全竞争相比较，垄断产品价格高、产量低，抑制需求且不利于增加供给。政府对垄断的干预正是针对这 3 个方面的问题来进行的。

（一）税收用于减少垄断企业的超额利润

垄断企业通常可以凭借垄断地位获得高额的垄断利润，高额的垄断利润带来低效率，同时又缺乏公平，这一问题可以通过政府向垄断企业征收固定数额的税来解决。如英国在 1997 年对各种私有化公用事业的利润征收“暴利税”，由于固定数额的税相当于企业的固定成本，它不影响企业的边际成本，只是使企业的平均成本曲线向上移动。如图 7.11 所示，在征税前，企业的平均成本曲线为 AC，征税后企业的平均成本曲线变为 $AC+AT$，而边际成本曲线不变，对企业来说，由边际成本等于边际收益的最佳产量 Q_e 和价格 P_e 都没有变化，但由于平均成本的大大提高而使企业的超额利润大幅下降，图 7.11 中的阴影面积就是通过征税将垄断企业的超额利润转化为政府的税收收入。

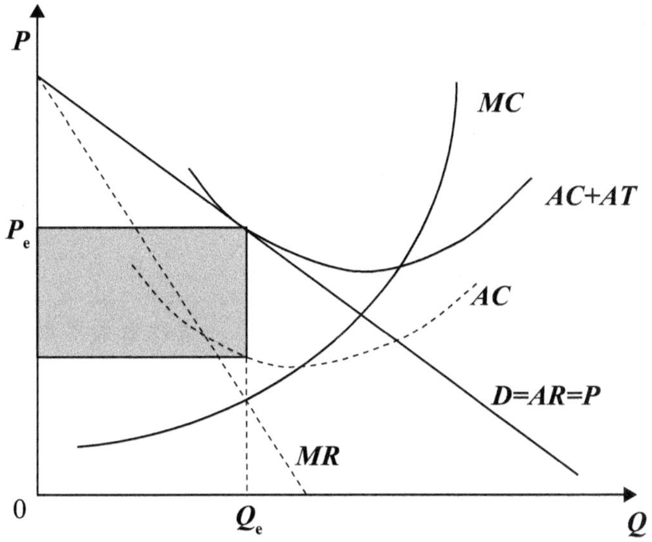

图 7.11 暴利税减少垄断利润

（二）反垄断法

针对垄断的低效率，各国都制定了特定的法律来限制垄断行为，特别是西方国家对于反垄断的立法已有很长的历史，如美国在 1890 年就通过了现代第一个反垄断法《谢尔曼反托拉斯法》，目的在于阻止大型厂商的垄断力量。利用《谢尔曼反托拉斯法》，美国政府成功地肢解了标准石油公司、美国烟草公司和 AT&T（美国电报电话公司）这 3 个最有名的托拉斯。1914 年，美国又通过了《克莱顿法》，《克莱顿法》对价格歧视、独家交易和搭售、兼并、兼任董事等几种限制竞争或垄断的行为做了原则规定，并宣布这些做法均为非法。1936 年，美国又通过了《罗宾逊—帕特曼法》，规定商品卖主为了消除竞争而实行的价格歧视为非法。1950 年，美国又通过了《谢勒尔—凯弗维尔法》，禁止大公司之间的兼并和大公司对小公司的兼并，并宣布任何公司购买竞争对手的股票或资产以减少它们之间的竞争或形成垄断均为非法。

联邦德国在 1957 年颁布了《反限制竞争法》，也称为《卡特尔法》，该法禁止限制竞争的卡特尔，无论是企业间为了共同的目的而订立的价格同盟，还是一方规定另一方按指定的价格或交易条件与第三方订立合同，均属非法。同时，该法还禁止大企业滥用经济实力谋取垄断利益，如果大企业滥用自己的经济实力，限制竞争，损害社会的利益，卡特尔主管机关便可以强行禁止其滥用经济实力的行为，宣布其订立的有关合同无效。

《欧洲经济共同体条约》中的有关条款也形成了一个适用于欧洲共同体的反垄断法体系。它禁止在欧共体内以任何形式结成卡特尔，如固定价格、瓜分市场、限制供应等协议。如果用兼并手段形成垄断地位，并滥用支配市场的力量来获取垄断利益，也可以应用有关条款予以禁止。

我国在 2007 年颁布了《中华人民共和国反垄断法》，确立了禁止垄断协议、禁止滥用市场支配地位及控制经营者集中三大制度。

尽管各国的反垄断立法因国情的不同有所差异，但目的都是为了加强竞争，实现经济效率，从而为公共利益服务。

专栏 7-4 《谢尔曼反托拉斯法》的诞生

洛克菲勒于 1879 年成立了标准石油托拉斯，这种形式垄断性很强。在托拉斯名义下，标准石油公司仅用了几年时间就兼并了 100 多家石油厂。

垄断经营使洛克菲勒在 40 岁时就拥有了 10 亿美元的财富，这在当时无异于天文数字。与此同时，其他垄断性巨头如钢铁大王、铁路大王等也纷纷出现，以至于当时美国国家财富的 60% 都掌握在这些行业巨头手里。

财富的高度集中使贫困的美国普通人感到无比愤怒，他们认为这些人的财富是通过侵占别人的利益和机会，使用巧取豪夺的手段得来的。同时，产业的高度垄断使一大批中小企业失去了生存空间，纷纷破产倒闭，失业人口大量增加。从 19 世纪末开始，美国各地爆发了抵制托拉斯的大规模群众运动，1890 年世界上第一部反垄断法《谢尔曼反托拉斯法》诞生，它被称为世界各国反垄断法之母。

资料来源：牧之，赵凡禹 . 经济学经典名言的智慧 [M]. 北京：新世界出版社，2011.

（三）价格管制

价格管制可以用来防止垄断企业收取高价，总的来说是降低价格、增加产量。价格管制的程度通常考虑两个目标，即效率和公平。

1. 边际成本定价法

为了达到高效率，实现帕累托最优状态，就要使价格等于边际成本，即 $P=MC$，如图 7.12 所示。

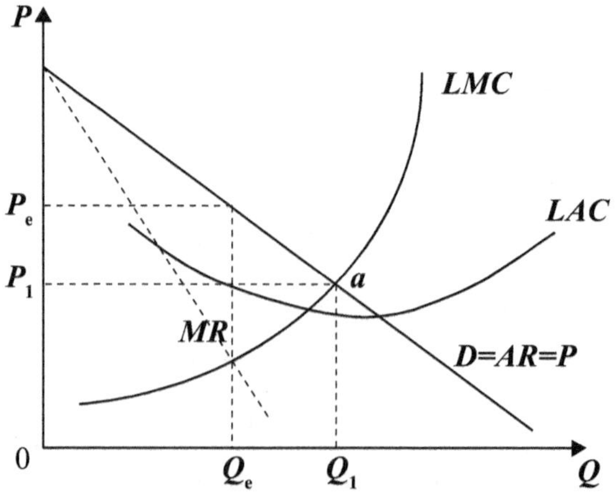

图 7.12 边际成本定价法

在图 7.12 中，垄断企业的最优产量和价格分别在 Q_e 和 P_e，此时价格 P_e 大于企业的边际成本 MC，通过降低价格可以提高效率。如果将该垄断企业的产品价格控制在 P_1，产量为 Q_1，即图 7.12 中边际成本曲线与需求曲线的交点 a，则能使价格等于边际成本，实现帕累托最优。

2. 平均成本定价法

为了实现公平，应该尽量消除垄断企业的超额利润，当价格等于平均成本时，企业只能获得正常利润，如图 7.13 所示。

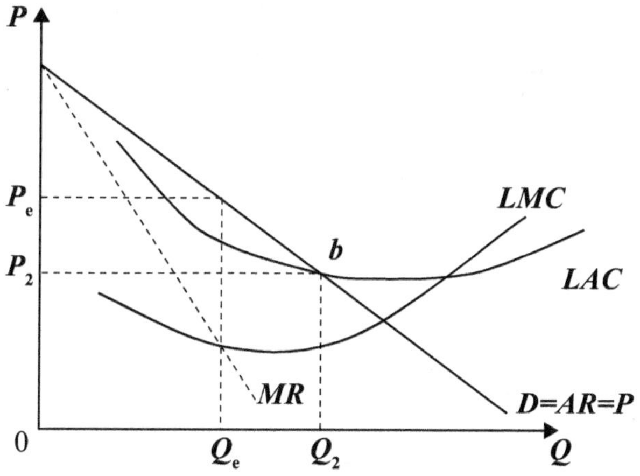

图 7.13 平均成本定价法

从图 7.13 中可以看出，在不实行管制时，垄断厂商的价格为 P_e，供给量为 Q_e。如果企业有明显的规模经济特征，即在一定范围内长期平均成本随着规模的扩大而不断下降，就不适合采用边际成本定价原则进行价格管制，因为此时的边际成本低于平均成本，边际成本定价法必然造成企业的亏损，使这一价格无法维持，也不符合帕累托最优的标准。平均成本定价法则可以避免这一问题，以平均成本定价法将管制价格调整到 P_2，即长期平均成本与需求曲线的交点 b 所代表的价格，垄断厂商按 P_2 的价格出售商品 Q_2，正好收回全部成本，不再亏损，也不存在超额的利润，只获得正常利润，避免了垄断企业获得超额利润的不公平状况。

价格管制除了防止垄断厂商获得超额利润，提高效率以外，还可以通过制订高于均衡价格的最低价或低于均衡价格的最高价实现收入再分配。

专栏 7-5　微软垄断案

1999 年 11 月，一位联邦法官判定微软公司在个人计算机市场上具有垄断地位。这一判决源于自 1998 年美国司法部和 20 个州对微软的指控。2000 年 6 月，审理该案件的法官托马斯·彭菲尔德·杰克逊判定将微软拆分为两家公司。某些评论者鼓掌欢呼，认为这是对一家危险的垄断厂商的沉重打击，是对最终有利于消费者的竞争的馈赠。批评者声称，法庭判令拆分这种反托拉斯手段曾在1984年针对AT&T电话垄断案和1911年标准石油公司能源垄断案中使用，然而，这一次却是将旧经济的政策用于新的数字经济的错误尝试。

微软的Windows操作系统具有进入障碍是由于有大量可以在上面运行的应用软件，一旦像Windows这样的操作系统主导了操作系统市场，竞争对手要想进入就十分困难。如果编程人员还没有为新的操作系统编写许多应用软件，那么就很少会有人转向新的操作系统，即使它比Windows更好。另一方面，应用软件公司也会发现编写在很少有人使用的操作系统上运行的软件是不划算的。由于不能为用户提供许多应用软件，其他操作系统就不能有效地进行竞争。美国司法部称这种情况为“进入的应用软件障碍”。

使用最为广泛的一种应用软件是微软的办公软件Office，它是一组包括文字处理软件Word和工作表软件Excel等的程序。那些不使用Windows操作系统的用户（比如他们使用Linux）也希望使用这类软件。但是微软的软件开发人员没有使Office适用于Linux的激励。编写适用于Linux的Office实际上很可能会使微软自己的Windows操作系统的销量下降。

杰克逊法官提出的解决办法是将微软拆分为两家不同的公司，一家控制Windows操作系统，另一家出售包括Office在内的微软的其他应用软件。这种拆分的合理性是基于经济学的一个核心思想——激励的重要性。杰克逊法官接受了司法部的观点：只有法庭改变了微软的激励，软件产业中的竞争程度才会增加。如果创立了一家新公司专门生产微软的应用软件，它的利润就不再仅仅依赖于Windows的销量，因为Windows由另一家公司生产。微软的应用软件可以通过帮助其他操作系统的成长来增加自己的销售量，因为它可以不再担心夺走Windows的市场。

当然，微软对“进入的应用软件障碍”保护其垄断势力的说法进行驳斥。该公司认为它具有的进入的应用软件障碍很小或甚至不存在，因为许多应用软件企业都在为其他操作系统而不是Windows编写程序。微软声称，为数不多的一组应用软件——文字处理软件、图表软件、电子邮件程序和互联网浏览器就足以满足几乎所有计算机用户的需要——这一论断由套装软件诸如微软的Office或Lous Smart-Suite的广泛使用即可得到证实。微软认为，要开发能够成功地与微软进行竞争的操作系统，并不需要编写成百上千种与其相适应的应用软件，只需要几种就够了。

微软公司将杰克逊法官的判决向联邦上诉法院提起上诉，并且在2001年6月，上诉法院否决了杰克逊法官将该公司一分为二的判决。不过，上诉法院接受了杰克逊法官关于微软从事反竞争活动的裁决，并任命了一名新的法官审理此案，同时决定将对微软公司处以适当的惩罚。司法部与微软最终达成了和解协议。

微软案说明了即使在数字经济中，经济学原理同样可以指导政府反托拉斯政策。政府是否应该实施反托拉斯方案取决于其对进入障碍的评价，即进入障碍是否在实际上显著地妨碍了竞争及有关厂商是否利用其市场势力从事不公平的竞争。不管是在新经济产业还是在旧经济产业中，反托拉斯政策都旨在减少进入障碍，以加强有利于消费者的竞争。

资料来源：斯蒂格利茨．经济学：上册[M]. 梁小民，等，译．北京：中国人民大学出版社，2005.

小思考 政府的力量可以妥善解决垄断问题吗？

第四节 公共物品

封建主在自己的领地划出一块土地作为公用牧场无偿向牧民开放，每个牧民为了自身的利益都想尽可能地多养牛羊。随着牛羊数量无节制的增加，公用牧场被过度使用，草地状况迅速恶化，最终成为不毛之地，牧民的牛羊全部饿死。这个场景是美国学者哈定在《公地的悲剧》中所设想的。现实经济生活中，类似的悲剧还有过度砍伐森林、过度捕捞海洋资源等。

公地的悲剧涉及的就是公共物品问题。

一、公共物品

公共物品也称为公用物品或共用物品，是具有极端正外部性的特殊产品或服务，它能使全社会都受益，因此也可以说公共物品是一种集体消费品，最典型的公共物品是国防，当然还有很多其他的公共物品，如公众医疗、治安保护和野生资源保护等。

我们通常根据两个特点来对经济中的物品进行分类，即物品是否具有排他性和竞争性。排他性是指可以阻止某些人使用这些物品，比如商场里的商品，只有支付相应货币的消费者才能消费这些商品，而不支付相应货币的消费者无法获得这些商品。但有些物品并不具备排他性，如城市里的道路无法排除任何人使用它。竞争性是指一个人使用了某种物品后其他人就无法再使用该物品，如一个人吃冰淇淋就排除了其他人再吃这一个冰淇淋，但一个人在城市的道路上行走并不排除其他人同时在该道路上行走。

根据这 2 个特点可以将物品划分为 4 类，如图 7.14 所示。

	竞争性	非竞争性
非排他性	公有资源 如海洋中的鱼	公共物品 如国防
排他性	私人物品 如冰淇淋	公共设施 如高速公路

图 7.14 物品的分类

从图 7.14 中可以看出，私人物品同时具有排他性和竞争性的特征，如食用的饭菜水果、鞋帽衣服、飞机或火车座位等，要获得这些物品首先要支付货币，而且一个人使用就会排除其他人使用，或者说增加一个人的使用就要增加生产这一物品的边际成本，私人物品可以通过市场机制达到有效的配置。公共物品则同时具有非排他性和非竞争性的特征，典型的公共物品如国防，任何人无需支付都可以获得国防的保护，而且增加一个人享受国防的保护并不会减少其他人享受的国防保护，或者说增加一个人的保护并不会增加政府提供国防的边际成本。

小思考 政府提供的物品都是公共物品吗?

（一）公共物品与市场失灵

我们知道，高效率的生产水平必须满足边际成本等于边际收益这一条件。公共物品的非竞争性特征意味着边际成本等于零，那么边际收益也应该为零，即公共物品是免费提供的，这是公共物品的非排他性，显然这样的公共物品不可能由私人企业生产，无法通过市场机制来提供公共物品。即使公共物品具有排他性，可以阻止某些不付费的人使用公共物品，但这样做的结果只会减少社会福利，因为它减少了不付费或付不起费的人的满足程度，却不会因此增加别人的满足程度。可见，在公共物品这一领域，市场机制完全不起作用。

1. 公共物品的最优数量

一种产品的最优数量应该是需求和供给相等时的均衡数量。虽然增加对公共物品的消费并不会增加其边际成本，但提供公共物品还存在着边际成本，因而我们可以根据提供公共物品的边际成本给出公共物品的供给曲线。但由于不存在市场价格，无法得到公共物品的需求曲线，在此用“支付意愿曲线”来表示公共物品在不同的数量水平上带给消费者的边际收益，转化为消费者愿为新增一个单位公共物品所支付的货币额。图 7.15 假设是某国居民对国防的支付意愿，将居民以收入的高低划分为3类，则对公共物品的总体支付意愿是将这3类居民的支付意愿加总。但与私人物品不同的是，3类居民的支付意愿并不是水平相加，而是垂直相加，因为公共物品的非竞争性特点，每个人消费的国防都是同一个国防数量，所以每类居民的消费量都与总量相等，对这个总量所愿意支付的总和即是整个社会的支付意愿，社会的支付意愿也就是公共物品对整个社会带来的边际收益。图7.15中，根据总的支付意愿曲线（边际收益曲线）和供给曲线就可得出公共物品的最优数量 Q_E。

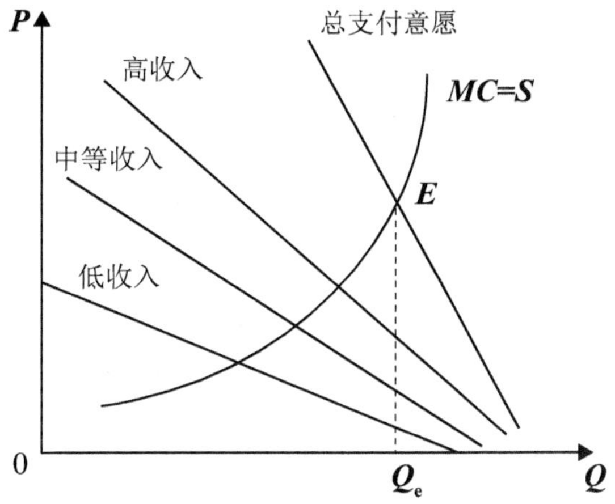

图 7.15 公共物品的最优数量

以上的分析只是一种理想化的假设，该分析中得出的公共物品的最优数量事实上是无法实现的。因为对公共物品的支付意愿曲线只是一种假设，无法具体描绘。单个消费者通常不是很清楚自己对公共物品的支付意愿，即使单个消费者清楚地了解自己对公共物品的支付意愿，他们也不会如实说出来，为了少支付或不支付价格，消费者通常会降低或隐瞒自己对公共物品的支付意愿。因此，总的支付意愿（曲线）更是难以推导得出，也就无法根据供给曲线来得出公共物品的最优数量。

2. 公共物品的搭便车问题

前面对于支付意愿线的讨论只是一种假设，由于公共物品具有非排他性的特征，人们在消费公共物品时都想当“免费搭车者”，即不付费就可以享受到公共物品带来的利益。对于消费者来说，不支付就可以受益当然是最优的，因此，为了少支付价格或不支付价格，消费者通常会故意降低自己的支付意愿。如果无法得到消费者的真实支付意愿曲线，也就无法得出公共物品的最优数量。下面以一个最简单的例子来说明搭便车问题。

假设要在一个居民居住区安装路灯，安装后每月的支出需要2000元，该居住区共有居民5000户，每户居民每月愿意为路灯支付1元，由于5000元的利益大于2000元的成本，在该小区安装路灯是有效率的。但市场能提供这种有效率的结果吗？我们设想一下让一家私人企业来提供该小区的路灯，但它在收费的时候肯定会遇到麻烦，由于路灯不具有排他性，很多小区的居民都会想到，即使不付费也能享受到路灯带来的利益，因此他们会尽量避免这种支付。最后这家私人企业也就无法提供该小区的路灯，市场的选择是无效率的。

专栏 7-6　充满牛奶的池子

很久以前有一位国王，他让人挖了一个池子。池子挖好后，国王发出告示："每一个公民都必须准备一杯牛奶，晚上拿来倒进池子。"第二天早上，池子里就装满牛奶。国王准备用这些牛奶救济无家可归的乞丐。一个男人在准备牛奶的时候想："反正每个人都要倒一杯牛奶到池子里，我可以倒一杯水在里面，而且又是在晚上，没有人会发现。"于是他趁着天黑，端着一杯水倒进了池子后赶紧回了家。第二天早上，国王来到池子边上的时候惊呆了：池子里全是水！每个人都像那个男人一样想："我不必倒那一杯牛奶，反正其他人会倒的。"

资料来源：莫衣紫．充满牛奶的池子[J]. 文苑，2008（3）：63-64.

小思考　从经济学的角度分析这一现象。

二、对公共物品的干预

（一）政府直接提供公共物品

由于公共物品的非排他性和非竞争性的特征，其生产和消费问题不能由市场机制来解决，此时市场是失灵的。没有哪个私人企业愿意提供公共物品，但社会又需要公共物品，因此，公共物品必须由政府来提供。比如一个国家必不可少的国防、义务教育、基础设施等都得由政府来提供，但政府又是如何确定某种公共物品应该提供多少呢？前面已提到个人对公共物品的支付意愿通常是很难获得的，在无法使用边际成本等于边际收益这一方法来决定公共物品的生产数量时，经济学常用的一种方法是成本—收益分析法。成本—收益分析是对某公共投资项目预期收益的现值给予估计，然后同它预期所需支出的成本相比较，以求出该项目可能产生的全部收益与全部成本的比率，最后将各项目的效率加以比较，决定取舍，做出决策。成本估算中不仅要考虑私人成本，而且重点要考虑社会成本和外在成本；收益估算中还要考虑社会收益和外部收益。根据这种方法，在公共物品生产之前，应该先由专家对它的总成本和总收益进行评估，然后将成本和收益进行比较，如果收益大于成本，则说明该公共物品值得提供；反之，如果成本大于收益，则是亏损，此公共物品不值得提供。

假定政府正在考虑一个公共项目，如在城市中修建一条新的高架公路，为了决定要不要修这条高架公路，政府必须比较所有使用这条高架公路的人的总收益和这条高架公路的总成本，即估算该项目对于社会而言的总成本和总收益。但要分析修建一条高架公路的总收益和总成本也是个难题，因为所有的人都可免费使用高架公路，没有判断高架公路价值的价格。通常来说，那些要用高架公路的人倾向于夸大他们所得到的收益，而那些受到高架公路伤害的人（如高架公路旁的居民）则倾向于夸大这条高架公路将给他们带来的成本。因此，政府在评价是否应该提供某种公共物品时，成本—收益分析并没有提供任何价格信号，其结果也只是近似而已。

（二）公共物品的成本补偿

对于纯公共物品来说通常是免费提供的，即消费者不需要为该公共物品支付价格。但公共物品的生产或供给总是要花费成本的，这些成本支出必须要得到补偿，才能保证公共物品的提供。公共物品的成本补偿通常有 3 种形式：

1. 以税收形式补偿

对于像国防、环保、新闻和天气预报等纯公共物品，消费者都无需支付价格。这些公共物品从表面上看是免费的，而且是所有人共享的。但政府的支出可以通过征税的形式来获得提供这类公共物品的补偿，因此消费者实际上还是为公共物品进行了支付。

2. 以价格形式补偿

对于像邮电、交通、供水和供电等公共物品，它们不同于纯公共物品，虽然通常由政府或其公共部门提供，但具有一定的排他性或竞争性的特征，可以通过收取费用来进行成本补偿。比如由物价部门主持，通过价格听证会的方式确定水、电、煤气等的价格。

3. 补贴加收费形式的补偿

对于像教育、医疗等公共物品，在由政府管理的公共部门提供时，考虑到社会公平、政治安定等因素，往往采取部分由政府给予补贴、部分按较低的价格收费的成本补偿形式。

第五节　不完全信息

在现实生活中，很多人都有上当受骗的经历，有的听信了虚假广告，有的被卖家的花言巧语所蒙骗。俗话说的好：“只有买错的，没有卖错的。”

传统理论的完全信息假设在现实中并不成立。在现实经济活动中，经济行为者不仅不具备完全信息，同时处理信息的能力也非常有限，而信息不完全将导致市场的低效率。

一、信息的不完全

在现实世界中，信息是稀缺的，是不免费的。比如人事部职员努力寻找潜在雇员；贷款职员努力发现潜在借款人违约的可能性；市场研究者努力发掘某种新产品的潜在市场；大型零售商的采购人员走遍全世界寻找他们的新供应商。无论我们拥有多少信息，与我们想要知道的相比都少得可怜。为了获得有关物品、劳务与资源的价格、数量和质量等信息，我们需要为之付出成本，该成本称为信息成本。但信息不同于普通的商品，人们在购买普通商品时，先要了解它的价值，看看值不值得买。而购买信息商品却无法做到这一点。人们之所以愿意出钱购买信息，是因为还不知道它，一旦知道了它，就没有人会愿意再为此进行支付。

二、信息的不对称

信息不仅是不完全的，而且是不对称的。所谓“买的没有卖的精”说明的就是卖方通常处于信息优势，而买方则处于信息劣势。比如二手汽车的卖主比买主更清楚车的毛病；求职者总比他的雇主更了解自己的长处和短处；借方比贷方更明白某些可能影响其还款能力的突发事件。对于一些复杂的产品，消费者更难判断购买这种产品的潜在收益和成本，如购买人寿保险的消费者很难弄明白各种复杂的保险单之间的差别，也无法了解它们真正的“价格”；对于需要专业知识的服务领域，比如医疗保健，消费者根本无法判断他们需要什么服务，更不用说服务的质量了。由于交易各方并不总是具有提供完全真实信息的激励，因而要使具有较多信息的一方令人信服地把他知道的信息传递给另一方是相当困难的。

信息的不完全、不对称会带来许多问题。在很多情况下，市场的价格机制并不能够解决或者至少是不能够有效地解决这些问题。不完全信息条件下带来的问题主要有逆向选择和道德风险。

三、逆向选择和道德风险

所谓逆向选择是指买卖双方在信息不对称的情况下，品质劣等的商品总是将品质良好的商品驱逐出市场。美国经济学家阿克洛夫在1970年提出了“柠檬市场模型”，开创了逆向选择理论。柠檬市场即二手市场。他解释了信息不对称如何引起市场的逆向选择。

在二手车的交易中，卖方处于信息的优势，作为车主他知道车的质量和性能，而买方显然处于信息的劣势，但他可以了解到二手车的平均质量，买方只愿意按车的平均质量来支付车的价格。于是，高于平均质量的好车也只能以平均价格出售。拥有好车的车主不愿意以低价出售便退出市场。结果，留在市场的二手车平均质量下降，买方愿意支付的价格也进一步下降……最终的结果是劣车把好车驱逐出市场。

我们知道，市场机制的作用是优胜劣汰，而在信息不对称的情况下却是劣胜优汰，导致市场失灵。

道德风险指交易双方在协议签订后，由于信息的不对称，信息优势方损害信息劣等方的利益，从而增加自己利益的行为。

假如某人没有购买家庭财产盗窃险，他肯定会采取一定的防盗措施，如加固门窗等。而一旦投保后，就会放松警惕，这为盗窃行为的发生提供了方便，保险公司付出的代价可能就远高于预期的支出。

小思考 现实生活中还存在哪些逆向选择和道德风险的例子？

四、对不完全信息的干预

（一）提供信息

当信息不完全是导致市场失灵的原因时，政府可以通过提供信息来矫正市场失灵，比如政府提供的就业服务中心可以帮助那些寻找工作的人提供就业信息，也帮助企业更方便地找到所需要的劳动力，通过就业服务中心可以促使劳动力市场更有效地运转。又比如当消费者由于缺乏信息而受到假冒伪劣商品厂商的蒙骗时，政府可以通过新闻媒体发布识别假冒伪劣商品的信息，一方面可以帮助消费者识别商品，另一方面也可以有效地制止假冒伪劣商品的生产。政府还可以提供价格、成本、就业、销售趋势等方面的统计数据，这些信息能使消费者更全面地了解市场，也能使企业的生产计划具有更大的确定性。

（二）有效的制度安排

对于由信息不对称产生的逆向选择问题可以通过有效的制度安排加以排除。在以上提到的旧车市场中，如果规定旧车出售者必须向购买者提供有关旧车质量的信息，包括提供旧车质量证明书、运行公里数及大修次数等，就不会产生逆向选择问题；或者还可以规定旧车的出售者必须负责一定时间内的保修费用，在此期间内出现质量问题由旧车的出售者负责一定比例的经济赔偿，也能抑制逆向选择的产生。

（三）制定适当的激励机制和约束机制

为了解决道德风险问题，可以采取一定的激励机制和约束机制。

以农场主雇用农民进行耕种为例，其作物产量除了取决于气候、肥料等因素以外还取决于农民的努力劳作。农场主无法知道每个农民在工作中付出的真实劳动，此时对农场主来说就存在“道德风险”问题，在这种情况下通常可以采取激励机制让农民有利可图，从而促使农民努力工作。同时也要采取约束机制让农民的行为有利于达到农场主的目标，可以采取的方式有合同制约、效率工资、利益分享、风险共担等。

小思考 对于保险市场的道德风险问题，你有何良策。

专栏 7-7　有激励才有效率

在现实中，信息是不对称的。就股份制企业而言，委托人和代理人之间信息并不对称。我们可以把包括委托人和代理人在内的每个人的信息分为公开信息和私人信息。公开信息是可以无偿或低价获得的信息。私人信息是只有自己知道，而他人或者要花高价才能得到，或者花高价也得不到的信息。在信息不对称的情况下，拥有信息多的一方就会出现道德风险。以这种不完全信息为基础而签订的合约必然是不完全合约，这种合约无法完全有效地制约双方的行为。

就委托人和代理人之间的关系而言，委托人无法得到代理人的私人信息，从而合约不可能制约代理人的行为。当合约不完全时，代理人可以在遵守合约的情况下，侵犯委托人的利益来实现自己的利益。这种现象被经济学家称为机会主义行为。

对付机会主义行为的消极方法是监督。但监督需要成本，而且监督者也是利己且信息不对称的人，谁来监督监督者?

必要的监督当然是要有的，但也是一种不完全的制度。最有效的方法是换一种思路，让代理人自己主动消除机会主义行为，这就是激励。激励机制的作用之一是消除代理人的机会主义行为。更为重要的作用是鼓励代理人为委托人发挥自己的潜能，更为主动地勤奋工作。激励机制使委托人与代理人的利益完全一致，结果必然是双赢。

资料来源：梁小民 . 写给企业家的经济学 [M]. 北京：中信出版社，2006.

人物介绍

新制度经济学的鼻祖

——科斯

科斯

科斯（1910—2013）出生于英国伦敦的威尔斯登，父母是邮局的电报操作员。科斯是他们的独子，童年由于腿部发育有问题，需要在腿上装上矫正器才能行走，在小学读的是残疾人学校。

科斯在17岁时通过大学考试，历史和化学成绩优异。由于他不懂拉丁文，又不喜欢数学，所以最终选择了商学。1929年进入英国伦敦经济学院学习，在1932年获得商学学士学位。1951年移居美国，最终成为芝加哥大学法学院教授，并担任《法学与经济学杂志》的主编。1982年科斯教授从芝加哥大学法学院退休。

科斯的主要著作有：《英国广播：垄断的研究》（1950）、《企业的性质》（1937）、《边际成本争论》（1946）、《社会成本问题》（1960）、《经济学的灯塔》（1974）、《马歇尔方法论》（1975），其中《企业的性质》和《社会成本问题》均已成为经典性作品，广为引用，而且成为他的新制度经济学的两块基石。

在《企业的性质》中，科斯从“交易成本”的角度给出了他所认为的企业如何产生的原因。科斯认为，市场交易行为存在成本，当市场交易成本高于企业内部的管理协调成本时，企业便产生了，企业的存在正是为了节约市场交易费用，即用费用较低的企业内交易代替费用较高的市场交易。这一独特的研究视角令人钦佩，显示出了一个优秀的经济学家所具有的深刻的洞察力和严谨的逻辑分析能力。

在《社会成本问题》中，科斯提出，假定交易成本为零，那么无论产权归谁，都可以通过市场自由交易达到资源的最佳配置。斯蒂格勒将这篇文章中的想法，归纳为科斯定理。

20世纪80年代后随着自由放任思想潮的高涨，产权理论受到高度评价，81岁的科斯也因此获得1991年诺贝尔经济学奖。经济学家诺思和福格尔运用这一理论来重新解释经济史，并发展了这一理论，他们共同获得1991年诺贝尔奖。

科斯的论文没有数学模型，用简单明了的语言写作。他要求经济学家注重实际，不要陷入复杂的数学模型中去。科斯的经济思想深刻地影响了现代主流经济学，为现代经济分析提供了新的范式。

中国改革开放30周年之际，科斯教授以98岁高龄，亲自倡议并主持召开"中国经济制度变革三十周年国际学术研讨会"。他自掏腰包，坚持用自己的诺贝尔奖金，邀请数十位中国企业家、学者和官员，以及众多国际顶级经济学者（包括诺贝尔奖得主蒙代尔、诺斯、福格尔、贝克尔）齐聚芝加哥大学法学院，深入讨论中国经济制度变革的历史经验、未来前景及其对经济学的贡献。

科斯对经济学的影响力当比他长寿的生命还远为长久。

经济学领域的巨人

——约瑟夫·斯蒂格利茨

约瑟夫·斯蒂格利茨

约瑟夫·斯蒂格利茨，美国著名经济学家，执教于哥伦比亚大学，2001年诺贝尔经济学奖得主。杰出的经济学家萨缪尔森在一封推荐信中说："斯蒂格利茨是印第安纳州加里市出来的最伟大的经济学家。"显然，同样出生在加里市的萨缪尔森认为斯蒂格利茨比自己还要伟大。

斯蒂格利茨1943年出生于美国印第安纳州一个生产钢铁的小城加里，父母都很勤奋。他的父亲95岁才退休，母亲也工作到84岁。受家庭的影响，斯蒂格利茨为人和善、天性乐观，在大学期间的成绩非常优秀，对社会活动也很感兴趣，曾担任过学生会主席。

斯蒂格利茨24岁就获得麻省理工学院博士学位，此后在剑桥大学从事研究工作，26岁被耶鲁大学聘为经济学教授，29岁成为计量经济学会会员，1979年36岁时获得约翰·贝茨·克拉克奖，1988年成为美国国家科学院院士，并在斯坦福大学任经济学教授，主讲经济学原理、宏观经济学、微观经济学、公共部门经济学、金融学和组织经济学。从1993年开始，斯蒂格利茨步入政坛，成为克林顿政府的总统经济顾问委员会委员，后任该委员会主席。1997年担任世界银行资深副总裁与首席经济师。

斯蒂格利茨为经济学的一个重要分支——信息经济学的创立做出了重大贡献。他所倡导的一些前沿理论，如逆向选择和道德风险，已成为经济学家和政策制定者的标准工具。斯蒂格利茨多次强调假如不考虑信息的不对称性的话，那么经济学模型很可能是误导性的。因为就不对称信息来说，不同的市场会有不同的特征。这一结论同样适用于公共管理的研究领域。所以斯蒂格利茨的一系列论著不仅是进一步探索信息经济学理论的主要文献，而且也是有关领域深入研究的重要基础。他所著的《经济学》被全球公认为最经典的经济学教材之一，成为西方又一本具有里程碑意义的经济学入门教科书。

本章小结

本章研究市场失灵问题。造成市场失灵的因素主要有外部性、垄断、公共物品和不完全信息。本章主要分析这些因素如何导致市场失灵，政府如何通过微观经济政策校正市场失灵。

当市场机制不能有效地配置资源，即不能达到帕累托最优时，即为市场失灵。

外部性可分为外部收益和外部成本，当经济存在外部性时，由于私人成本和社会成本不等、私人收益和社会收益不等会导致市场失灵，针对外部性问题，政府可以采取税收、补贴、确定产权等干预方式。

由于在垄断企业的最优产量上价格大于边际成本，故垄断是低效率的。针对垄断问题，政府可以通过征收固定税来降低垄断企业的超额利润，或通过制定相应的法律来限制垄断行为，还可以通过管制价格。边际成本定价法使价格等于边际成本，平均成本定价法使价格等于平均成本。

公共物品是同时具有非竞争性和非排他性的物品。由于这一特性，公共物品存在“搭便车”现象，由此导致市场失灵。政府在提供公共物品时要进行成本—收益的分析，以决定合理的公共物品数量。

信息的不完全也会导致市场的失灵，常见的有逆向选择和道德风险等问题。针对信息不完全的问题，政府应该提供更多的信息或制定相应的约束或激励机制。

本章重点：导致市场失灵的原因分析。

本章难点：不完全信息下的逆向选择和道德风险问题。

参考文献

[1] 萨缪尔森，诺德豪斯．经济学：第19版[M]. 萧琛，译．北京：商务印书馆，2013.

[2] 斯蒂格利茨．经济学：第4版（上）[M]. 北京：中国人民大学出版社，2005.

[3] 哈莫米斯．无处不在的经济学[M]. 格致出版社，上海：上海人民出版社，2012.

[4] 皮修平，周镕基．经济学综合案例教学[M]. 北京：中国人民大学出版社，2010.

[5] 曼昆 . 经济学原理：第 5 版 微观经济学分册 [M]. 梁小民，译 . 北京：北京大学出版社，2009.

[6] 赵英军 . 西方经济学：微观部分 [M]. 北京：机械工业出版社，2012.

附录：帕累托最优状态条件的代数证明

交换的帕累托最优

假定有两个消费者 A 和 B，其效用函数分别为 U_A（X_A，Y_A）和 U_B（X_B，Y_B）；有两种商品 X 和 Y，其总量分别为 Q_X 和 Q_Y；A 和 B 消费的商品 X 的数量分别为 X_A 和 X_B，消费的商品 Y 的数量分别为 Y_A 和 Y_B；B 的效用水平假定外生给定为 U_0，我们来看满足 A 的效用最大化的条件。

目标函数 $\underset{X_A,\ Y_A}{\mathrm{Max}}\, U_A(X_A, Y_A)$

约束条件 $U_B(X_B, Y_B) = U_0$

$X_A + X_B = Q_X$

$X_A + X_B = Q_Y$

由上述目标函数取得极值的一阶条件可得：

$$\frac{\partial U_A / \partial X_A}{\partial U_A / \partial Y_A} = \frac{\partial U_B / \partial X_B}{\partial U_B / \partial Y_B} \tag{7A.1}$$

（7A.1）式左、右两边分别代表 A、B 两个消费者对 X、Y 两种商品的边际替代率，将它们分别记为 MRS_{XY}^{A} 和 MRS_{XY}^{B}，可得：

$$MRS_{XY}^{A} \text{和} MRS_{XY}^{B} \tag{7A.2}$$

（7A.2）式与 7.1 式相同，就是两种商品在两个消费者之间交换达到效用最大化的条件。将这个条件推广到 n 个消费者和 m 个商品，从消费者的角度来看，要达到“交换的帕累托最优状态”的条件是：所有消费者对任何两种商品的边际替代率都是一样的。

生产的帕累托最优

假设有两个生产者分别生产 X 和 Y 产品，使用两种生产要素 L 和 K，生产函数分别为 f_X（L_X，K_X）和 f_Y（L_Y，K_Y）。X 产品使用的要素数量为 L_X、K_X；Y 产品使用的要素数量为 L_Y、K_Y；生产要素总量外生给定为 L_0 和 K_0，Y 的产量外生给定为 f_0。我们来看生产产品 X 的产量最大化的条件。

目标函数 $\underset{L_X,\ K_X}{\mathrm{Max}}\, f_X(L_X, K_X)$

约束条件 $f_Y(L_Y, K_Y) = f_0$

$L_X + L_Y = L_0$

$K_X + K_Y = K_0$

由上述目标函数取得极值的一阶条件可得：

$$\frac{\partial f_X / \partial L_X}{\partial f_X / \partial K_X} = \frac{\partial f_Y / \partial L_Y}{\partial f_Y / \partial K_Y} \tag{7A.3}$$

（7A.3）式左、右两边分别代表 X、Y 两种产品对 L 和 K 两种生产要素的边际技术替代率，将它们分别记为 $MRTS^X_{LK}$ 和 $MRTS^Y_{LK}$，可得：

$$MRTS^X{}_{LK} = MRTS^Y{}_{LK} \tag{7A.4}$$

（7A.4）式与（7A.2）式相同，即生产要素在不同产品之间有效配置的必要条件，将这个条件推广到 n 种产品和 m 种生产要素，要达到“生产的帕累托最优状态”的条件是：所有产品对任何两种生产要素的边际技术替代率都是一样的。

交换和生产的帕累托最优

假设一个社会中有两个消费者 A 和 B，生产两种产品 X 和 Y，A、B 所消费的 X、Y 的数量组合为（X_A，Y_A）和（X_B，Y_B），生产可能性曲线方程为 T（X，Y）=0，A、B 的效用函数分别为 UA（X_A，Y_A）和 UB（X_B，Y_B），B 的效用外生给定为 U_0。现在来看什么样的效用组合可以使 A 的效用最大化。

目标函数 $\underset{X_A,\ Y_A}{\text{Max}} |U_A(X_A, Y_A)|$

约束条件 $X_A + X_B = X$

$Y_A + Y_B = Y$

$T(X, Y) = 0$

$U_B(X_B, Y_B) = U_0$

根据目标函数取得极值的一阶条件可得：

$$\begin{aligned} \frac{\partial U_A / \partial X_A}{\partial U_A / \partial Y_A} &= \frac{\partial T / \partial X}{\partial T / \partial Y} \\ \frac{\partial U_B / \partial X_B}{\partial U_B / \partial Y_B} &= \frac{\partial T / \partial X}{\partial T / \partial Y} \end{aligned} \tag{7A.5}$$

（7A.5）两式左边分别是消费者 A、B 对于两种产品的边际替代率，分别记为 MRS^A_{XY} 和 MRS^B_{XY}，右边是两种商品的边际转换率，记为 MRT。结合两式可得：

$$MRS^{A}_{XY} = MRS^{B}_{XY} = MRT_{XY} \quad (7A.6)$$

（7A.6）式即交换与生产之间实现帕累托最优状态所需要的条件。将这个条件加以推广，要达到“交换和生产的帕累托最优状态”的条件是：所有消费者对于任何两种商品的边际替代率 *MRS* 等于这两种商品生产的边际转换率 *MRT*。

练　习

一、名词解释

帕累托最优　市场失灵　外部性　外部成本　外部收益　寻租　科斯定律　公共物品　非排他性　非竞争性　搭便车问题　逆向选择　道德风险

二、选择题

1．下列哪种情况实现了帕累托最优（　）

A. 甲的境况改善了，而乙的境况没有变化

B. 当乙的境况没有变化时，甲目前的境况不一定是他可以得到的最好状态

C. 甲的境况改善了，乙的境况也改善了

D. 甲的处境改善必然对应乙的处境恶化

2．市场失灵指的是（　）

A. 市场价格机制的运行不再具有灵活性

B. 商品需求对价格变化的敏感程度下降

C. 市场对稀缺性资源配置的无效率

D. 收入分配不均

3．不完全竞争市场中产品价格（　）其边际成本导致低效率的资源配置结果。

A. 大于

B. 小于

C. 等于

D. 以上都有可能

4．为提高资源配置的效率，政府对待竞争性行业中厂商垄断行为的原则是（　）

A. 限制

B. 提倡

C. 放任

D. 支持

5．垄断缺乏效率的经济学含义是（　）

A. 垄断厂商没有在平均成本曲线的最低点进行生产

B. 消费者购买最后一单位商品得到的边际效用超过生产该商品的边际成本

C. 垄断厂商没有遵循边际收益等于边际成本的利润最大化原则

D. 垄断厂商的经济利润为零

6．某个厂商的一项经济活动对其他厂商产生的有利影响，我们把这种行为称作（　）

A. 生产的外部成本

B. 消费的外部成本

C. 生产的外部收益

D. 消费的外部收益

7．正外部性引起（　）

A. 一种物品的社会边际成本曲线高于私人边际成本曲线

B. 一种物品的社会边际价值曲线高于私人边际价值曲线

C. 一种物品的社会边际价值曲线低于私人边际价值曲线

D. 以上各项都不是

8．负外部性（没有内部化）引起（　）

A. 最优量大于均衡量

B. 均衡量大于最优量

C. 均衡量等于最优量

D. 均衡量高于或低于最优量

9．当富有的校友向母校提供了慈善捐助，以减少现在学生支付的学费时，这是以下哪一项的例子（　）

A. 把消费的外部收益内部化

B. 把消费的外部成本内部化

C. 把生产的外部收益内部化

D. 把生产的外部成本内部化

10．下列情况不会引起外部性的是（　）

A. 企业向空气中排放污染物

B. 注射甲肝疫苗

C. 在一个人的封闭环境里吸烟

D. 养蜂人的蜜蜂给邻居的果树授粉

11．以下哪一种情况不是在为消除污染外部性的谈判过程中各方引起的交易成本？（　）

A. 减少污染引起的成本

B. 由律师费用引起的成本

C. 实施协议引起的成本

D. 由受外部性影响的各方人数太多引起的成本

12．科斯定理的一个局限性是（　）

A. 当存在大量厂商时最有效

B. 假设存在很大的交易成本

C. 只有当普遍拥有产权时才成立

D. 当交易成本很高时不成立

13．对于造成污染的生产活动，适当的征税额应等于（　）

A. 治理污染设备的成本

B. 私人边际成本

C. 社会边际成本和私人边际成本之差

D. 社会边际成本

14．政府提供国防这类公共物品的经济理由是（　）

A. 只有政府有能力提供

B. 政府对行业垄断

C. 私人对这类公共物品的评价低

D. 避免私人生产的亏损结果

15．一项公共物品是否值得生产，主要看（　）

A. 生产的效益

B. 政府的意志

C. 公众的意志

D. 成本和效益比较

16．公共物品消费过程中“搭便车”问题的出现是由于公共物品的（　）

A. 非排他性

B. 非竞争性

C. 排他性

D. 竞争性

17. 下列哪种产品或劳务的市场失灵问题最不显著? ( )

A. 国防

B. 教育

C. 电视节目

D. 饮料

18. 如果 A，B，C 是社区中仅有的三名成员，A 愿为第 10 个单位的某公共物品支付 20 元,B,C 分别为 15 元和 25 元，则当( )时政府应生产第 10 个单位的公共物品。

A. 边际成本小于等于 25 元

B. 边际成本小于等于 60 元

C. 边际成本小于等于 20 元

D. 边际成本小于等于 15 元

19. 次品市场上商品价格下降导致销售数量减少的现象可以称为 ( )

A. 道德风险

B. 搭便车

C. 公共物品

D. 逆向选择

20. 卖主比买主知道更多关于商品生产和质量信息的情况称为 ( )

A. 道德风险

B. 搭便车

C. 非排它性

D. 不完全信息

三、判断题

1. 没有达到帕累托最优的状态被称为“帕累托改进”。 ( )

2. 生产与交换的帕累托最优条件为 $MRS_{XY} = MRT_{XY}$。 ( )

3. 市场经济在任何情况下都能充分有效地发挥资源的配置作用。 ( )

4. 政府干预经济的充分必要条件是市场失灵。 ( )

5. 垄断对社会造成的损害只在于企业获得了超额利润。 ( )

6. 政府治理垄断的目的有降低商品价格和提高产量。 ( )

7. 如果一个市场引起负外部性，社会成本曲线在私人成本曲线之上。 ( )

8. 正外部性有利于资源配置，而负外部性不利于资源优化配置。 ( )

9. 外部性问题涉及经济学的规范分析。 ( )

10. 根据科斯定理，外部性总是要求政府为了使外部性内在化而干预。 ( )

11. 如果交易成本大于受影响各方对外部性达成协议的潜在利益，就没有私人解决外部性的方法。 ( )

12. 私人市场难以提供公共物品是由于搭便车问题。 ( )

13. 严格监督可以杜绝公共物品的搭便车现象。 ( )

14. 保险市场和二手商品市场上存在事后的信息不对称，将导致逆向选择问题。 ( )

15. “劣币驱逐良币” 属于道德风险问题。 ( )

16. 在不完全信息条件下，降低商品和要素价格一定会刺激消费者对该商品的需求。（ ）

17. 产生逆向选择时，不一定都需要进行行政干预，可以通过有效的制度安排和有力措施加以排除。（ ）

18. 激励约束机制设计可以彻底解决委托—代理问题。（ ）

19. 信息的稀缺性是市场不能有效提供信息的原因之一。（ ）

20. 寻租行为的一个具体例子是某公司投入资源游说政府阻止新公司进入其行业。（ ）

四、思考题

1．市场经济有何缺陷？

2．结合实例说明应对外部性导致的市场失灵，政府可以有哪些对策？

3．垄断会带来哪些危害？

4．公共物品与私人物品相比有什么特点？这种特点怎样说明在公共物品生产上市场是失灵的？

5．请举例说明信息的不对称性。

6．在古董市场中是否存在市场失灵现象？试分析。

五、案例讨论

1．最近两年的长假黄金周，全国甚至有高速公路对小型客车免收通行费，部分高速路出现拥堵，高速公路变成停车场，有人出来遛狗，有人出来打网球，试分析此现象。

2．有些课程老师通常会布置小组作业，根据小组所有成员共同提交的作业，小组内每位成员都获得相同的分数。请用学过的知识分析此现象。

后　记

为独立学院的学生撰写一本更具针对性、适用性的《微观经济学》教材，一直是我们想要努力完成的一个心愿。经过一年多的努力，我们终于完成了这本《微观经济学》教材的编写，在教材内容设置、教学重点安排及体例等方面进行了一些创新的尝试。

本教材的编写分工是：徐为列（第 1、4、5 章），陈利萍（第 2 章），姜波（第 6、7 章部分），程正敏（浙江传媒学院，第 3、6、7 章部分），郭广星（第 3 章部分），陈碧聆、彭美红（章后练习）。最后由主编统稿。

本书编写借鉴了国内外有关研究成果，但由于是为独立学院的学生量身打造的教材，经验有限，教材中难免存在不足，恳请读者批评指正。

编　者

2014 年 11 月